天津市哲学社会科学规划基金项目（TJFX10-168）

公民平等劳动权法律保障机制研究

李　静　著

南开大学出版社
天　津

图书在版编目(CIP)数据

公民平等劳动权法律保障机制研究 / 李静著. —天津：南开大学出版社，2015.1

ISBN 978-7-310-04636-2

Ⅰ.①公… Ⅱ.①李… Ⅲ.①劳动权—法律保护—研究—中国 Ⅳ.①D922.504

中国版本图书馆 CIP 数据核字(2014)第 215914 号

南开大学出版社出版发行

出版人:孙克强

地址:天津市南开区卫津路 94 号　　邮政编码:300071

营销部电话:(022)23508339　23500755

营销部传真:(022)23508542　　邮购部电话:(022)23502200

*

北京楠海印刷厂印刷

全国各地新华书店经销

*

2015 年 1 月第 1 版　　2015 年 1 月第 1 次印刷

230×160 毫米　16 开本　17.75 印张　2 插页　252 千字

定价:34.00 元

如遇图书印装质量问题,请与本社营销部联系调换,电话:(022)23507125

导　论

公民权利本属于宪法概念，然而，基于如下理由，关于公民平等劳动权的概念及其保障机制研究需要超出宪法领域。首先，我国目前宪法并未设立公民平等劳动权这一独立权利，而是分别设立了劳动权和平等权；其次，由于宪法的特殊地位以及调整方式的特殊性，宪法权利的法律规制及其保障必须在超出宪法的范围内研究；最后，基于立法上劳动权调整的多层次，学术界对劳动权概念研究也呈现多维度特点，从而造成劳动权与公民劳动权概念关系的认识混乱，而对两者关系的认识必须超出宪法研究领域建立统一的研究平台。因此，本课题研究并不限于宪法领域，而是在法理学维度上探讨公民平等劳动权的含义、范围及其保障机制。

由于我国劳动法的有关规定，形成了所谓劳动权是指仅限于缔结劳动合同以后的劳动者的权利的认识。相应地我国的劳动权保障体系也以此为限，而将获得与保有劳动机会的权利排斥在劳动权体系之外，甚至是法律保障之外，使之呈现边缘化态势。2008 年的《就业促进法》的出台唤醒了人们对这一边缘化权利的认识，但也仅仅是昙花一现。本课题的研究就是针对这一边缘化的权利保障问题。本课题的研究思路是首先通过对劳动权概念分析，为劳动权的本来含义正名，说明我们所说的边缘化的权利恰好是国际公约以及我国宪法上劳动权的本来含义。在界定了研究范围之后，本课题对研究对象的法律保障现状进行了梳理，为后面的专题研究做出铺垫。针对公民平等劳动权的保障机制，本课题认为在法律规制上可以分为促进机制、特殊保障机制、禁止歧视机制、企业社会责任机制。法律规制的保障机制则包括政府问责机制与司法救济机制。

目　录

第一章

公民平等劳动权的概念研究

第一节　公民劳动权的概念

一、不同维度的劳动权概念

劳动权问题的研究之所以能够引起学者的广泛关注，是由于劳动权这一概念的性质多样性形成了对该问题的跨学科研究。在国际法学者眼里，劳动权是一个人权问题，也因此形成了关于劳动权国际法保护的一系列国际公约；在宪法学者眼中，劳动权是一个基本权利问题，各国宪法上也都有关于劳动权的表述；同时，劳动权在劳动法学者眼中是一项具有特定含义的具体权利，是直接由劳动法规范调整的权利，或者称为劳动者的权利，不同领域的学者对劳动权问题的研究视角上的差异，也导致在劳动权概念上的分歧。因此，笔者以为有必要从法理学的意义上加以整合，从而形成一个完整意义上的劳动权概念，并以此为基础对公民平等劳动权的保护机制加以整合，构建完整统一的劳动权保护机制。

（一）国际法维度的劳动权

劳动权在国际法上被视为一项国际人权。国际人权法关于劳动权保障的国际公约、条约可以分为四类：国际人权宪章类国际法文件、特殊人权保障的国际法文件、区域性人权保障法律文件、国际劳工组织制定的国际劳工标准。在这些法律文件中，尽管国际劳工组织的劳工标准最为直接，内容更加具体，但基于其法律地位有限、各国在加入时选择性较强，因此通常不被作为国际法上的劳动权认识标准。而国际人权宪章类则最具代表性，法律地位最高，影响最为广泛，因此也成为学者们在国际法维度认识劳动权概念的主要认识对象。人权宪章类文件主要有《联合国宪章》、《世界人权宣言》以及《公民权利和政治权利国际公约》与《经济社会和文化权利国际公约》。其中，《联合国宪章》尽管未提及劳动权字样，但却将"全民就业"作为一项重要公约义务，这也是学者们在谈及劳动权时通常强调以就业为核心的原因。此后的《世界人权宣言》以及《公民权利和政治权利国际公约》与《经济社会和文化权利国际公约》则增加了劳动者的各项权利保障以及禁止歧视等内容。

以上述国际公约为认识对象，学者们提出各自对劳动权的观点，"劳动权（工作权）是一个涵盖范围非常广泛的概念，被称作'工作权和工作中权利'或者'工作权和与工作相关联的权利'"[①]。劳动权是指："国家在国内实施国际人权法的义务，涉及各国根据与人权有关的国际条约、国际习惯和一般法律原则所承担的所有有效的义务。"从国际人权条约的角度来看，几乎所有普遍性和区域性的人权公约都含有要求缔约国尊重、保护、实现公约所载权利的规定。[②]可以看出，在国际法学领域，学者们给出的劳动权概念尽管并不完全相同，但其共同点是：都将尊重劳动权作为国家履行国际法公约的一种方式；都将国际条约、国际公约作为劳动权的法律渊源；以国际条约、国际公约义务作为劳动权内涵。

---

① 李凌云．劳动权保障的国际标准及其发展趋势[D]．华东政法大学博士论文．上海：华东政法大学，2008：16．

② 徐显明．国际人权法[M]．北京：法律出版社，2004：178．

（二）宪法维度的劳动权

劳动权入宪是以法的社会化以及国家职能的扩展为理论基础的。在法的社会化理论背景下，公民基本权利在传统的自由、平等、财产权等私权基础上增加了社会性权利。作为国家职能的扩大，伴随着国家由消极守夜人的角色转变为积极的社会调控者，公民的基本权利在消极权利基础上增加了积极权利，劳动权正是在这一背景下作为一种社会性权利和积极权利开始成为宪法权利。最早将劳动权作为公民基本权利写进宪法的是德国1919年的《魏玛宪法》，其明确规定："德国人民应有可能之机会，从事经济劳动，以维持生计。"虽然该法很快被法西斯政权废除，但它所体现的一些原则，如保障生存权原则、所有权伴随义务原则、国家对劳动力保护原则等作为20世纪宪法范例而展现于世界。从此以后，劳动权日益受到重视，并成为20世纪大多数国家宪法的重要内容之一。据统计，世界142个国家中有55%的国家在宪法中规定了劳动权。我国1954年宪法、1972年宪法及1978年宪法均规定："公民有劳动的权利和义务。""中华人民共和国公民有劳动的权利和义务。国家通过各种途径，创造劳动就业条件，加强劳动保护，改善劳动条件，并在发展生产的基础上，提高劳动报酬和福利待遇。"这是我国1982年宪法第四十二条规定的，也是我国现行宪法关于公民劳动权的表述。

我国宪法学领域对劳动权概念界定最早见于关怀先生的《论我国公民的劳动权》一文，他指出"劳动权是具有劳动能力的公民得到有保障的工作和按照工作的数量与质量获得报酬的权利"①。"劳动权是指人们享有劳动的机会和适当的劳动条件，以获得生存和追求发展的权利。它是以就业权为核心的一组权利。"②从上述表述看，宪法学维度上大家对于劳动权是一项公民基本权利已达成共识，同时劳动权的核心是工作权或者就业权也形成基本一致意见。但针对我国宪法表述——公民有劳动的权利和义务形成意见分歧。持反对意见的学者认

---

① 关怀．神圣的权利——关怀法学文集[M]．北京：中国人民大学出版社，2007：29.

② 李炳安．公民劳动权初论[J]．湖北师范学院学报（社会科学版），2004（1）：122.

为“该表述建立在82年宪法制定时我国社会条件基础上，认为在当时条件下，该含义是指不劳动者不得食，是与当时的社会分配制度相联系的。同时，也与计划经济下的就业制度相联系。”[①]市场经济条件下，一方面我国并不否认按劳分配以外的其他分配方式，另一方面，劳动力的市场化配置也导致国家无法保障每个人的劳动岗位，这样，劳动义务的实现也变得缺乏现实基础。也有学者尽管对宪法表述表示赞成，但认为该表述中的义务部分并非具有法律规范的性质，而是“仅具有一定道德意义上的指导性内涵。”[②]或者“只是一种国家与劳动者作为主人的政治的相互承认。”[③]

尽管宪法学界至今未形成关于劳动权概念的统一认识，但我们可以发现，宪法维度上的劳动权概念局限于公法范畴、实体法范畴，主要着眼于国家与公民间的关系。

（三）劳动法维度的劳动权

劳动法是对劳动权进行最直接调整的部门法，因此，从劳动法维度上对劳动权概念的讨论最为广泛。“劳动权是指包括与劳动紧密关联的劳动者的全部劳动权利。”[④]“劳动权是指劳动者个人或团体所享有的，以就业权、结社权（团结权）为核心的，因劳动而产生或与劳动有密切联系的各项权利的总称，是属于社会权范畴的一类权利。”[⑤]“劳动权是劳动法上的劳动者享有的与资方平等自由地订立劳动契约，通过让渡自身的劳动力使用权以获取工资报酬的权利，它包括劳动者的就业择业权、劳动力市场交易权、劳动契约缔结权等。”[⑥]

从学者的表述以及相关论证看，劳动法维度的劳动权的主体局限于劳动者；权利渊源局限于劳动法律法规；劳动法律关系则涉及两类：雇主与劳动者，雇主与国家主管机关。劳动权内容包括就业权以及从

---

① 徐钢．我国劳动权性质的变迁与定位[J]．同济大学学报（社会科学版），2009（3）：118.

② 胡锦光、韩大元．中国宪法[M]．北京：法律出版社，2004：295.

③ 王旭．劳动、政治承认与国家伦理———对我国《宪法》劳动权规范的一种阐释[J]．中国法学，2010（3）：77.

④ 冯彦君．劳动权论略[J]．社会科学战线，2003（1）：168.

⑤ 许建宇．劳动权的界定[J]．浙江社会科学，2005（2）：61.

⑥ 秦国荣．劳动权的权利属性及其内涵[J]．环球法律评论，2010（1）：59.

业后的劳动报酬及保障等系列权利。

二、劳动权法律渊源关系的梳理

上述三个不同维度的劳动权概念，出于不同学术领域的学者对本学科领域相关法律规范的观察与理论概括，而这三个领域的法律规范恰好处于不同的法律效力位阶——国际法、宪法、法律。通过对上述三个领域的法律规范进行法律渊源结构的梳理和整合，可以获得关于劳动权概念的完整认识，从而为搭建立体全方位的劳动权法律保障体系提供理论基础。

（一）国际法与宪法

对这一问题的认识涉及宪法基本权利与人权的关系。对这一问题，在西方普遍认为国际法上的人权区别于而且高于一国宪法上的公民基本权利，宪法上的公民基本权利以人权为基础，人权的范围则不以宪法规定的公民基本权利为限。这种观点的理论基础有二，一是基于天赋人权的传统理论，二是基于二战以后的有限主权理论。从这种认识出发，西方国家一般认为，人权宪章类法律文件中的劳动权属于人权范畴，在本国产生当然效力，本国宪法中的劳动权以此为准。二战后，主权有限理论带给西方宪法中劳动权的变化主要表现为该权利在宪法中的普及化以及其内容和标准与国际人权法的协调。而其他类别国际法文件中的劳动权，由于其并不具备国际人权的地位，因此也不具有高于本国宪法基本权利的地位，以国家承认、加入作为相应的国际公约、国际条约的生效条件，本国政府履行条约义务也主要表现为相应部门法中的调整与接纳。

在我国，宪法学界的主流理论通常认为公民权等同于人权概念，因此，公民权的范围、界限以宪法规定为准。在国际法与国内法关系问题上我国也通常采取二元论观点，主张无论何种国际公约都不当然产生高于国内法的法律效力，只有我国批准加入的国际公约，方能对我国产生法律效力。即使在加入国际公约后，国际公约也不会自动生效，国内包括宪法在内的法律如果与其存在冲突，将通过法律修改程序实现其统一。根据这一理论，即使是由国际人权宪章所确认的具有国际人权性质的劳动权也并不当然产生高于我国宪法中的作为公民基本权利的劳动权的效力。随着我国1997年10月签署了《经济、社会和文化权利国际公约》，成为该公约的缔约国，我国已经成为所有的有关劳动权保障的人权宪章类国际法律文件的缔约国，这也意味着我国宪法中公民劳动权的有关表述应该与其保持一致。从这一意义上认识我国宪法上的劳动义务表述，基于劳动权的国际人权宪章中有禁止强制劳动的内容，我国宪法上关于公民劳动的权利与义务的表述即使不做相应修改，也应该理解为义务表述不具有法律含义。至于非人权宪章类的其他有关劳动权的国际法律文件，则以我国是否承认、加入为生效条件，主要对我国劳动法等相关法律产生影响。例如我国在加入了国际劳工组织第111号公约——《反对就业和职业歧视公约》后，作为一项协调性动作，于2008年1月1日颁行了《中华人民共和国就业促进法》。

（二）宪法与劳动法

从效力渊源上看，宪法作为一国最高法律渊源，当然高于包括劳动法在内的各项法律法规。宪法上的公民基本权利具有至高无上的地位，必须得到相关部门法的保障。可以说，所有部门法调整之后形成的劳动权之总和，应该等于甚至大于宪法上的劳动权。“普遍意义上的劳动权是劳动者的全部权利，而作为人权的劳动权是劳动者的最低限度的权利。”[①] 从这个意义上看，我国现有的劳动法上的劳动权，无论从其主体、内容还是权利救济来看，都窄于我国宪法上的劳动权的范围，低于宪法上的标准。我国劳动法上的劳动权范围限于劳动者及其团体，也就是与用人单位签订正式劳动关系的人，而劳动法之外的其他公民的劳动权保障如果没有其他法律的补充，则势必留下劳动权保障的空白。多年以来，所谓体制内外的差别，农民工问题，实际上都是这一调整空白所造成的后果。解决劳动权保障的范围问题，应该

---

① 李凌云．劳动权保障的国际标准及其发展趋势[D]．华东政法大学博士论文．上海：华东政法大学，2008：1．

通过多部门法的协调合作。我国 2008 年颁行的《就业促进法》集中解决了在获得劳动者资格之前的公民劳动权保障问题，此前的一些特殊人群权利保障法中也零散涉及一些特殊群体的劳动权保障问题，但距离公民劳动权保障的全面覆盖尚有很长一段路。

综上，对劳动权的权利渊源加以整合，其权利渊源体系是：国际人权宪章类国际法律文件是劳动权的最高权利渊源，作为国际人权的劳动权是我国宪法作为公民基本权的劳动权的权利基准，我国作为宪章缔约国有义务使我国宪法上作为公民基本权利的劳动权遵守该基准；我国宪法在国内具有至高无上的法律效力，劳动权的宪法表述是我国全部法律中的劳动权概念总合的范围边界，劳动法上的劳动权概念范围可以窄于宪法上的劳动权，其空白通过各部门法之间的相互协调来填补。

三、法理学维度对劳动权概念的整合

从劳动权立法的历史看，其经历了由具体权利发展为宪法权利，而后纳入国际人权保护的历程，这也导致了对这一概念认识中存在维度上的差异。因而我们有必要从法理学意义上对不同维度劳动权概念加以梳理和理论上的反思，从法理学视野研究劳动权概念问题，其任务并非在于建立一个独立于各个部门法以外的劳动权新概念，而在于厘清不同部门法上劳动权概念之间的关系，从而为劳动权概念的全面认识和劳动权的全面保障提供理论基础。“劳动权的法理反思与批判是一种理论自觉的表现，这种理论自觉不是与当下的劳动权知识产生断裂，而是把理论视野放置于理论传统和学术脉络之中，把理论视野放置于特定时空之中，把理论视野放置于全球结构之中，对当下的劳动权予以梳理，探求劳动权知识匮乏的原因，寻求劳动权范畴系统理论建构的视点，为劳动权实现与保障的制度建设提供评价标准。这是正在形成之中的一种智性努力和理论诉求。”①

---

① 薛长礼．劳动权论[D]．吉林大学博士论文．长春：吉林大学，2006：29．

对上述三个维度的劳动权概念加以梳理，从法理学维度上认识劳动权概念，需要厘清下面几个方面的问题：

（一）法理学维度对劳动权权利义务主体的整合

1. 国际法劳动权权利义务主体与宪法劳动权权利义务主体的整合

国际法劳动权主体问题较为特别。从一般意义上理解，人权的主体当然是人，即无差别的具有人类生物学特征的所有生物。但作为国际人权的国际法上劳动权的权利主体存在特殊问题，即个人作为国际劳动人权主体时，是否可以因国籍不同而差别对待。国际人权法对于在劳动权国籍上的差别对待并无禁止性规定，只是在国际劳工组织以及作为企业自愿认证的国际劳工标准中才有禁止国籍歧视的规定，如SA8000。之所以国际人权法上反而并不要求国家无差别地给予外国人同等的劳动权保护，是由于劳动权与传统的自由人权不同。“劳动权作为社会权，是学界的通说。”[①]既便“劳动权既是社会权也是自由权，换言之，劳动权是一种兼容社会权属性与自由权属性的权利类型。”[②]劳动权的社会权要素也是不容置疑的。自由权与社会权之分体现了权利观的时代发展，自由权与国家关系的一项重要内容在于要求国家的不作为，其基本功能在于排除自律性领域来自公共的干涉，确保主体能动性与创造性的充分展示与发挥；社会权的要义则是在社会上对经济弱者进行保护与帮助时要求国家的作为的权利，是一种与福利国家或积极国家的国家观相对应的基本人权，其作用在于消除伴随市场经济的发展而产生的贫困和失业等社会弊病。[③]也就是说，劳动权的实现需要国家耗费资源的积极作为。因此，如果要求国家在劳动权问题上平等对待本国公民与外国人，显然不合情理。所以，我们可以将国际人权法上的劳动权主体界定为各国公民，而不是所谓“人类”。这样，国际法上劳动权的主体也就与宪法上作为劳动权主体的公民相吻合。尽管劳动权在国际法维度被视为一项国际人权，但在一国范围内，无

① 王锴．论我国宪法上的劳动权与劳动义务[J]．法学家，2008（4）：62．

② 冯彦君．劳动权的多重意蕴[J]．当代法学，2004（3）：42．

③ [日]大须贺明．生存权论[M]．林浩．北京：法律出版社，2001：16．

论是在国际人权法上，还是在宪法上，都应该是一国公民的专属性权利。

关于劳动权义务主体，毫无疑问，国际上的劳动权的义务主体仅指国家，加入国际条约的国家有义务履行条约义务。个人、法人等不能作为劳动法义务主体，他们仅需履行国内法义务。而宪法上的劳动权义务主体则存在争论。一种观点认为宪法上的公民劳动权仅涉及公民与国家间的关系，也就是说国家是公民劳动权唯一的义务主体。“我国宪法中规定的劳动权是基于‘公民’的身份针对国家享有的，不以劳动关系的存续为基础的权利，其义务主体主要为国家。宪法法律关系下国家对公民劳动权的保障负有不可推卸的责任，公民劳动权主要对应国家义务。”[①]“宪法劳动权所调整的主要是公民与国家之间的关系，公民的劳动权保护主要对应国家义务。”[②]另一种观点则认为劳动权的义务主体除国家以外还应该包括社会以及其他的私主体。如薛长礼在其博士论文中就提出四类主体：（1）国家，准确地说是政府。（2）社会，具体地说是社会团体。（3）组织，主要是指与劳动者形成具体劳动关系的特定用人单位，包括企业、农村集体经济组织、个体私营经济组织、国家机关、事业组织和社会团体等。（4）个人。[③]

上述观点的分歧建立在对宪法规范效力认识的基础上。传统理论以宪法是公法为逻辑起点，认为宪法关系只涉及公主体关系以及公私主体关系，宪法对私人主体不直接发生效力。这样，宪法中劳动权的义务主体就只包括国家。而主张公民宪法劳动权的义务主体包括国家之外的私人主体以及社会主体的观点建立在宪法规范第三人效力理论，或曰公民基本权利的私法效力理论基础上。基本权利的私法效力可以说是个只有在现代宪法观念下才可能成立的问题，它体现了近代宪法理论与现代宪法理论在一个根本价值取向问题——国家与社会的关系问题上的分歧。在现代宪法观念下，国家与社会的界限趋于模糊，宪法上基本权利的效力也才有了扩及私法领域的可能。

---

① 陈业宏、肖蓓．劳动权的宪法论析[J]．法学杂志，2009（5）：38．

② 孙世彦．论国际人权法下国家的义务[J]．法学评论，2001（2）：93．

③ 薛长礼．劳动权论[D]．吉林大学年博士论文．长春：吉林大学，2006：31．

宪法劳动权义务多重主体理论，也是对许多国家宪法的一种实然描述，这种多重义务主体模式也有利于国家更好地履行国际法上赋予的保障公民劳动权的义务。它为国际法义务的履行提供了双重通道：一方面，国家作为宪法上的劳动权义务主体，直接履行为公民提供实现劳动权的积极条件和消极保障的义务；另一方面，将社会、组织与个人设定为公民劳动权的义务主体，不仅可以为部门法上述主体义务的设定提供宪法依据，而且还可以将上述主体履行针对公民劳动权的义务提高到宪法高度，从而弥补部门法中劳动权保障的缺陷。一些国家开展的公民权利的司法救济就以此为基础。

2. 宪法劳动权权利义务主体与劳动法劳动权权利义务主体的整合

宪法与劳动法在劳动权主体上的差别是：宪法上的劳动权主体是公民，或者可以进一步限定为“具有劳动能力的公民”，而劳动法上的劳动权主体则被明确定义为“劳动者”，我国劳动法对“劳动者”一词的进一步限定条件是“缔结劳动合同”。这样就将未缔结正式劳动合同的劳动者（在我国通常被称为灵活就业者）、公务员以及那些正在寻求就业机会的尚未缔结劳动合同的公民排除在劳动法上的劳动权主体之外。从法理学维度上对宪法与劳动法上劳动权主体加以整合，并非求同，而是纠正一种认识误区——将劳动法视为实现劳动权的唯一途径。按照我国现行法律体系，可以说，劳动法仅限于调整与保障“劳动者”的劳动权，而“劳动者”之外的其他公民的劳动权目前在我国主要是通过一些行政法规、地方性法规甚至国家政策予以调整保护，在这方面，国家先后出台了针对农民工权利保障的行政法规，针对大学生就业的一些国家政策等，但以公民为主体的劳动权保障的全覆盖尚待更为广阔的其他法律途径。但在问题的认识上至少也解决了一个问题——劳动法上的劳动权不是公民劳动权的全部。

在劳动权义务主体问题上，劳动法理论通说认为劳动法律关系是劳动者与用人单位（雇主）之间的关系。因此，劳动法上的劳动权的义务主体仅限于自然人和法人。这也意味着宪法上的国家以及社会组织针对劳动权的义务必须通过劳动法以外的其他法律得以体现。就我国法律体系而言，关于国家消极义务主要限于劳动监察制度，对劳动法上义务主体的义务履行实行监督。积极义务则相对简单笼统，主要见于《就业促进法》。至于针对社会中介机构的义务性规定，是目前我国法律所缺失的。

综上，从法理学维度对劳动权权利义务主体加以整合，可以构建起这样的权利义务主体结构：国际人权法通过要求各国履行保障本国公民劳动权的义务，实现人类作为劳动权主体的法律目标，各国宪法通过保障本国公民的劳动权，达到国际人权法的目标；我国宪法上公民劳动权义务主体除国家之外，还包括社会组织、法人和个人，从而为国际义务的全面履行、公民劳动权的实现提供完善保障。我国劳动法作为调整劳动者与雇主关系的法律，与宪法相比较，其权利义务主体范围的局限性彰显出我国公民劳动权保障的法律缺失，也对多通道的劳动权保障提出了要求。

（二）法理学维度上对劳动权权利内容的整合

对于劳动权内容，一直存在着广狭之分。狭义劳动权被认为仅限于就业权，因此又称工作权。广义劳动权被认为是以就业权为核心的，包括劳动报酬权、劳动保障权、集体谈判权以及失业保障、就业培训等一系列相关权利的权利体系。而不同的法律部类在劳动权的范围及标准上存在着很大差别。

1. 国际法与宪法在劳动权内容上的整合

从法理学维度上加以梳理，两者关系应该是：宪法劳动权内容以国际人权法中的劳动权内容为基准，但国际劳动人权应该只是一个基准，一国宪法上的劳动权内容应该不低于但可以不限于国际劳动人权。“宪法的基本权利与人权是既有联系又不完全相同的两个概念。由于宪法具有国内公法性，宪法所规定的事项，不论是政府组织框架还是人民权利，均只适用于国家体制内，所以本国公民所单独享有的劳动权尤为凸显。”①

四个国际人权宪章类文件中所提到的国际劳动人权内容包括《联

① 谢振东．劳动权的人权属性研究[J]．南京航空航天大学学报（社科版），2012（3）：33．

合国宪章》第九章第五十五条规定的“全民就业”权，1948年联合国大会通过并颁布的《世界人权宣言》中规定的自由结社权（第二十一条）；社会保障权（第二十二条）；工作权（其中包括自由选择职业、享受公正和合适的工作条件、免于失业的保障权）（第二十三条第一款）；同工同酬、禁止歧视权（第二十三条第二款）、公正和合适的报酬权（第二十三条第三款）；组织和参加工会的权利（第二十三条第四款）；休息和闲暇的权利（第二十四条）；生存权及社会保障权（第二十五条第一款）。另外两个国际法文件《公民权利和政治权利国际公约》与《经济社会和文化权利国际公约》中更增加了获得职业指导和训练权以及女职工生育保护和禁止雇用童工的规定。

我国宪法第42条是对公民劳动权的集中规定，对该条文可以理解为包括两个方面的权利：获得劳动机会的权利以及职业培训的权利。至于其中提到的适当工作条件权、报酬权和福利待遇权，笔者以为可以理解为是对于劳动机会的解释或者限定。此外在其他条文中又规定了休息权、集会结社权、妇女平等劳动权和特殊保障权。我国宪法关于劳动权内容采取了与国际人权宪章基本一致的表述方式，即将获得工作机会的权利以及相关权利单独表述，而将劳动者的权利另行表述。从标准上看，获得工作机会的权利内容与国际人权宪章也基本一致，而劳动者的权利部分存在的最大差别是集体权利部分。获得与保持劳动机会权利与劳动者权利的这种区别的表达方式也是本课题划定研究范围的基础。

2. 宪法与劳动法在劳动权内容上的整合

从效力结构上看，宪法应该是劳动法的准据法，劳动法在劳动权内容上应该与宪法保持一致。然而，从权利性质上看，劳动法中的劳动权又不应该是宪法的简单重复或仅仅是宪法中劳动权的具体化，而应该在权利基准上高于宪法。因为宪法是关于公民基本权利的规定，也可以说是最基本的权利要求。“可将其理解为劳动者的人权，即劳动者享有或应当享有的最基本或最低限度的权利。”[①] 其他法律不得低于宪法的权利基准，但可以，也应该随着社会的不断进步而高于宪法基本权利要求。

通过法理学维度上对公民劳动权概念的梳理和观察，我们可以认识到，劳动权不是一个单纯的劳动法部门概念。从劳动权概念的历史轨迹看，其最初源起于人权概念，也较早得到国际人权法的承认和调整，成为国际人权法的一个重要概念。而伴随着劳动权入宪，它又成为一个重要的公民基本权利概念。仅从劳动法维度认识劳动权概念，不仅会造成理论认识的偏颇，更重要的，还会导致劳动权权利保障制度的缺失。从法理学维度对劳动权概念加以整合，我们可以得出，劳动权是一个跨越国内法与国际法，要求多个部门法综合调整的一项公民基本权利。国际人权法提供了劳动权的保障基准，当国家加入相应的国际公约之后，作为履行公约义务的一种方式，一国宪法应以此为基准将劳动权列入公民基本权利加以保护；而劳动法上的劳动权只是公民劳动权的一个重要组成部分，不是全部的公民劳动权。完整的公民劳动权保障制度有待更多的其他部门法功能的发挥。

四、公民劳动权的外延

关于劳动权概念的外延大小，目前国内学者的观点可以分为“一权说”、“二权说”和“多权说”。“一权说”认为，劳动权就是就业权，也就是公民获得劳动机会的权利。关怀先生于 1984 年为《中国大百科全书·法学卷》撰写的“劳动权”词条就采取一权说，“劳动权是具有劳动能力的公民能够得到有保障并有适当报酬的工作的权利”[②]。此后，关怀先生又对此做了修正，劳动权是“指有劳动权利能力与劳动行为能力的有劳动愿望的劳动者依法从事有劳动报酬或经营收入的劳

① 李凌云．劳动权保障的国际标准及其发展趋势[D]．华东政法大学博士论文．上海：华东政法大学，2008：16．

② 中国大百科全书编委会．国大百科全书（法学卷）[Z]．北京：中国大百科全书出版社，1984：358．

动的权利，包括平等就业权和职业选择权”，“也可称为就业权或工作权，是指公民享有的使自己劳动力与生产资料结合实现职业劳动的权利”①。以后也有许多学者采取这一观点，认为所谓劳动权即工作权或就业权，指公民“享受平等的就业机会权和选择职业的自主权”“前者体现了国家对公民在没有就业机会时提供平等机会的义务，后者体现了劳动者对职业选择的主观愿望”②；“劳动权又称工作权，是指具有劳动能力的公民支配自己劳动力并要求国家或社会提供劳动机会的权利”③。“劳动权是保证有劳动能力的公民获得参加社会劳动的机会，并领取相应劳动报酬的权利。劳动权具体表现为就业权”④。“二权说”认为，劳动权包括就业权与获得劳动报酬权，“具有劳动能力的公民，有获得参加社会劳动并按照其所提供的劳动的数量和质量取得相应的报酬或收入的权利”⑤。“多权说”认为，劳动权应包括多项权利。劳动权“代表了与工作或劳动结合在一起的若干权利之集合”⑥。劳动权“包括一切与劳动有关的由《宪法》和《劳动法》所宣言的权利”⑦。

本课题研究采取一权说，即将本课题研究范围限于公民获得劳动机会权利的保障。理由如下：

第一，一权说更符合我国法律体系以及关于劳动权保障的国际公约体系的意图，具有充分的法律根据。首先，就我国法律体系看，尽管我国没有一部法律明确规定公民劳动权的具体内容，但在法律对相关问题的表述体系安排上，可以看出立法者对获得劳动机会权与其他权利做了分别处理。从宪法体例看，我国宪法第四十二、四十三条被认为是集中规定公民劳动权的两个条文，第四十二条的第一款做出了

① 关怀．劳动法[M]．北京：中国人民大学出版社，2001：60-61.

② 李景森、贾俊玲．劳动法学[M]．北京：北京大学出版社，1995：20.

③ 李卫平、刘晓军、马晓伟．劳动权益的损害赔偿[M]．中国经济出版社，1997：16.

④ 刘耕．新编劳动法教程[M]．天津：南开大学出版社，1994：56.

⑤ 韩德培、李龙．人权的理论与实践[M]．武汉：武汉大学出版社，1995：578.

⑥ 刘海年．《经济、社会和文化权利国际公约》研究[M]．北京：中国法制出版社，2001：39.

⑦ 冯彦君．劳动权论略[J]．社会科学战线，2003，(1)：168.

“公民有劳动的权利和义务”的一般性宣述，第二、三、四款则分别规定了国家促进就业，保障就业质量以及开展就业培训的义务。如果把第一款和第二、三、四款理解为总分关系，应该说，宪法上的劳动权就是指第四十二条中的内容，而这一内容恰好就是我们所说的一权说的范围。而两权说与多权说中的其他权利则被安排在第四十三条中。与宪法规定相呼应，我国劳动法与劳动合同法都将其权利主体表述为“劳动者”而非宪法上的“公民”，并将劳动者的概念界定为“与用人单位签订了劳动合同的公民”，这种表述实际上已经将宪法第四十二条所表述的公民权利与之相区别。也就是说，劳动法上的权利并非宪法第四十二条的劳动权。学界关于劳动法上的权利就是劳动权，然后再简单与宪法第四十二条之规定划等号的理解是对宪法的误读。宪法第四十二条的规定是关于劳动权的规定，即公民有劳动的权利，而具体如何劳动，并非劳动权，而是劳动者的权利，或者说是劳动时能够享有的权利，这是宪法第四十三条的规定，并被劳动法和劳动合同法加以具体化。无独有偶，有关劳动制度的国际公约也将劳动的权利和劳动者的权利分别在不同条文中加以规定。《世界人权宣言》第二十三条规定了工作权，该条文共分三款，具体规定了包括自由选择职业、享受公正和合适的工作条件、免于失业的保障权、同工同酬、禁止歧视权与公正和合适的报酬权。至于参加工会的权利、休息权等则规定在其他条文中；《经济、社会及文化权利国际公约》第六条规定了工作权，其中包括自由选择和接受工作权（第一款）、获得职业指导和训练权（第二款），休息权、工会权利、安全保障权等其他权利也同样被规定在其他条文中。国际公约的这种表述体系与我国宪法表述体系都表明，公民劳动的权利是一项独立的权利，不应该与劳动者在劳动过程中享有的权利混为一谈。

第二，两权说与多权说在现行法律体系下都存在着逻辑问题。多权说通常把劳动安全保障、医疗保障、退休等一系列的问题纳入其中，而这些问题应属社会福利与社会保障范畴，属于社会保障法领域。无限扩大劳动权概念会导致法律部门边界的混乱，两权说中的劳动报酬权则可以分成两个部分，就其中的最低劳动报酬保障部分，同样属于社会保障的范畴，而其他的劳动报酬权纯属私法问题。尽管由于讨薪问题近年来在我国表现突出，劳动报酬权得到各界的格外关注，但这仅是实践中的难题，在学理上乃至制度层面并不存在特殊研究或规制的难题，因此，也不应该纳入劳动权概念中。

第三，多权说与两权说往往造成公民劳动权与劳动者权利两个不同概念的混淆。两权说与多权说的各项权利中，可以说除就业权之外都是劳动者的权利，即已经与用人单位形成劳动关系的主体的权利。就我国目前的法律体系看，劳动者被界定为已经与用人单位建立劳动关系的人，而且对于劳动关系有严格的限定，不仅将行政与事业单位的工作人员限定在外，而且，各种灵活就业的劳动者也被排除在外。这样一来，劳动权权利的主体范围与本课题所研究的公民劳动权保障的主体范围存在很大出入。而且也恰恰是在“劳动者”范围之外的各类主体的劳动权法律保障上存在较大理论探索空间。笔者以为，劳动权的多权说不仅造成公民劳动权与劳动者权利的概念相混淆，由此还带来公民劳动权保障研究往往局限于劳动法范围，从而造成公民就业保障权被忽视。事实上，采取多权说与两权说的学者也都普遍承认就业权是劳动权的核心。

第二节　公民平等劳动权的概念

一、平等劳动权的价值定位

关于一项权利的价值定位研究，既是对一项权利的价值证成，也是进一步设定权利内容的价值基础。它在证明一项权利存在的正当性的同时，也为该权利的权利结构体系及保障机制确立了基本价值取向。

（一）自由、生存与发展构成劳动权价值的基本历史脉络

1. 自由是劳动权最初的基本价值

自由作为现代劳动权的价值，其基本内涵是劳动者凭自我意志决

定是否劳动、择业自由和变更职业自由，免于强制劳动、奴役劳动。18世纪人类对自由的认识集中体现在法国的《人权和公民权宣言》中。该宣言第一条指出，“在权利方面，人们生来是而且始终是自由平等的。只有在公共利用上面才显出社会上的差别”。第四条规定，“自由就是指有权从事一切无害于他人的行为。因此，个人的自然权利的行使，只以保证社会上其他成员能享有同样权利为限制。此等限制仅得由法律规定之”。当代学者则指出：自由是“一个人不受制于另一人或另一些人因专断意志而产生的强制的状态”，自由“意味着始终存在着一个人按其自己的决定和计划行事的可能性”[①]资本主义经济关系是劳动权产生的条件。“资本关系以劳动者和劳动实现条件的所有权之间的分离为前提。资本主义生产一旦站稳脚跟，它就不仅保持这种分离，而且以不断扩大的规模再生产这种分离。因此，创造资本关系的过程，只能是劳动者和他的劳动条件的所有权分离的过程，这个过程一方面使社会的生活资料和生产资料转化为资本，另一方面使直接生产者转化为雇佣工人。因此，所谓原始积累只不过是生产者和生产资料分离的历史过程。这个过程所以表现为‘原始的’，因为它形成资本及与之相适应的生产方式的前史。”[②]这一时期劳动权不仅没有进入国际人权法的调整领域，即使在国内法中也并未作为一种独立的权利存在，而仅仅是作为自由权的一部分。作为人类社会由人身依附的奴役式劳动发展到自由劳动制度的一个产物，自由劳动是当时劳动权的主要表达方式，关于劳动权的立法主要表达为对强制劳动的禁止性规定，以及为自由劳动的实现提供的各种保障性权利，如迁徙自由。当代，尽管伴随着社会权概念的诞生，劳动权也成为了一项独立的社会权利，并形成了包含自由、生存、发展等在内的复杂价值体系，但自由仍然是劳动权的重要价值属性。绝大多数国家在关于公民劳动权的表述中都有自由的含义。如1996年的《乌克兰宪法》第43条规定：“每个人都有劳动权利，包括可以用自由选择或自愿同意的劳动为己谋生。”

① [英]弗里德利希·冯·哈耶克．自由秩序原理[M]．邓正来译．北京：生活．读书．新知三联书店，1997：4．

② 马克思．马克思恩格斯全集（第四十四卷）[M]．北京：人民出版社，2001：821-822．

“禁止使用强迫劳动，每个人都有权享受良好的、安全的和健康的劳动条件，有权获得不低于法律规定的劳动报酬。”一些国家甚至直接将劳动权表述为自由，如《德意志联邦共和国基本法》（1949 年）将公民的生存权放到自由的权利的条款中，并在第十二条规定：“所有德国人都有自由选择他们的营业、职业或专业，工作地点和受培训地点的权利”。“不得强迫任何人从事某一特定的职业。”《俄罗斯联邦宪法》（1993 年）第三十七条规定：“劳动自由。每个人都有自由支配其劳动能力、选择活动种类和职业的权利。”“禁止强制劳动。”目前世界上只有包括我国在内的少数国家存在“劳动是公民的权利与义务”的表述，这也是至今饱受诟病的一个宪法条文，许多学者认为这样的表述否定了劳动权的自由属性，既不合逻辑，也不适应我国国情。[①]也有学者认为宪法关于劳动权义务的表述并非意在否定劳动权的自由属性，而仅仅是一种“道德宣述”或者“政治承认”[②]上述观点概括起来可以说，无论学者们是否赞成我国宪法的劳动权表述，他们在肯定劳动权的自由价值属性问题上达成高度一致。

2. 生存是劳动权作为社会权利的首要价值

保障人类生存这一价值是劳动权作为社会权利的基本价值，这也是劳动权成为基本人权的价值基础，可以说劳动权是生存权的衍生物和具体表现形式。

“确保劳动者健康地生存，有保障地生活，这是劳动权的生存理念。”[③]生存权是人权体系中最基本的权利，生存权是人的首要人权。无论各国是否将生存权确认为法律权利，都不能改变生存权的重要性和基础性。洛克在《政府论》中就指出：“人类一出生就享有生存权利，因而可以享用食物、饮料以及其他自然所供应的以维持他们的生存的

① 徐钢．我国劳动权性质的变迁与定位[J]．同济大学学报（社会科学版），2009（6）：117-124；冯彦君．劳动权的双重属性：社会权与自由权属性[N]．中国劳动保障报，2004-02-03．

② 胡锦光、韩大元．中国宪法（第二版）[M]．北京：法律出版社，2004：295；王旭．劳动、政治承认与国家伦理——对我国《宪法》劳动权规范的一种阐释[J]．中国法学，2010（3）：76-89．

③ 冯彦君．劳动权论略[J]．社会科学战线，2003（1）：169．

其他物品。”[①]“能够生存是一切人的绝对的、不可转让的财产……所有合理的国家宪法的原则是每个人都必须能够靠自己的劳动生存。”[②]生存权作为基本人权已经获得了国际人权法的确认，正如《世界人权宣言》第二十五条第一款所规定的，“人人有权享受为维持他本人和家属的健康和福利所需的生活水准，包括食物、衣着、住房、医疗和必要的社会服务；在遭到失业、疾病、残废、守寡、衰老或在其他不能控制的情况下丧失谋生能力时，有权享受保障”。上述立法说明，生存权是人应当享有的、用以维持生存的、最低限度的人权。劳动权的实质为保障生存权的理念也已经体现在国际法和各国宪法中。如《经济、社会及文化权利国际公约》第七条规定：“本公约缔约各国承认人人有权享受公正和良好的工作条件，特别要保证：……他们自己和他们的家庭得有符合本公约规定的过得去的生活。”这里所称的过得去的生活，也是保障生存权之意。关于生存权与劳动权的关系，许多学者提出自己的观点。主要有：（1）相同说。这种观点将劳动权等同于生存权。日本学者我妻荣认为，劳动权是生存权的基本权，依凭于此，“国家有努力实现此等权利之义务，国家为违反此等义务之行为时，立法为无效，处分系违法；但是国家怠于实现此等义务，未为必要之立法或适当之措施时，国民无法向国家为直接之请求”[③]。同样的观点在我国1987年版的《劳动法词典》里也能看到：“劳动权通常被认为是公民一切民主权利的基础，也是劳动者生存的权利。指具有劳动能力的公民能够获得有保障的工作并按劳动的数量和质量取得报酬的权利。”[④]（2）部分说。此观点认为劳动权是生存权的一个构成部分，是生存权的一个具体权利。日本学者大须贺明主张这一观点。他的生存权体系包括受教育权、劳动权和环境权等。[⑤]（3）引申说。认为劳动权是由生存权引申而来的一项人权，是实现生存权的条件。“工作权，

---

① [英]约翰·洛克．政府论[M]．叶启芳、瞿菊农译．上海：商务印书馆，1982：39．

② [德]费希特．自然法权基础[M]．谢地坤、程志民译．上海：商务印书馆，2004：213-214．

③ 王能君．日本国宪法上劳动权保障之意义[J]．宪政时代，第29卷：100．

④ 中国劳动法学研究会编：劳动法词典[Z]．沈阳：辽宁人民出版社，1987：198．

⑤ [日]大须贺明．生存权论[M]．林浩译．北京：法律出版社，2001：212．

人民在社会上有选择适当工作之权利。此工作权系由生存权引伸（引申）而来，目的在藉工作机会以保障其生存。其作用为：（一）国家不得剥夺或侵犯人民的工作权。工作之选择应基于个人之自由，严禁奴隶制度（亦即所谓工作自由）。（二）人民有向国家要求给予工作以谋生活之权利。人民若不能获得相当工作时，国家应救助之；如失业保险。（三）人民并得要求国家保护其工作能力，如 8 小时工作制，夜工禁止制及工厂卫生制等。（四）工作之结果，须足以维持其生存，故国家应规定最低工资基准。”[①]我国大陆学者也有人持同样观点：“劳动权是公民赖以生存的基础，是行使其他权利的物质上的前提。”[②]尽管学者们关于生存权与劳动权关系存在认识差异，但这种差异实际上只是关于生存作为劳动权基本价值具体表现方式的差异。首先，如果从劳动是人的本质这一马克思主义基本原理出发，劳动权就是对劳动这一人类本质的还原，也就是对人类本质性生存的重要保障。在这个意义上，劳动权就是生存权。其次，如果从生命或者人格意义上理解人类生存概念，那么，劳动权对于保障人类生存的意义在于可以保障人类获得基本生活资料，维持生命延续，同时通过自已的劳动维持基本生活，也保障了人类过有尊严的生活。在这个意义上，劳动权就成为生存权的一种引申，是实现生存权的一种条件。最后，如果从人类的群体生活本质——人类的社会性来理解生存概念，劳动权的生存价值在于劳动权是实现人类社会化生活的根本保障。马克思的劳动学说就是从劳动力与生产资料自由结合这一社会性活动来界定劳动概念，从而将这一概念与前资本主义社会的奴役式和自给自足的生产方式相区别。新托马斯主义法学代表人物马里旦也指出：“在 20 世纪，人类理性显然已认识到，人不仅有作为一个人格的人和公民社会的人的权利，而且还有作为从事生产和消费活动的社会的人的权利，尤其是作为一个工作者的权利。”[③]劳动权对于实现人的社会性生存的意义在于：一方面，通过劳动，人类实现了自我价值的社会转化，另一方面，通过

① 谢瑞智．宪法词典[Z]．台北：文笙书局，1979：17-18．

② 董和平、韩大元、李树忠．宪法学[M]．北京：法律出版社，2000：402．

③ 沈宗灵．现代西方法理学[M]．北京：北京大学出版社，1992：109．

参与社会性劳动，人类获得了参与社会生活的机会。

3. 发展也是劳动权作为一项社会权利的重要价值

人的解放和全面发展是人类的终极目标，也是人类社会存在的根本性目的，发展既是生存中的应有之义，又是超越生存的动态的更高层次的存在。因此，发展是人的本质特征之一已经成为伦理学的共识。发展是指人的生理、心理、精神、人格的全面发展，既包括个人的发展，也包括社会发展。发展可以说是所有社会权利的核心，社会权利概念的出现就是以人的发展以及全体社会成员共享社会发展成果理念为核心而提出的。社会权利概念本身在法律上最早出现于 1948 年联合国颁布的《世界人权宣言》。它规定：每个人作为社会的一员，有权享受社会保障，并有权享受他的个人尊严和人格的自由发展所必需的经济、社会和文化方面各种权利的实现，这就是社会权利。而对于这一概念的学术建构则始于 1949 年马歇尔在《公民资格与社会阶级》一书中阐述的公民资格理论。他认为公民资格包括三个要素，其中的社会要素（social element）“指的是从某种程度的经济福利与安全到充分享有社会遗产并依据社会通行标准享受文明生活的权利等一系列权利”①。

发展权作为一项基本人权已逐步为国际社会所认同。发展权最初是由塞内加尔第一任最高法院院长、联合国人权委员会委员凯巴·姆巴耶于 1970 年正式提出的②。联合国大会在 1979 年 11 月 23 日通过的《关于发展权的决议》中指出：“强调发展权利是一项人权，平等的发展机会既是各个国家的特权，也是各国国内个人的特权。”这是“发展权”概念首次出现在联合国大会通过的决议之中。1986 年《发展权利宣言》指出：“发展权利是一项不可剥夺的人权，由于这种权利，每个人和所有各国人民均有权参与、促进、享受经济、社会、文化和政治发展，在这种发展中，所有人权和基本自由都获得充分实现。”《关于发展权的决议》、《发展权利宣言》等文件标志着国际人权进入到新的

---

① [美]马歇尔．公民资格与社会阶级[J]．刘继同译．国外社会学，2003（1）．

② [南斯拉夫]米兰·布拉伊奇．国际发展法原则[M]．北京：中国对外翻译出版公司，1989：364．

发展阶段，这一时期以发展权为核心性权利，提出了包括社会连带权、环境权等一系列新的人权概念，意在寻求人与人、人与社会、人与自然的和谐相处，具有较高的人权境界。

劳动权对于人类发展的意义一方面在于人自身的发展必须通过劳动的过程方能得以实现。劳动作为提供人类社会性活动的重要方式，人类的体能、智能以及情感的发展都有赖于劳动。正如马克思所指出的，劳动创造了人本身，劳动也发展了人本身；另一方面，人的劳动权的实现是人参与社会发展，享受社会发展成果的前提和基础，是发展权的经济基础。分享社会发展成果必须通过参与社会活动才能实现，实现劳动权是参与社会活动的重要方式，劳动报酬和劳动保障则是分享社会发展成果的具体方式。正是基于对于劳动权的促进人类发展价值的认识，国际劳工组织制定了一系列以“体面劳动”为目标的核心劳动标准。

4. 自由、生存与发展在劳动权价值体系中的地位及关系

在自由、生存与发展中，生存价值居于最基础的地位，因为生存是自由与发展的前提，没有生存，就谈不上自由与发展。为体现劳动权的保障生存价值，通常各国都规定，国家对于存在生存保障需要的公民，有提供劳动岗位保障的义务，即所谓的就业救助义务。关于保障劳动权问题上的国家义务问题，学界曾存在广泛争议，这也涉及对我国宪法中关于公民劳动权的有关条款的理解。一种观点认为国家仅承担积极促进就业和保障就业公平的义务，另一种观点认为，国家有义务提供就业岗位，保障有劳动能力的公民获得劳动机会。笔者认为上述两种意见都存在偏颇，第一种意见显然缩减了国家义务，将权利保障变成了积极促进，而保障缩减为了对公平保障。这样一来，公民劳动权作为保障生存的特殊意义就无法体现。也有学者为了体现生存保障，提出“国家应干预劳动力市场，促使劳动者获得适当的劳动机会；国家应对没有获得劳动机会的劳动者给付确保其生活的资金”①。但这显然是将生存与劳动权相割裂，仍然无法体现劳动权的生存保障

① 陈业宏、肖蓓. 劳动权的宪法论析[J]. 法学杂志，2009（5）：38.

价值，也无法保障尊严生存、社会生存的生存概念。至于上述第二种意见，的确体现了保障意味，但这显然是计划经济的产物，在市场经济的今天无法做到，也不应该如此。因此，符合市场经济要求又能够体现生存在劳动权中的基础价值地位的做法应该是国家在劳动权保障上的区别对待，为特殊需要者提供就业岗位，特殊需要的标准就是生存需要。实际上，我国近年来在这一问题上已经做出了许多有益的尝试，例如在社区开展失业人员登记，并由国家提供公益岗，对领取低保救济的有劳动能力的人员提供就业岗位保障，并提出“40”、“50”人员、对零就业家庭提供特殊的就业岗位保障。这些措施都体现了生存在劳动权中的基础价值地位。

作为社会权利的两大核心价值之一，发展与生存属于同一价值序列。由于在劳动权问题上引入发展的概念本身就是一个动态概念，其含义是指与社会发展保持同步，因此，劳动权中发展价值的具体体现方式也应该是一个动态概念。在现代社会条件下，由于劳动权仍属于社会稀缺资源，尚无法满足社会成员生存与发展的全部需要，在这种情形下就会出现劳动权的生存价值与发展价值之间的矛盾冲突。与生存相比较，发展是人类更高的价值追求，因此，在处理劳动权的生存价值与发展价值时，应该遵循先生存、后发展的原则，在劳动权的制度安排上，则实行保障生存、促进发展的原则，当劳动权的生存价值与发展价值产生冲突时必须首先满足生存价值需求，这就意味着一方面国家只能在现存既有的国力条件下优先满足生存劳动的需要；另一方面，伴随着社会发展国家也有义务提供与社会发展水平相适应的劳动权保障，上述提到的国家积极促进就业和保障就业公平的义务，可以说是对劳动权的这一价值的具体体现。

值得注意的是，劳动权的生存与发展价值作为其社会权利属性的一种表现，是以国家积极作为为实现条件的，国家的积极作为有两种方式：一种是国家主动开辟就业岗位实现公民就业；另一种是以干预社会的方式，通过限制私人雇主的用人自由来实现。然而无论哪种方式，实际上都构成对于传统自由价值的挑战，从这个意义上说，劳动权的生存、发展价值高于自由价值。

自由价值是劳动权私权属性的一种体现，它也是劳动权的最原始价值属性。从表面意思上理解劳动权的自由价值，也即择业自由，对于国家来说，也许是最简单，最容易实现的一种劳动权价值。国家对劳动权的自由价值只需要承担消极保障的义务，保障公民的择业自由，不同于为实现生存与发展价值而必须承担的积极义务。正确处理自由与生存、发展、平等价值的关系，必须注意的是应避免将劳动权的自由价值绝对化。首先，自由不是劳动权的唯一价值，甚至不是主要价值，无论国家还是雇主，都不得以劳动权的自由价值为借口，推卸保障劳动权的生存与发展价值的义务。一方面，“政府可能会以促进劳动自由的名义，堂而皇之地拒绝履行自己的责任”①。另一方面，雇主也可能借助经济优势，借口劳动权的自由价值而将各种与生存、发展、平等价值相背离的劳动条件强加于劳动者。劳动权自由价值的绝对化会造成对劳动权其他价值的侵害。其次，劳动权的自由价值对于一些人来说可能都不是一种可以独立存在的价值，对于那些存在先天身体或智力缺陷的人来说，劳动权的自由价值对他们来说是一种讽刺与伤害，这种自由意味着对于人类事实存在的不平等的肯定，至少是一种漠视，这与劳动权的基本宗旨相背离。因此，在这种情形下，自由价值实现以生存、发展价值为基础。在没有生存与发展保障的前提下奢谈自由价值，只能是一种虚假的自由。因此，要保证真正的劳动权自由价值的实现，实现真正意义上的择业自由，就意味着不仅要排除来自他人的对自由择业的干扰，还要排除基于社会政治、经济以及个人自身原因导致的择业不自由，而这种意义上的自由价值的实现，才真正意味着人的自由发展阶段的到来，这种意义的自由价值必须以生存与发展价值的实现为基础。

（二）平等是中西方法律的普遍价值

1. 中西方关于平等的表述

平等自古以来都是东西方文化共通的重要伦理价值，中国自古就有不患贫，患不均的思想。均贫富，等贵贱，天下大同曾经是中国人

① 薛长礼．劳动权论[D]．吉林大学博士论文．长春：吉林大学，2006：134．

的最高理想。在西方，平等思想影响极为广泛深刻，没有什么价值观比平等观念更完整而深入地浸入西方文化中。学者们从社会学、政治学、法理学、法哲学、宪法等多种角度对平等做出过不同的阐述。平等在西方最早是作为伦理概念提出的，以亚里士多德为代表的古希腊哲学家对平等概念做出了经典演绎。亚里士多德的平等观就是相类似的事物受到相类似的对待；与此同时，不相同的事物根据他们的不同而予以不同的对待。斯多葛学派则将平等纳入其自然法思想体系中，“斯多葛派自然法观念中的一个重要因素乃是平等原则。斯多葛派哲学家们深信，人在本质上是平等的；因性别、阶级、种族或国籍不同而对人进行歧视的做法是不正义的，是与自然法背道而驰的”①。当代学者对于平等也有类似的论述，萨托利认为，人人平等包含两个方面：“一方面，平等表达了相同性概念；另一方面，平等又包含着公正。两个或更多的人或客体，只要在某些或所有方面处于同样的、相同的或相似的状态，那就可以说他们是平等的”②。概括起来，古今中外学者对于平等的理解基本上都集中在“相同”或所谓“同质性”这一基本含义上。然而，这种同质性究竟仅指同等对待，还是指实际上的各种利益及地位同质，抑或其他，则无法确定。实际上，早已有学者质疑平等概念的含混性，韦斯顿曾对亚里士多德的定义提出了批评，“亚里士多德的平等定义是一种循环理论，这种概念意义上的平等，是一个自己本身没有任何实质性道德内容的空瓶子。为此，我们可以认识到，平等的价值理念之所以传之久远并播及四海，为各种不同的文明所接纳，其实质是得益于它作为一种理念的内涵的含糊和空泛”③。这也意味着单一的平等概念难以对平等做出准确的描述，应该对不同意义上的平等进行分类描述。亚里士多德就对平等做出过经典的分类，所谓分配正义与校正正义至今仍是人们认识不同平等标准的钥匙。后世的罗尔斯的《正义论》在此基础上对平等做出了进一步的明确划分，

---

① [美]E．博登海默．法理学——法律哲学与法律方法[M]．邓正来译．北京：中国政法大学出版社，2004：21-22．

② [美]乔・萨托利．民主新论[M]．冯克利、阎克文译．北京：东方出版社，1998 ：381．

③ 周勇．少数人权利的法理[M]．北京：社会科学文献出版社，2002：19．

提出了实质正义与形式正义的概念。可以说罗尔斯的分类实际上描述了西方平等观的变革——从自由主义的平等观到社会正义的平等观，或者如有学者所谓的“形而上的平等”与“形而下的平等”的区别。自由主义的平等观以每个人生而平等为假设，在这样的假设下，平等只是意味着每个人都得到平等的对待。霍布斯和洛克都相信，在自然状态中人是平等的。在自然状态中所有的人同样自由，因此所有的人被赋予同样的自然权利。洛克指出“人们既然都是平等和独立的，任何人就不得侵害他人的生命、健康、自由或财产”[①]。进入20世纪以来，社会法学派思想取代了自由主义法学的地位，社会利益也由此取代了自由的地位，平等的内涵发生了深刻变化，社会正义的平等观取代了自由主义的平等观。新的平等观念认为平等的内涵应包括“基本自由的平等”、“进步机会的平等”及“为达公平采取有利于弱势者之积极差别待遇”等三个概念。我国大陆学者王海明则进一步厘定了实质平等的内涵，认为“平等是与利益获得有关的相同性，不平等则是与利益获得有关的差别”[②]。

2. 平等与权利的关系

平等与权利的结合始自罗马人，他们利用其出色的法律智慧，以权利这一具体概念来表达平等这一抽象概念。关于平等与权利的关系问题，在早期古典自然法学派的著作中都有经典表述，他们将平等作为其他权利存在的源泉和根据。权利与平等的关系可以概括为：首先，平等是一切权利的根据，由于平等人们才又有各种权利；其次，平等也因此成为权利的终极价值，是评价权利正当性的最高标准；最后，平等本身就是一种权利。这种关联关系成为那个时代西方法律体系的权利结构，1776年美国独立宣言及1789年法国人权宣言都将“人类生而平等”的理念作为基本的核心理念。然而，进入20世纪以来，平等的内涵发生了根本性变化，由此而来的是对于自由主义法学平等权利观的反思与批判，自由主义平等权利观“主要是从抽象的法律人格

① [英]约翰·洛克．政府论（下篇）[M]．叶启芳、瞿菊农译．上海：商务印书馆，1982：6.

② 王海明．平等新论[J]．中国社会科学，1998（5）：52-53.

的意义上来要求平等对待一切个人的，全然没有考虑到现实中各人所拥有的经济与社会地位，……”[①]。这种建立在对人类实质上不平等的忽视基础上的平等权利不仅不会促成人类的平等，反而是对不平等的助长，只会进一步扩大实质不平等。因此，平等权利应该既包括那种与自由相联系的形式平等权利，又包括与利益相联系的实质平等权利，在某些情形下，必须以牺牲形式平等为代价保障实质平等，劳动权制度中针对弱势群体的倾斜保护就是典型例证。

尽管古今中外各种观点都认为权利与平等密不可分，然而关于其关系的具体表述却始终存在分歧。就法律表述看，国外有不同的表达模式，如英国的法律面前人人平等、美国的平等的法律保护、加拿大的四合一模式——加拿大宪法第十五条规定的在法律面前和法律之下的平等，平等的保护和平等的权益，此外还有禁止歧视等模式。我国宪法采取了“公民在法律面前一律平等”的表述方式。

学术界对平等与权利之关系的分歧主要是：平等是一种权利，还是权利的一种属性。有学者认为，平等权可以说不是一种具有具体内容的权利。[②]平等一向被认为是属于总则性人权，是与人格尊严、追求幸福一样适用人权各范畴的一般性原则。平等有其他权利所没有的“比较性”特质，平等的性质具有依附性，在没有其他权利作为对象的情况下，根本无法独立地主张平等权。[③]主张平等是一种原则的学说认为，平等应该是对应各种人权时的基准，也是客观处理各种与人权相关问题时的原则，如此平等才能广泛适用于各层面，成为一种崇高的价值理念。此说认为，平等如果只是一种权利，则会被局限于法律、政治、性别等条文明示的范围，只能要求这些相关事项的平等权利，反而削弱平等在人权保障体系中的重要法效果。[④]主张平等是一种权利的观点认为平等应该与其他利权一样，具有独自的权利本质，是可以主观认定的权利。如果只是一种原则，就无法主张实体的权利保障，

① [日]大须贺明．生存权论[M]．林浩译．北京：法律出版社，2001：34.

② 何华辉．比较宪法学[M]．武汉：武汉大学出版社，1988：226.

③ 焦洪昌．关于“公民在法律面前一律平等”的再认识[J]．中国法学，2002（6）：15.

④ 许庆雄．宪法入门[M]．台北：元照出版公司，2000：59-62.

削弱平等保障的效果。我国1982年宪法恢复了平等权的规定，使法律平等成为我国公民的基本权利。平等权是我国宪法规定的基本权利体系的重要组成部分，是权利主体参与社会生活的前提与条件。①

笔者赞同将平等视为一种权利原则的观点。理由如下：第一，如前所述的关于平等的经典理论都将平等作为权利的基本准则，将平等作为所有权利的元点和终极价值。这一观点也为当代法哲学所接受，博登海默在他的《法哲学——法理学与法学方法论》也将平等置于所有其他法律价值的基础地位。第二，就我国宪法的表述看，平等作为权利的一般原则的地位也得以体现。我国宪法文本中并没有出现“平等权”的字样，而是在公民基本权利与义务一章的第一条，即宪法第三十三条第一款表述了公民概念，第二款表述为“中华人民共和国公民在法律面前一律平等”，其后的本章条文中则分别表述了各项公民基本权利，而且基本上都有“某项权利”的字样。从这样的条文结构安排看，立法者显然将平等与其他公民基本权利相区别，将其作为公民权利的基本原则的意图非常明显。第三，如果将平等理解为一项单独的权利，就意味着凡是没有出现平等字样的权利就不受平等要求的限制，这样显然不利于我国宪法乃至于其他法律中关于权利的各项条文的正确解读。事实上，许多学者在解读宪法有关公民基本权利的条文时，已经自觉地将解读对象与第三十三条联系起来加以解释。如庞铁力在《劳动权的平等保护及禁止就业歧视的法律思考》一文中提到：“我国宪法第三十三条‘公民在法律面前一律平等’的规定赋予了公民平等权，第四十二条确立公民享有劳动权，结合这两条规定，宪法总括性地确立了公民的就业平等权。”②然而，这种将两个权利联系起来解读的方式显然过于曲折复杂。还原我国宪法的本意，直接将关于平等的条文解读为我国宪法关于公民权利的基本原则，就可以省去这种生硬地将两个权利合并解读的曲折。

① 蒋德海．宪法[M]．上海：华东师范大学出版社，2001：127.

② 庞铁力．劳动权的平等保护及禁止就业歧视的法律思考[J]．法学杂志，2012（3）：118.

（三）平等是劳动权的应有之义

1. 平等也是劳动权的基本价值

平等作为劳动权的价值，其一是指劳动权将促进平等作为其目标指向，即劳动权促进平等，这是就平等作为劳动权的工具价值而言。平等作为人类自古以来的美好愿望无须赘述，劳动权对于平等价值的促进意义一方面体现在劳动权为公民提供了获得财富与相应的社会地位，改变命运的机会。所谓劳动创造财富，资本主义社会解除了加在劳动之上的人身束缚和社会阶层的封闭，开启了自由劳动的时代，每个人都可以通过劳动发挥自身潜力创造财富、分享财富。18 世纪的美国人怀揣财富梦想开始了西进运动，20 世纪 90 年代以来的大量中国农民为改变命运涌入城市，这些都以平等劳动获得承认为前提。另一方面，劳动权作为一项保障性权利，通过对弱势群体提供倾斜性保护，促进社会正义的实现。

其二，平等作为劳动权的价值，是指劳动权应该秉承权利平等的宗旨，本身保持平等属性，这是就平等作为劳动权的形式价值而言。平等作为一切权利的基本准则，当然也应该是公民劳动权的基本价值。劳动权的平等原则包含形式平等和实质平等两个层次。道格拉斯·雷将其表述为机会平等，他认为机会平等有两种不同的涵义：“一是前途考虑——每个人都有达到一个既定目的的相同可能性，二是手段考虑——每个人都有达到一个既定目标的相同的手段。”[①]萨托利进一步将机会平等界分为平等利用的机会平等和平等起点的机会平等。平等利用就是在“进取和升迁方面没有歧视，为平等的能力（而不是为一切人）提供平等的利用机会；平等起点的概念则提出了一个完全不同的基本问题，即如何平等地发展个人潜力。”[②]可以说道格拉斯的所谓手段考虑的平等和萨托利的平等利用的平等相当于我们所说的形式平等，这种平等所关注的是过程的平等，就劳动权而言，此种意义上的平等是指保障每个具有平等能力的公民可以平等获得劳动就业机会，

① 何怀宏．公平的正义[M]．济南：山东人民出版社，2002：109．

② [美]乔·萨托利．民主新论[M]．冯克利、阎克文译．北京：东方出版社，1998：390．

禁止各种与岗位所需能力无关的歧视。也可以说，是保障每个公民被赋予了同等的获得劳动机会的手段。劳动权形式意义上的平等是劳动权的一个重要发展方向，国际劳工组织及各国反就业歧视的各种努力，即以此为主要行动目标。至于道格拉斯的所谓前途的考虑相同性和萨托利的平等起点相当于实质平等的概念。尽管两人分别用终点和起点加以表述，但在这里他们都关注到了过程以外的因素，都意识到了仅有过程的平等还不足以达成完全意义上的平等。正如哈耶克所说的，“要求法律面前人人平等的实质恰恰是，尽管人们在事实上存在着差异，但他们却应当得到平等的待遇”①。就劳动权而言，由于人与人之间基于各种原因而存在实际上的能力差别，而形式平等的劳动权仅旨在为具有平等能力的公民提供平等的劳动机会，这意味着对于基于人类能力差别而形成的在劳动权实际享有上差别的肯定，这种肯定在劳动权资源紧缺的社会条件下可能会形成对社会弱势群体劳动权的剥夺，这就违背了劳动权保障生存与发展的初衷。劳动权实质平等的标准如萨托利所言，是为每个人提供平等的发展个人潜力的机会，即所谓各尽所能，然而，这最多是一种劳动权的理想状态，市场经济无法提供相应的社会条件。因此，劳动权的实质平等只能得到部分实现，具体方式是通过为存在特殊需要的社会弱势群体提供倾斜保护，甚至动用社会资源，为这些人获得劳动权提供优先通道，例如我国为鼓励企业雇用残疾人而实行的税收减免政策，为低保人员提供社会公益岗位政策等。

2. 平等在公民平等劳动权价值体系中的地位

平等在劳动权价值体系中的地位可以从两个方面来认识，一方面，平等作为劳动权的一项独立价值，与自由、生存与发展价值要素共同构成平等劳动权的价值体系。合理的价值体系构建是正当权利的基础，构建合理价值体系不仅要求设定合理的价值要素，还要求合理安排各种价值要素之间的关系。关于自由、生存与发展之间的关系，上文已

① [英]弗里德里希·冯·哈耶克. 自由秩序原理（上）[M]. 邓正来译. 上海：生活. 读书. 新知三联书店，1997：103.

经做过详尽分析，在此，我们讨论平等与上述三者的关系。首先是平等与生存、发展之间的关系，他们之间的一致性在于，平等价值是生存、发展价值的基础，劳动权的生存与发展价值正是基于每个公民作为平等的社会成员，应该平等享受社会发展成果这一概念而产生的，在这个意义上可以说平等催生了劳动权的生存与发展价值。然而另一方面，在劳动权资源有限的条件下，是平等分配还是优先考虑生存与发展的价值需要，由此形成平等与生存、发展之间的价值冲突，此时笔者以为应该采取生存、平等、发展的价值排序。生存价值的基础性地位毋庸置疑，因此，劳动权的制度安排当面临平等与生存的冲突时，应首先满足生存需要，这一价值要求的具体制度体现就是劳动机会的保障机制。而发展作为一个共享社会成果的概念，本身就是一个建立在平等基础上的概念，因此，在两者冲突时，平等应该优先获得满足，这一价值安排的具体制度体现就是反就业歧视制度。在国际劳工组织以及各国的反就业歧视制度中，通常只对存在生存困难的特殊群体做出排除处理，而发展的需要并不被排除在禁止歧视之外，即基于满足发展需要的劳动权的区别对待同样构成歧视。合理安排平等与生存、发展价值之间的关系，决定了国家劳动权保护制度中反歧视原则的具体设计和保障性就业的覆盖范围。

其次看平等与自由之间的价值关系，就劳动权权利主体来说，自由与平等价值相互促进，无论是形式平等还是实质平等，都与自由价值保持一致，也就是说，平等劳动是以自愿劳动为前提。说到底，无论是社会权还是私权，自由始终是权利的基本内涵。平等劳动权作为一项权利，自由也必然始终是其基本价值。平等与自由之间的冲突发生在权利主体与义务主体之间，即劳动权的平等价值通常要通过限制义务相对人的自由而实现，这里的义务相对人既包括国家，也包括雇主方。当公民享有平等劳动权的价值需求与用人单位的用人自由发生冲突时，平等价值高于自由价值，各国及国际劳工组织的反对就业歧视的一系列规范性法律文件就是对于这种价值冲突及选择的体现，两者的价值平衡是反就业歧视法的难题，主要是通过歧视概念的界定来体现。我国目前尚缺乏对于就业歧视概念的明确界定，体现了我国基于发展经济与扩大就业的迫切需要而在保障劳动权平等上的动摇不定态度。

平等作为劳动权的一项重要价值，不仅是作为一项独立价值而存在的，同时它还是其他三种价值的衡量标准。如果说生存与发展体现了劳动权的社会权利属性，自由体现了劳动权的私权属性，平等价值则是作为一种总括性价值而存在的。作为其他价值的价值衡量标准，它要求劳动权无论在促进生存、发展还是自由方面，都要以平等作为前提，即促进公民平等的生存、发展与公民自由。生存与发展概念本身就是以社会成员平等享受社会发展成果这一理念为基础而提出的，劳动权无论在保障生存还是促进发展问题上，都应该体现公平原则，即平等生存与平等发展。值得注意的是，与生存、发展价值相联系的平等是一种实质平等，即在充分考虑到人类各种实际差别的生存际遇的基础上而追求的对于这些差别的尽力弥补，或者说是一种着眼于实际利益获得的平等，这种平等要以牺牲传统自由价值和形式平等来实现。这种价值权衡主要表现为要实现劳动权的生存与发展价值，一方面，国家要积极干预社会，干预雇主的用人自由；另一方面，国家要对特殊人群实行倾斜保护，使他们处于较其他人更优越的境地而获得劳动权。也就是说，平等的生存与发展需要通过形式上的不平等方式来实现。

平等作为自由价值的衡量标准，是在形式平等意义上的。“对于法律面前的平等来说，其重要之处在于，平等作为近代民主政治的理念并不是实质上的，而是形式上的……只有这样形式上的平等，才和自由连结在一起。”[①]在劳动权问题上，不平等就意味着不自由，劳动权的平等自由是指公民享有平等的自由择业的权利，不得对公民的自由择业设置歧视性限制。例如我国目前大学生就业中普遍存在的所谓生源地限制、户籍限制、性别限制等就构成对平等的择业自由的限制。除了这种消极自由的平等，积极自由意义上的平等是指尽力消除公民基于自身能力差别而造成的自由择业权上的差别。如果说消极自由的

① [日]大须贺明．生存权论[M]．林浩译．北京：法律出版社，2001：32-33．

平等只需要国家履行消极保障义务的话，积极自由的平等就要求国家通过积极的作为提升公民的劳动能力，克服公民在择业选择上自由的局限性。现代国家通常都将提供培训和各类职业教育作为一项重要的国家义务，借此达到实现劳动权积极自由上的平等的目的。积极自由的平等与消极自由的平等之间存在着差别，消极自由的平等是一种绝对平等，可以存在同一标准，积极自由的平等则是一种相对平等，不可能存在同一标准，而只能是对差别的弥补。

二、公民平等劳动权的权利结构

在界定了公民劳动权的基本概念以及劳动权的价值构成的前提下，进一步讨论公民平等劳动权的具体权利结构是评判我国公民平等劳动权的法律保障状态以及构建我国公民平等劳动权的法律保障体系所必需的。权利的三个要素包括主体、客体与权利内容，这也是研究一项具体权利的基础。

（一）公民平等劳动权的权利主体

前文所述，关于劳动权的主体问题由于存在不同维度上的观察，也就出现不同答案。国际法上的劳动权主体通常表述为“人”，是一个超出公民范围的概念，这体现了国际法调整范围的特殊性。而我国劳动法上的劳动权的主体范围则是“劳动者”这样一个更为狭窄的范围，这恰好说明劳动法仅仅是对部分人的劳动权的调整，而并非全部人的劳动权。公民平等劳动权的主体应该是全体公民，也即具有本国国籍的达到法定年龄，具有劳动能力的自然人应该享有平等的参与社会劳动的权利。这里应该注意的是：

（1）公民与“劳动者”的区别。根据我国劳动法规定，劳动者是指与用人单位签订劳动合同的人，这样一个范围首先是将尚未获得工作岗位的公民排除在外，而本课题将劳动权界定为获得劳动机会的权利，这也就意味着研究的核心是如何保障这部分公民获得和保有劳动机会。其次，在我国“劳动者”这一概念还将公务员排除在外。的确，公务员的权利保障问题在我国可以根据相关的公务员法等相关规定加以调整，然而，公民在尚未成为公务员，而仅仅作为一个普通公民申请获得公务员岗位时，其与申请其他劳动岗位的公民应该获得的保障不存在本质区别，而且，他也仍然是普通公民。我国近年来发生的许多颇具影响的案例，如安徽芜湖张先著针对当地公务员招聘中体检标准存在歧视的“乙肝歧视案”，成都人民银行招聘中的“身高歧视案”，都是在公务员录用中出现的不平等的典型案例，如果说公民平等劳动权不包括竞争公务员岗位的公民，就意味着纵容政府在劳动权保护中进行负面示范。事实上每年我国公务员招考中各类歧视比比皆是，年龄、性别、生源地等各种与岗位能力无关的条件限制公然出现在招考名录中，而社会对此也呈现出一种集体的麻木，视若无睹。最后，将公民平等劳动权的权利主体限定为“劳动者”的范围，还意味着在我国灵活就业的人群以及大量的农民工被排除在外。这也就是我国特有的体制内与体制外的区别。考察外国相关法律，世界上绝大多数国家的劳动权范围都不存在类似我国的特殊限定。根据韩国工会法的规定：“本法所称劳工，不问其职业的种类，凡依赖薪资收入维生者均属之。”《韩国劳动基准法》第十条规定：本法适用范围除自雇工作以及经大统领命令指定不适用之事业外，适用于各种的劳工。日本劳动基准法第八条规定：本法适用于左列各款之一切事业或事业场所，但仅雇佣同居亲属之事业、事业场所获家事工作者不在此限。以下并列举包括农业、工业、矿业、服务业等详细业别十七款之多。加拿大劳动基准法第二条规定：受雇者，是指任何年龄为雇主提供劳务而获得工资者。菲律宾将其劳工法的适用范围确定为使用一切工人，包括农业工人和非农业工人。如果我们从“与资本相分离”的意义上来理解“劳动”这一概念，那么在我国，公民劳动权的主体就应该包括所有的为他人提供劳动的公民。

（2）公民平等劳动权的主体并非全体公民，而是应该指“达到法定年龄、具有劳动行为能力和劳动愿望、以从事某种社会劳动获取收入为主要生活来源的公民”①。禁止雇用童工既是劳动法的一项重要

① 李雄．劳动权保障与制度重构——以“农民工”为视角[J]．现代法学，2006（5）：115．

内容，也是未成年人保护制度的重要内容，各国法律通常都规定 16 岁以下为禁止年龄，我国也有相关规定，这也体现了权利自由的限制。具有劳动能力也是成为平等劳动权主体的条件，在这里劳动能力有两个方面的含义，一是指一般劳动能力，任何具有基本劳动能力的公民都可以成为平等劳动权的主体，即使是存在身体或智力残疾的公民，这是从平等劳动权作为促进生存与发展价值的一项重要权利出发的。对于完全不具有劳动能力的公民国家则通过社会保障制度保障其生存权。社会保障不同于平等劳动权保障，前者仅有保障生存的价值，而后者还具有保障尊严与平等的意义。劳动能力的另一含义是指与相应劳动岗位相适应的劳动能力，平等劳动权的一项重要内容就是反对就业歧视，而是否存在就业歧视的重要标准就是“与特定劳动岗位相适应的劳动能力”或称为“完成工作所必须的能力”，因此，这也成为在一个具体的平等劳动权法律关系中判断一方是否具备主体资格的重要判断条件。劳动权主体还要求必须是有劳动意愿的公民，这体现了劳动权的自由属性，是自由劳动权的体现。同时也意味着公民劳动权的实现除了包括国家在内的相应义务人履行促进就业的义务外，还需公民个人做出主观上的努力。

（3）平等劳动权主体仅指作为自然人的公民，而不包括某些公民团体。广义劳动权，即所谓多权论下的劳动权主体通常可以包括公民个人和公民团体，由公民团体作为主体的劳动权主要是指集体谈判权，即工会权利。本课题所研究的劳动权是一权论下的劳动权，在获得劳动机会问题上，并不存在集体谈判问题，事实上，公民也只有获得劳动权之后才会产生加入工会的问题，因此，集体劳动权不属于本课题的研究范围。当然值得注意的是，尽管作为实体权利的平等劳动权的主体仅指作为自然人的公民，但这并不意味着否定某些社会主体保障公民平等劳动权的义务，包括当某些特殊群体的平等劳动权在一定范围内遭到严重侵犯情况下，由这些特定的社会团体代表这部分主体请求权利救济的程序性权利，如许多国家就存在针对劳动权保障的公益诉讼。

（二）公民平等劳动权的权利客体

权利客体是指权利所指向的对象，或者说是权利的物质承担者。关于公民平等劳动权的权利客体问题，有以下两个方面的问题：

1. 劳动机会还是劳动岗位

一权论意义上的平等劳动权有的学者表述为公民平等获得劳动机会的权利，也有学者表述为平等获得劳动岗位的权利，两种不同的表述方式，表达了学者们对于平等劳动权权利客体理解上的分歧——劳动机会，抑或劳动岗位。对此问题，薛长礼在其博士论文《劳动权论》中提出了自己的观点，认为“基本劳动权客体可分为劳动岗位和劳动机会。不同的劳动权客体反映了不同的劳动权观。一般而言，劳动岗位体现了一种福利权的思想，而劳动机会反映了市场经济下劳动力市场中竞争性就业机制的思想。劳动岗位往往指具体的工作，主要是劳动组织的工作。劳动机会可以具体划分为：工作的机会（正规就业与非正规就业）、经营的机会（个体经营劳动）、土地承包的机会、土地耕种的机会（农业劳动）等。在市场社会中，劳动机会是劳动权的主要客体，劳动岗位则是辅助性客体，是对劳动机会的补充。从劳动岗位到劳动机会，是劳动权客体的发展趋势”①。对此，第一，笔者赞同作者关于劳动机会和劳动岗位分别体现了市场竞争机制和福利社会机制下的劳动权权利客体的观点。事实上，也只有计划经济时代才能完全做到将劳动岗位作为劳动权的客体，市场经济条件下劳动岗位配置并不能完全受国家意志支配，而是要尊重市场主体的自主意志。然而，如果因此认为从劳动岗位到劳动机会是劳动权客体的发展趋势则不妥，从计划经济到市场经济仅仅是包括我国在内的少数国家经历的社会变革过程，劳动权客体的这一变化趋势也主要代表由计划经济向市场经济转变的国家。相反，西方绝大多数国家则呈现出由自由主义经济向福利国家的发展过程，劳动权概念也正是在这一转变过程中从私权转变为社会权利。在这一过程中，一方面劳动机会附加平等原则成为劳动权的客体，这是对完全自由主义经济时代在契约自由的原则

---

① 薛长礼．劳动权论[D]．吉林大学博士论文．长春：吉林大学，2006：65．

下劳动机会完全由雇主自由决定的一种限制和否定；另一方面，在特殊条件下劳动岗位也成为了劳动权客体，这里指基于生存保障需要国家为特殊人群体提供的劳动岗位保障。第二，笔者赞成作者关于“在市场社会中，劳动机会是劳动权的主要客体，劳动岗位则是辅助性客体，是对劳动机会的补充。”的观点，但需要补充说明的是，劳动机会作为劳动权的主要客体是指一般条件下，公民只能对平等的劳动机会享有请求权，而劳动岗位作为市场配置资源的结果，应该体现公平竞争的原则。劳动岗位作为辅助性客体则需要满足两个特殊的条件，一是存在对生存需要的满足；二是主体属于弱势群体的、缺乏竞争力的公民。在满足这些条件时，主体对劳动岗位享有请求权，而此时的义务主体是国家。第三，对于作者的关于劳动机会的范围的观点笔者并不赞同，这涉及对劳动这一概念的理解，首先，从劳动权产生的历史看，如前所述，它是劳动力与资本相分离的产物，因此，劳动这一概念应该特指在分离前提下的一种特殊结合方式，许多学者在表述劳动权概念时也都采取了“寻求劳动力与资本的结合”字样；其次，从劳动权制度的基本功能看，各国的劳动权制度都是围绕着解决雇佣关系问题展开的，这是劳动关系的核心，而作者提到的四类工作机会中的“经营的机会”“土地承包的机会”则是一种为自己劳动的情形，我们并不否认此类社会活动属于劳动，但不属于我们在此研究的范围，本课题的研究主旨在于如何破解在寻求劳动机会过程中雇佣双方关系的平衡，以实现平等就业。事实上，在日常用语中这样两个概念也是相区别的。近年来，针对大学生就业难问题，国家一方面积极拓宽就业渠道，另一方面，也提倡大学生自主创业，也说明这是两个不应混淆的概念。因此，笔者认为劳动机会就是指工作机会，在我国包括“体制内的”，也包括“体制外的”；包括企业就业，也包括政府与事业单位就业；包括城市就业，也包括农村的土地耕作就业。第四，无论是劳动机会还是劳动岗位，都存在数量与质量的问题，而具体的数量与质量标准则取决于社会的经济发展水平，不能一概而论，但作为一个定性要求，质量上应该能够满足生存与发展的需要，国际劳工组织提出的体面劳动也可以认为是关于这一问题的标准，数量上则应该基本满足社会就业需求。第五，如果说劳动岗位作为劳动权客体主要用于满足生存的价值需求，那么劳动机会作为劳动权客体则主要体现平等价值，也可以说公民平等劳动权的客体是平等的劳动机会，包括国家、社会以及用人单位，都有义务为公民提供平等的劳动机会，保障每个公民在劳动机会面前人人平等，这种平等既包括形式平等，也包括通过倾斜保护的实质平等。

2. 人身利益还是财产利益

无论是劳动机会，还是劳动岗位，对于劳动者来说，是一种人身利益还是财产利益，这也是一个学界存在争议的问题，对于这一问题也有学者在“劳动权是人身权利还是财产权利”的题目下加以讨论。所谓人身利益，是指与特定人身不可分的一种人格利益，财产利益不具有与人身的不可分性。劳动权客体作为一种财产利益，是指劳动机会或者劳动岗位为主体提供了创造财富的可能性，劳动权的基本价值就是可以因此获得劳动报酬，满足主体生存的物质需要。劳动权客体的人身利益属性主要体现在劳动机会或者劳动岗位同时也是主体实现自我价值，获得社会认可和尊重的重要途径，甚至获得一个特定的劳动岗位本身就是对主体能力的肯定，因此是权利主体的一种精神财富。同时，劳动机会或者劳动岗位对于主体的自身条件都有一定的要求，因此存在与主体一定程度的不可分离性，或者说主体特定性，甚至在特殊条件下，会出现与人身的不可分离性，例如，劳动法中关于辞职后的竞业限制。劳动权客体的财产利益属性毋庸置疑，但对于其人身利益属性，质疑的观点认为这会构成对于自由劳动的一种反动，是对于人身依附下的奴役式劳动的回归。笔者认为劳动权客体具有人身利益属性是一种客观存在，但人身利益与人身依附不能简单划等号。事实上，自由权同样是一种人身权，人身自由本身就是一种人身利益，劳动权的一项重要内容就是自由劳动，自由择业，这也是劳动权被视为一种人身权的重要原因。

劳动权客体兼具财产利益和人身利益双重属性，类似的权利如知识产权等。然而与知识产权不同的是，知识产权的双重属性具有可分割性，其中的署名权具有人身性，而使用权具有财产性。劳动权的双重属性则不可分割，这一特性直接影响了劳动权的保障体系与方式，其财产性决定了对其的侵害可以采取金钱补偿，其人身性决定了其不可自由转让性，在违约情形发生时人身部分的不可强制执行性。

（三）公民平等劳动权的内容

公民平等劳动权主要包括以下内容：

1. 自由择业权

自由择业权是劳动权最早的内涵，至今仍然是公民平等劳动权的基础性权利，也是平等劳动权自由属性的直接体现。它是指公民可以基于自己的意志选择劳动，也可以选择不劳动；可以自己决定从事某一职业，决定在适当地点、适当场所从事劳动等。自由择业权之所以始终作为劳动权的一项重要内容，其重要意义在于“它使人们对于其劳动的性质和环境拥有权力”[①]。狄骥则认为“工作，从事行业及商业活动的自由同样也是个人自由原则的延伸。如果法律给予个人发展和适用其物质活动的自由，那么他也就有自由按其意愿工作、受雇于他人、生产合意的产品或进行自认为有利的经商活动。这些都只是个人物质自由的自然延续罢了。”[②] 法国1848年宪法第十三条规定：“宪法保证公民有选择工作和职业化的自由。”这是择业自由最早的宪法表述。联合国《经济、社会及文化权利国际公约》第三部分第六条第一款规定：“本公约缔约各国承认工作权，包括人人应有机会凭其自由选择和接受的工作来谋生的权利，并将采取适当步骤来保障这一权利。”也将自由择业作为劳动权的重要内容。德国、乌克兰等多个国家甚至直接将劳动权表述为择业自由权，如1949年的《德意志联邦共和国基本法》第十二条规定：“所有德国人有权自由选择其职业。”我国宪法对劳动权做了“权利与义务”的表述，这也是引起争议最多的一个宪法条文，有学者反对，也有学者做出他解，认为我国宪法的规定并非意在否定公民的择业自由，劳动义务的表述只是一种劳动者作为国家主人的道德宣述或者政治宣言，并非法律义务。然而，如前文所述，

① [美]杰克・唐纳利．普遍人权的理论与实践[M]．王浦劬等译．北京：中国社会科学出版社，2001：36．

② [法]莱昂・狄骥．宪法学教程[M]．王文利等译．沈阳：辽海出版社，1999：190-191．

无论对该条文是否持赞同意见，目前没有一位学者主张我国宪法应该否定公民择业自由的权利，都承认择业自由应该是一项宪法权利。

就择业自由的具体内容看，它应该包含两个方面的内容：一是积极自由，即公民有免于他者（如国家、社会和特定组织）控制，独立做出选择和活动的自由，这种自由包括公民可以选择劳动与不劳动的自由；也包括公民选择劳动性质、内容、场所、环境、地域以及工作条件、待遇等的自由。对上述事项，包括国家在内的任何个人或组织不得强迫公民接受。对于消极自由，他人以及社会仅需履行尊重的义务，国家则应履行尊重和排除他人妨害的义务。二是积极自由，即劳动者有凭借他人的种种支持与便利，从事某种职业劳动的积极自由。积极自由是需要借助他人帮助可以实现的自由，是劳动权作为一项社会权利的重要表现。择业自由的积极自由主要通过国家与社会提供包括技能培训在内的就业服务实现，积极自由的义务相对人是国家与社会，作为私人的用工单位仅需履行相应的作为道德义务的企业社会责任，而非法律义务。

2. 体面就业权

国际劳工组织（ILO）在 1999 年第 87 届年会上提出了/体面劳动的概念。按照国际劳工组织的解释，国际劳工组织当今的首要任务是促进男女在自由、公正、安全和具备人格尊严的条件下，获得体面的、生产性的工作机会，这是体面就业权的由来。目前各国已经将此标准作为劳动权保障的一项定性标准。并且不仅作为劳动权的入口标准，也作为过程性标准。一些学者就往往将体面劳动的标准分解为各种过程性的劳动权标准，也就是广义劳动权权利束中的各个部分，如工作报酬权、休息权、安全保障权、工作福利权等。然而，就狭义劳动权来说，体面就业权是对劳动权客体——劳动机会与劳动岗位的质量要求，具体要求是：要求劳动者的劳动内容不得有损劳动者的人格尊严；必须提供相应的劳动报酬，且该报酬足以维持劳动者自身乃至扶养人的有尊严的生活；必须提供安全的劳动环境与场所，不得要求劳动者在有损身心健康的环境下劳动；不得提供歧视性待遇的劳动岗位。体面劳动权义务相对人应该包括国家、用工单位和社会，其中国家是主要义务人，其承担的主要义务是颁布本国的体面劳动标准并履行检查督促义务，如定期公布和调整最低工资标准，保证最低工资与当地物价水平保持平衡；用工单位的义务是提供符合国家体面劳动标准的劳动机会并履行其标准；社会组织的义务是负责对用工单位履行义务实行监督，如劳动中介组织对于用工单位发布的招聘信息的有关内容负责筛查等。事实上，作为入口的体面劳动标准存在问题的主要环节就是用人单位发布的招聘信息，而这一环节也是我国目前监督最为薄弱的领域。主要原因，一方面是有关国家与社会机构的监督检查职责不明确；另一方面，由于在招聘阶段，公民与信息发布者尚未形成特定的私主体之间的关系，由此造成这一领域法律关系的真空。明确国家与社会责任，加强对用人单位的监管，是解决这一问题的关键。

3. 就业不受歧视的权利

反就业歧视是劳动权的核心内容，甚至有人将其理解为唯一内容，"平等就业权一般被认为就是反就业歧视"[①]。针对反就业歧视，有关国际组织以及各国都颁布了相应的法律法规。国际劳工组织（ILO）的八个基本公约中有两个涉及不歧视，其中的 1958 年的《就业和职业方面的歧视公约》对就业歧视给出的解释是："歧视是指基于种族、肤色、性别、宗教、政治、民主及社会出生等原因而实行的，具有取消或损害就业或职业方面的机会和待遇平等作用的任何差别、排斥或优惠。"我国《劳动法》第十二条也对就业不受歧视权利做出了具体的规定："劳动者就业，不因民族、种族、性别、宗教信仰不同而受到歧视。"《就业促进法》也规定："劳动者依法享有平等就业和自主择业的权利。劳动者就业，不因民族、种族、性别、宗教信仰等不同而受歧视。"

理解就业不受歧视权利，首先要明确就业歧视概念，这涉及歧视的范围和对歧视概念本身的理解。从范围上看，国际劳工组织将种族、肤色、性别、宗教、政治、民主及社会出生等列入禁止歧视的范围，国际人权文件除了上述就业歧视范围外，还包括国籍歧视、年龄歧视、

① 李雄．论平等就业权的界定[J]．河北法学，2008（6）：67.

残疾歧视等。与国际劳工组织及联合国人权文件相比较，我国法律列举的范围则相对狭窄，政治倾向、年龄以及国籍等并未列入，其中某些差别体现了我国特殊的国情需要，有些则属于列举不尽的问题。也有学者因此对我国的歧视范围提出质疑，认为应该扩大列举范围。事实上，任何列举方式都不可能将所有的歧视现象完全概括。在我国就业领域里，就存在着五花八门的各种歧视，如姓名歧视、属相歧视、身高歧视、乙肝病毒歧视、学历歧视、毕业学校歧视、户籍歧视、生源地歧视等，完全列举是不可想象的。此外，关于歧视概念本身如何理解问题，即差别对待是否就一定意味着歧视。如果这样简单理解歧视，那么，一方面，不可避免地形成与雇主的用人自主权的冲突，另一方面，劳动权制度中的倾斜保护也势必会被列入歧视范围。上述两个问题都要求歧视标准的界定，这一问题我们将在权利边界中具体加以讨论。其次，是歧视的方式，无论明示的还是默示的，无论是优惠还是排斥，无论就业资格歧视还是就业待遇歧视，都属于就业不受歧视权所禁止的范围，也就是说上述各种歧视都构成权利人请求权利保护的理由。再次，就业不受歧视权是一种对世权，其义务相对人包括国家、用人单位以及社会，其中，国家义务主要表现为消极保障与积极垂范，所谓消极保障，是指国家有义务采取立法、行政与司法手段，制定禁止歧视的标准及相关法律法规，并积极加以推行与监督，同时提供相应的权利救济，所谓积极垂范是指国家机构在人员招聘问题上应该率先严格履行不歧视原则；社会作为义务相对人是指有关社会组织对于就业歧视有监督检查乃至担当公益诉讼人的义务。由社会中介组织在促进就业平等上积极履行相关职责是当今国际社会的一种趋势，既节约了公共资源成本，也起到缓和公私权利冲突的作用，还有利于带动整个社会共同行动，符合劳动权作为社会权利的本质。用人单位作为直接义务人，主要承担消极的禁止性义务。

4. 获得倾斜保护权

倾斜保护是劳动与社会保障制度的一项特殊原则,所谓倾斜保护，即“国家针对形式上的平等可能导致的事实上的不平等，根据具体情况和实际需要，采取适当、合理、正当和必要的区别对待”[①]。这一原则的理论基础是基于对实质平等的追求而对形式平等所作的矫正。如前所述，由于实质平等是对于起点不平等的正视和对终点平等的追求，“由于出身和天赋的不平等是不应得的，这些不平等就多少应给予某种补偿”[②]。因此，必须通过区别对待的方式才能实现，这就是倾斜保护原则。平等劳动权中的要求倾斜保护权是指达成某些特殊条件的公民，为追求劳动权的实质平等，要求国家、社会在就业中给予特殊照顾，以帮助他们在实际上享有平等劳动权的特殊权利。国际劳动组织《就业与职业歧视公约》对倾斜保护做出了肯定，该公约第五条规定:“国际劳工大会通过的其他公约和建议书规定的保护或援助的特殊措施不应视为歧视”；“凡会员国经与有代表性的雇主组织和工人组织（如存在此种组织）协商，得确定为适合某些人员特殊需要而制定的其他专门措施应不被视为歧视，这些人员由于诸如性别、年龄、残疾、家庭负担，或社会或文化地位等原因而一般被认为需要特殊保护或援助”。该规定确认了官方能够也有必要设定一些看起来有悖形式平等原则的针对特定群体的“特殊保护措施”，国际劳工组织及一些西方国家称之为“援助措施”或“肯定行动”。获得倾斜保护权不同于普通权利，而是一种特权，权利主体需满足特殊条件。就我国以及其他国家有关该权利的学说与法律实践看，主要限于三类条件：第一，在就业领域处于先天弱势的群体，例如残疾人、特殊生理期的女性等；第二，基于国家或社会公共利益需要，例如少数民族、退役军人等；第三，对于受到政策等影响而做出的特殊补偿。前两种情形相对较为普遍，比如，我国法律法规对妇女、残疾人、少数民族、退役军人的就业都有相关的特别规定，推出特别优惠措施增加这些人在就业市场上的竞争力，或者通过特殊政策鼓励用人单位帮助这些人实现其劳动权。第三种情形较为特殊，例如我国最早针对国家转型期的下岗职工推出的特殊就业措施，以补偿这些人为国家经济转型做出的牺牲。获得倾

① 李雄．论平等就业权[D]．西南政法大学博士论文．重庆：西南政法大学，2008：86．

② [美]约翰·罗尔斯．正义论[M]．何怀宏等译．北京：中国社会科学出版社，1988：95．

斜保护权的义务相对人是国家，为特殊人群提供倾斜保护是现代国家的一项重要义务。值得注意的是国家此项义务的主要内容是提供制度与政策上的倾斜，而并非提供劳动岗位，也就是说权利人只享有针对国家的制度与政策的请求权，而并非岗位请求权。针对这一情形，即使在存在宪法诉讼的德国，也被认为"无论如何也不存在对具体工作岗位的个人请求权意义上的劳动权"[①]这是倾斜保护与就业社会保障的区别所在。

5. 劳动机会的可获得性

正如前面所谈到的，平等劳动权并不意味着政府必须保证给予每一个人一份他希望得到的工作，也不存在个人针对国家的劳动岗位请求权，也就是我们前面所谈到的，该权利客体主要是指劳动机会，而非劳动岗位。而机会一词意指可能性，如果不对此做出限定，所谓的平等劳动权就有可能落空，成为画饼充饥，望梅止渴。要保证平等劳动权成为现实可能的一种真实权利，就要求劳动机会具有可获得性。如果说体面劳动属于对劳动机会质量上的要求，这种可获得性主要是对劳动机会的数量方面的要求，也就是说社会可以为公民提供较为充裕的劳动机会。尽管劳动机会也属于一种有限资源，特别是对于一些经济发展较为缓慢的国家，相对于较多的劳动人口，其中的矛盾呈现一种紧张状态。因此，在许多国家解决失业问题往往成为政府的一大难题。就国家而言，积极采取多种措施，拓宽就业渠道，积极促进就业，促使社会提供更多的劳动机会是政府必须履行的一项义务。这些措施包括从治本的意义上，制定政策和采取相关技术措施促进经济、社会和文化的稳定发展；从治标的意义上，由政府采取多种措施鼓励用人单位提供更多的劳动机会，甚至由政府直接提供公益岗位。劳动机会的可获得性本身构成公民平等劳动权的重要权利内容，这一权利内容意味着平等就业权对于国家而言不仅仅意味着简单履行限制就业歧视的消极义务，而应该同时履行积极促进就业的义务。然而与前面四项权利相比较，这一权利的具体标准难以把握和衡量，严格说，这

---

① 吕世伦、任岳鹏. 根本法、市民法、公民法和社会法[J]. 求是学刊，2005（5）：67.

一权利实现程度仅可能存在整体性判断指标，而不存在个体的判断指标，对于公民个人而言，其没有获得劳动岗位的原因究竟是由于劳动机会不具有可获得性还是由于包括自身在内的其他原因很难评判，因此，这一权利内容不应构成个人请求权，而应该以公民的代表机关监督政府的方式加以实现。

6. 获得就业服务与就业培训的权利

现代社会，基于生存与发展权要求，保障每一个社会成员共享社会发展成果已经成为国际社会普遍价值观，因此，保障公民的平等劳动权也就成为一项积极的国家义务。在此意义上，如何具备获得劳动机会的能力以及通过何种渠道获得劳动机会不再仅仅是公民个人关心的问题，而同时应该成为国家应尽职责。

7. 就业社会保障权

就业社会保障权与倾斜保护权一样,都属于平等劳动权中的特权,是针对特殊群体的专属性权利。就业社会保障权是指存在生活困难的公民，在仅凭自身努力无法获得劳动岗位的情形下，有权要求国家提供劳动岗位以满足生存需要。与前面所述六项权利不同，就业保障权以劳动岗位作为权利客体，要求国家以福利配给的方式为其提供，而排斥市场竞争机制。就业保障权是平等劳动权的一项例外权利，是对该权利下的前述六项权利的补充。就业保障权建立的价值基础是生存保障，该权利的享有须满足特定条件，即为保障生存权所必需。许多国家对于有劳动能力而存在生存困难的公民都采取生活保障金与保障性劳动岗位相互补充的办法，即对于所提供的物质性生活保障做出时间限制，同时由政府或者社会组织提供公益性劳动岗位，如果公民拒绝该劳动岗位，也会在到达期限时丧失物质性生活保障的领取资格。我国目前也是采取这种办法，这也是一些学者所理解的我国宪法关于劳动的权利与义务的理解，该条款并非意在剥夺公民的择业自由，而是使有劳动能力而拒绝劳动的公民丧失享受国家物质帮助的资格。

（四）权利边界

根据权利义务对称性原则，任何权利都是有边界的，因为任何一项权利都意味着他人相应的义务，丧失边界的权利就意味着他人义务的无边界，这既不合理，也不现实。因此，要使平等劳动权成为真正的可能实现的权利，明确划定其权利边界极为重要。

1. 平等劳动权与用工自主权的边界

如前所述，用人单位在平等劳动权的多项权利中作为直接的义务相对人，劳动关系有时甚至被称为劳资关系，说明两者之间存在着先天的紧张关系，双方的紧张关系源于各方对于自身利益最大化的追求。从平等劳动权权利主体一方来看，其利益最大化意味着以最低成本获得更好的劳动岗位。而从用人单位一方来看，其利益最大化则意味着以最低的劳动力成本获得较高的人力资源，同时最大可能满足自身意志自由。平等劳动权得以实现的基本途径就是国家对用人单位私人意志自由干预，即干预用工自主权。干预的边界划分也就是平等劳动权与用工自主权的边界，这一边界划分的基本原则就是利益平衡原则。权力在其本性上是权利与权利妥协的产物，权力的运用主要在于实现权利或者在权利发生冲突时伸张一种权利而剥夺另一方权利。[①]具体来说，在市场经济条件下，这一利益平衡点应该选择“劳动权形式平等”。即给予用人单位在同等条件下择优的权利，这样既满足了用人单位人力资源的效益最大化利益要求，也满足了公民在劳动权上的不受歧视权。具体到歧视标准的界定，我们将在后面的问题中专门讨论。至于劳动权实质平等的权利要求，如前所述，这本身属于国家与社会的义务，因此，不应构成对用人单位用工自主权的限制。

2. 相应的国家义务边界

如果说形式平等是用工自主权与公民平等劳动权的权利边界，那么公民平等劳动权与相应国家义务的边界问题则更为复杂。实质平等的确是国家保障公民平等劳动权义务的价值追求，但完全的实质平等在现实社会条件下不具有可实践性，因此，我们可以把追求形式平等与相对的实质平等以及生存保障作为国家义务的边界。具体说来：第一，国家的消极保障义务以保障形式平等的公民劳动权为边界，在形式平等被侵害时承担对用工单位施加干预的义务。第二，国家的积极

① 张卫东．平等就业权初论[J]．政治与法律，2006（2）：20.

保障义务以生存权保障为底线，以实质平等为补充，实质平等作为一个相对概念，应该采取与社会经济发展水平相适应的原则，即国家应该提供与社会经济发展水平相适应的劳动权实质平等保障，这也是全体社会成员共享社会发展成果的劳动权价值理念所要求的。具体说来，包括对于与社会经济发展水平相适应的劳动机会的数量与质量的保障，以及对特殊人群提供倾斜保障的范围与程度。

第三节 公民平等劳动权的性质

权利性质是权利内涵的应有之义，同时，“权利的性质是决定权利保护的关键性因素”[①]。对公民平等劳动权性质的研究，既关乎对公民平等劳动权概念的界定，也是构建该权利法律保障机制构架的基础。这里涉及两个问题：权利本质与权利类别。

一、公民平等劳动权的本质：自由与利益

如何定义权利是法理学的一个最基本问题，也是一个迄今为止仍争论不休、尚无定论的问题。权利的本质是什么？是自由，还是利益，这成为西方自由主义法学与社会学法学的分水岭。早期自由主义法学代表人物霍布斯、斯滨诺沙等人将自由看作是权利的本质，他们甚至认为权利就是自由。康德则明确指出：“权利就是意志的自由行使，根据法律的普遍律，个人的意志自由行使应该能够与所有其他人的自由共存。”[②]黑格尔则指出：“意志是自由的，所以自由既是权利的实质又是权利的目标，而权利体系则是已成现实的自由王国。”[③]

利益说则是社会学法学对权利本质的揭示。德国法学家耶林直接

① 李忠．论少数人权利——兼评《公民权利和政治权利国际公约》第 27 条[J]．法律科学，1999（5）：38．

② [德]康德．纯粹理性批判[M]．邓晓芒译．北京：人民出版社，2004：122．

③ [德]黑格尔．法哲学原理[M]．范扬、张企泰译．北京：商务印书馆，1996：50．

以利益来解释权利，认为权利就是法律保护的利益。美国社会学法学代表人物庞德对耶林学说的解释是：耶林通过使人们注意到权利背后的利益，而改变了整个的权利理论，他说权利就是由法律保护的一种利益，所有的利益并不都是权利，只有法律所承认和保障的利益才是权利。他说：不论利益有无一种道德价值，政治组织、社会对它的保障就使它成为一种法律权利。[①]

自由说与利益说在大多数场合下并不构成冲突。自由作为一种意志表达，对于理性人来说通常指向利益的取得，这也是自由主义法学形成的社会背景。但是，积极权利的出现，打破了二者的统一状态，出现了与自由相分离的单纯利益性权利，例如社会保障权、环境权等，劳动权也包括在内。这些权利通常以纯粹利益的方式存在，不仅不以自由为实现方式，还可能表现为对自由的限制。这种纯粹利益构成的权利，成为对传统自由主义权利理论之自由为权利本质学说的挑战，也成为权利本质学说冲突的根源。

关于权利本质的二元理论力图弥合冲突，在界定权利时采取折中主义的态度，提出权利的三要素说：自由、利益以及法定性，并且将自由与利益表述为一种或然关系。这一权利本质的表达方式满足了包括社会权这一新型权利在内的所有权利要求，也使得劳动权可以被权利概念所接纳。公民平等劳动权纳入权利概念范畴是基于其纯粹利益本质为新的权利概念所接纳，然而劳动权的本质是单纯的利益还是自由与利益兼备，这一问题仍然值得探讨。事实上，这一话题在劳动法范畴内以另外的面目展开过讨论：即所谓“劳动权是社会权还是自由权”。笔者在收集资料的过程中发现，这一话题讨论的意图与最终指向都是利益与自由，抑或消极权利与积极权利。实际上，这一问题在法理学维度上就是权利本质的问题。就这一话题的现有讨论看，除少数人主张劳动权属于单纯的社会权利外[②]，劳动权兼具社会权与自由权双重属性的主张构成这一问题的主流意见。也就是说，多数学者都认

---

① [美]罗·庞德．通过法律的社会控制[M]．沈宗灵译．北京：商务印书馆，1984：46-47．

② 王锴．论我国宪法上的劳动权与劳动义务[J]．法学家，2008（4）：56-64．

为劳动权的权利本质具有自由和利益双重属性。笔者也赞成这一观点。

与其他社会权一样，劳动权的利益本质并不构成对自由本质的完全否定。劳动权的利益本质主要表现为针对国家义务的部分，即通过国家履行积极义务方能实现，主要内容有平等就业权、最低劳动报酬权、劳动安全保障及相应福利的权利等。针对上述权利的国家义务则表现为国家对促进就业采取相应的积极措施，以及为劳资关系提供最低标准并实施监督与保障。但除此之外，劳动权还包含就业自由、择业自由等内容，这些内容具有明显的自由属性。因此，可以说劳动权的本质具有利益与自由双重属性。

认识劳动权本质的双重属性，对于劳动权的法律调整与保障具有积极的实践意义。尽管有学者提出最早的劳动权是与人身依附关系下的强制劳动相对称的，但此时的劳动权并未形成学术概念。从劳动权概念的学术史看，其诞生即以社会权的面貌示人，其利益属性，即国家干预的属性更多为人所关注，而该权利的自由属性通常为人们所忽略。特别是在我国这样长期受到计划经济影响的国家，对于劳动权的自由属性缺乏认识和应有的尊重，这对我国相关法律制度的影响主要表现在：首先，导致我国宪法至今关于劳动权仍表述为劳动的权利与义务，尽管这一表述一直饱受争议；其次，对于特殊人的强制劳动也曾经是我国饱受争议的一个问题，包括劳动改造、劳动教养以及曾广泛存在的工读学校等；最后，近年来我国在私企、外企中广泛存在的强制加班，强制高强度劳动以及屡屡曝光的对劳动者限制人身自由等，我国目前缺乏有效的法律规制。这些都提醒我们在认识公民平等劳动权利益本质的同时，不可忽略其自由属性，法律上对于两者的保障制度不可偏废。

二、平等劳动权的权利类别：私权、公权、社会权

劳动法维度上对劳动权所属的权利类别的讨论通常都是围绕着“劳动权是社会权还是自由权”，如上文所述，从讨论的目的性来看，这种讨论实际上是混淆了劳动权的权利本质与权利分类两个不同问

题。实际上，也造成社会权这一权利类别术语的混用。

将社会权与自由权作为对称概念，主要理论基础是社会权概念学术史。从社会权概念形成的历史看，社会权利概念本身在法律上最早出现于1948年联合国颁布的《世界人权宣言》。它规定：每个人作为社会的一员，有权享受社会保障，并有权享受他的个人尊严和人格的自由发展所必需的经济、社会和文化方面各种权利的实现，这就是社会权利。而对于这一概念的学术建构则始于1949年马歇尔在《公民资格与社会阶级》一书中阐述的公民资格理论。马歇尔把公民资格看作一个权利的集合，包括公民权利、政治权利、社会权利三个方面，也即公民资格的三个组成要素。他说："我把这三个部分或三个要素称为公民的要素、政治的要素和社会的要素：公民的要素（civil element）由个人自由所必需的权利组成，包括人身自由，言论、思想和信仰自由，拥有财产和订立有效契约的权利以及司法权利（right to justice）……政治的要素（political element），我指的是公民作为政治权力实体的成员或这个实体的选举者，参与行使政治权力的权利；社会的要素（social element），我指的是从某种程度的经济福利与安全到充分享有社会遗产并依据社会通行标准享受文明生活的权利等一系列权利。"[①]马歇尔认为，社会权利，作为一种分享"社会遗产"的权利，使公民能够由于自己的地位即隶属于共同体的一分子而取得社会服务和各种福利保障。之后，众多学者从不同的视角对社会权利做了界定。日本学者长谷部恭男认为，所谓社会权利是指"要求国家履行积极给付义务的权利，是为了实现在法律之下的人人平等所必需的作为人的最低限度的条件"[②]。我国台湾学者谢瑞智认为，社会权利是指"基于社会国家之理念，由政府采取积极的作为，以保障人民过着尊严生活之权利的总称"[③]。我国大陆学者杨雪冬认为："社会权利就是指个体在社会中享有的基本的生存和发展权。……是所有社会成员都应该

---

① 马歇尔．公民资格与社会阶级[J]．刘继同译．国外社会学，2003（1）．

② [日]长谷部恭男．宪法[M]．北京：新世纪出版社，2001：151．

③ 谢瑞智．宪法新论[M]．台北：文笙书局，1999：52．

享有的作为社会成员的基本资格。”[①]

对上述关于社会权的描述加以梳理，我们可以发现社会权概念的基本内涵是强调某种权利水平，即所谓社会成员基本待遇。然而，这样一来我们会发现，所有被列入社会权的权利种类都会同时具有自由权的部分内容，因为即使是社会保障程度再高的社会，所谓的“社会成员基本待遇”也不可能完全以非自由的途径实现，就如同我们现在正在讨论的劳动权。这也是目前学界在讨论劳动权性质问题时几乎众口一词地主张其双重属性的原因。也就是说，一定要将某一种权利置于自由权与社会权对立的态势下进行二选一的讨论既没有学术意义，也没有实践意义。

笔者主张，应该将劳动权的性质置于社会权、公权、私权的框架下加以讨论。

首先，这种讨论具有积极的理论价值，符合法理学上的权利分类。我们知道，法理学上关于权利性质的划分，建立在对法律的分类基础上。早期是基于罗马法的公私法划分而形成的公私权利的划分，罗马法学家乌尔比安认为：“公法是有关罗马国家稳定的法，私法是涉及个人利益的法。事实上，它们有的造福于公共利益，有的则造福于私人。”[②]即所谓私法加以调整的，涉及私人利益的即为私权利，公法加以调整，涉及公共利益的即为公权力。在当时社会结构下，这种公私权利的结构在权利主体、利益和实现方式上都保持一致。社会权作为一项法律权利，是公、私权利之间的紧张对抗进入到难以自我解释状态的产物。公私权利之间的关系经过17、18世纪启蒙思想的演绎，形成了二元对抗的紧张态势，私权利被描绘成目的性的权利，而公权力则仅具有工具性价值。这样，公权力在担负对私权利消极保护的同时，本身也成为私权利的防范对象。然而，“从对私权利绝对保护的维度构建的公权力与私权利配置方案最终导致了私权利内发性的破坏

① 杨雪冬．走向社会权利导向的社会管理体制[J]．华中师范大学学报（人文社会科学版），2010（1）：1-10．

② [意]桑德罗·斯奇巴尼．正义和法[M]．黄风译．北京：中国政法大学出版社，1992：35．

状态。”①这种破坏基于对社会的逆转性认识：个人依靠自己难以自立。福利国家的提倡者认为，在非个人化的市场力量的背景下，个人很难或无法控制其命运：市场体系是不可预测的。因此，人们不能对自己的困境完全负责，社会有义务帮助处于困境中的个人。②这种私人利益需要借助公权力加以实现的现象导致了社会法部类的产生，而社会法加以调整的权利即为社会权利。

其次，这种讨论更具有实践意义。实践意义之一在于使得对于劳动权的法律调整得以充分展开。社会法部类作为一种新生的法律部类，是一种可以采取纵横两种手段加以调整的法律部类，从社会法加以调整的权利意义上来理解劳动权，不必再回避劳动权的自由权属性。事实上，包括劳动权在内的多种社会权，其调整机制都是采取了横向调整加纵向调整的模式。同时，也意味着劳动权关系既涉及国家与私人之间，也涉及私人与私人之间，法律对劳动权的保障既涉及对权利自由行使的保障，也涉及国家对权利的纵向干预。本课题研究的结构就是在这一架构下展开的。实践意义之二在于有助于认识劳动权的权利救济途径。传统的公私法与公私权利结构下，形成了公诉与私诉的权利救济结构。而当第三部类法律与权利出现时，此类权利如何实施救济，俨然成为一个很特别的问题。英美法系国家历来没有公私法的划分，因此，这一问题显得并不突出，在存在公私法划分的大陆法系国家，通常都有专门的社会法院或劳动法院，从而形成权利与救济相对应的局面。这样一来，我国现有的劳动权权利救济模式存在的问题也就凸现出来了。这是本课题拟在权利救济部分中加以讨论的。

学界对于劳动权是社会权还是自由权的争论掩盖了劳动权与公权、私权以及社会权利之间的纠结关系。对于这一问题的讨论仅见许

---

① 汪渊智．理性思考公权力与私权利的关系[J]．山西大学学报（哲学社会科学版），2006（4）：61-66．

② 诺曼·巴里．福利——西方社会科学基本知识读本[M]．储建国译．长春：吉林人民出版社，2005：119．

建宇先生在《劳动权的位阶与权利（力）冲突》一文中有所涉及。[①]笔者对于这一问题的观点是：

第一，劳动权与传统公权的关系。现代劳动权与公权的联系一方面表现为对公权力的依存，这种依存关系首先表现为要求政府对劳动权的实现提供保障，这种保障不仅包括消极的保护，还包括对私主体之间涉及劳动权问题的有关事项施加积极干预，以保障劳动权的实现；其次，这种依存关系表现为要求公权力采取有效积极措施，为劳动权的实现创造一定的物质和制度条件。这可以为我国国家在劳动权保障中的义务提供认识基础。在劳动权与公权力依存关系问题上，保障与积极干预已形成共识，存在认识差异的主要在于公权力是否有义务提供劳动机会，该义务的程度如何。我国法律在此问题上应该说经历了一个曲折的过程，计划经济时代，我国宪法关于公民有劳动的权利与义务的规定即建立在国家有义务为每个公民提供劳动机会的预设基础上。这也是市场经济体制建立后宪法该条款招致许多学者批评的原因。《就业促进法》的出台，在立法层面表达出政府重新承担起促进就业的义务，但这种义务仅限于积极促进就业，而不是劳动岗位保障，这是与市场经济体制相匹配的一种政府义务。

另一方面劳动权与公权力的联系还表现为两者存在一定的重合。这种重合主要是基于劳动权概念产生于“作为人类社会成员权”之理念，因此具有集体权利的性质，从而形成一种准公权力。这种集体权利主要表现为工会的权利。自从1919年德国通过《魏玛宪法》设立了劳工会议制度和经济会议制度，工会力量日益壮大，日益成为一种不可小视的重要的政治力量，广泛参与社会政治经济生活。工会作为劳动权的一种集体行使方式，其公权力的属性一方面体现在工会决策对其成员的拘束力；另一方面，工会的公权属性还体现在工会代表其成员对企业与社会决策的广泛参与。这种权利在西方表现为所谓三方协商机制，大量的劳动权问题都通过这一机制加以解决。我国劳动法也

---

① 许建宇．劳动权的位阶与权利（力）冲突[J]．浙江大学学报（人文社会科学版），2005（1）：168-175．

规定了劳动者集体在关系劳动者重大利益的事项上发表意见的权利，但距离如西方发达国家的类似权力的性质相差甚远。

劳动权与公权力关系的理论是界定国家在保障公民劳动权问题上应该履行何种义务的理论基础，同时也为构建合理的国家对公民劳动权保障制度提供理论基础。在此基础上，我们认为，公民平等劳动权保障的国家机制包括：立法保障、行政保障和司法保障三个层面。立法保障涉及两个方面：一是合理的公民劳动权宪法设计；二是全面的劳动权关系的调整。在立法层面上我国目前存在的主要问题是宪法关于公民劳动权的设计没有得到法律的全覆盖。行政保障包括两个方面：国家对社会、私人行为的劳动权监督制度；国家履行促进就业义务。行政保障方面我国存在的最大问题是促进就业方面国家义务的履行。最后是为公民平等劳动权的保障设计完善的司法救济通道，目前我国对于劳动权的司法救济通道几乎是完全阻滞的。

第二，劳动权与传统私权的关系。这种关系首先表现为劳动权与私权的重合，即其本身也具有私权属性。劳动权本身即起源于私权，最早的劳动权是与强迫劳动相抗衡的一种自由权，尽管随着劳动权的发展，其进一步增添了社会权利的内容，但劳动权的这一私权属性始终保留着。劳动权私权属性的现代表现是：其主体主要是私主体——个人；其客体主要是一种私人利益；其权利内容中也包括消极自由权和形式平等权。劳动权与私权关系的另一方面是相互冲突与平衡，具体说来是雇主一方的作为自主经营权一部分的用人自主权与劳动权之间的冲突。在现代社会，由于国家调整的介入，两者的冲突并非纯粹私益间的冲突，而是一个社会群体的社会权利与私权的冲突。两者间的平衡体现的是社会利益与私人利益之间的平衡。

认识劳动权的私权属性对于构建劳动权的救济体系具有尤其重要的理论价值。基于对劳动权是一种社会权利的认识，我国现有劳动权救济体系主要是行政救济，也就是主要依靠劳动行政监察，其次是劳动仲裁。尽管我国劳动仲裁机构的性质已经发生了改变，不再隶属于行政机构，但行政特征未变。更主要的是即使作为社会救济，也存在权利救济刚性不足的问题。目前我国劳动权的民事司法救济存在很大缺口，在诉权主体和客体上都极为有限。大量的劳动权救济需求被排除在司法大门之外，造成这种局面的一个很重要的原因就是对于劳动权的私权性质缺乏认识。

对于劳动权与私权的冲突与平衡的认识，不仅是构建我国现代劳动关系法律调整格局的基础，同时也为我们回答宪法上的公民劳动权效力对象问题提供了答案。前文所述，目前我国理论界仍然有人主张宪法上的劳动权义务主体仅限于国家，劳动权效力不能及于私主体。从法理学意义上说，宪法作为母法，应该为各类权利关系的调整提供调整准则。因此，关于劳动权的宪法准则也应该既涉及公私权利关系，又涉及劳动权与私权的关系。宪法上公民劳动权关系的全面调整，一方面，为调整劳动权与私权之间的关系提供了宪法准则，避免公民劳动权被架空，有利于宪法上公民劳动权成为法律权利；另一方面，也有利于对宪法上的劳动权与法律上的劳动权、事实劳动权之间的距离的考察，促进劳动权保护的法律完善。同时，还可以为出现法律调整空白的公民劳动权权利提供特殊救济。

第三，劳动权与其他社会权利的关系。劳动权与其他社会权利之间的关系主要涉及劳动权与社会保障权、环境权、消费者权利等。不同种类的社会权利在权利体系中的位阶取决于权利的重要程度。从这个意义上看，劳动权作为生存权的一部分，与社会保障权同属于社会权利的最高位阶。事实上，广义的劳动权包括失业救济、退休保障等社会保障权。法律在调整不同社会权利时，应该努力平衡权利之间的相互关系，使之相互协调促进。近年来，一些国际非政府组织开展的企业社会责任认证标准活动，可以说是一种用以同时满足消费者的选择权和保障劳动权、环境权的有益尝试。在发生不同社会权之间的权利冲突时，低位阶的社会权应该与劳动权相妥协。我国改革开放以来，一些企业，特别是服务业，在“消费者就是上帝”的口号下，为了满足一些消费者的不合理需求，出现了一些损害劳动权的情形，需要引起立法者的特别关注。劳动权与环境权的冲突主要发生在污染企业的生存问题上。在企业本身的确无法实现环境达标的前提下，如何处理好关停企业与职工安置的关系也是法律调整面临的难题。

综上，笔者认为，平等劳动权所属的类别应该放在公权、私权、社会权的框架下观察，在这一框架下，劳动权具有明显的社会权属性，同时又在某些方面与公私权利形成重叠。对劳动权类别的认识，对于构建全面的公民劳动权保障体系具有重要理论价值。

在对平等劳动权的价值、结构及其性质进行讨论的基础上，我们可以最终得出关于公民平等劳动权的定义：所谓公民平等劳动权，是指达到法定年龄，具备劳动能力和劳动愿望的公民能够获得平等劳动机会的消极自由与积极自由以及相关利益。这一权利的义务人包括国家、社会以及私人。其中主要义务人是国家，国家通过立法、执法和司法保护公民能够在平等基础上享有形式上的平等劳动权；同时，国家通过包括禁止就业歧视、特殊群体就业保护、就业培训和就业社会保障等在内的多种手段和措施保护劳动者享有实质上的平等劳动权，平等劳动权是形式平等劳动权和实质平等劳动权的统一。

第二章

公民平等劳动权法律保障的现状

第一节　公民平等劳动权国际法保障的现状

公民平等劳动权在国际法上的被视为一项国际人权，其法律也早已纳入各类国际人权保障的法律法规调整范围。国际法关于公民平等劳动权保障的国际公约、条约可以分为两类：国际人权宪章类文件和国际劳工组织关于劳工标准的国际公约。其中的国际人权宪章类文件又分为一般性国际人权宪章类法律文件、特殊人人权保障的国际法文件、区域性人权保障法律文件。

一、有关平等劳动权人保障的国际法文件及其主要内容

（一）人权宪章类法律文件关于平等劳动权保障的主要内容

涉及劳动权保障的人权宪章类文件包括《联合国宪章》、《世界人权宣言》、《公民权利和政治权利国际公约》与《经济社会和文化权利国际公约》。其中《联合国宪章》第九章第五十五条规定“联合国应促

进：(1) 较高之生活程度，全民就业，及经济与社会进展……”该公约尽管未直接提及劳动权保障字眼，但却将促进“全民就业”作为联合国的重要使命。1948年联合国大会通过并颁布了《世界人权宣言》，宣言详细列举了关于保障劳动权的多项具体权利，其中包括：自由结社权（第二十一条）；社会保障权（第二十二条）；工作权（其中包括自由选择职业、享受公正和合适的工作条件、免于失业的保障权）（第二十三条第一款）；同工同酬、禁止歧视权（第二十三条第二款）、公正和合适的报酬权（第二十三条第三款）；组织和参加工会的权利（第二十三条第四款）；休息和闲暇的权利（第二十四条）；生存权及社会保障权（第二十五条第一款）。由此，劳动权作为一项经济权、社会权同时也是普遍性的人权在世界范围内得到了确认，这是以往的人权立法中所没有的。与《世界人权宣言》共同构成国际人权宪章的另外两个国际法文件《公民权利和政治权利国际公约》与《经济社会和文化权利国际公约》是《世界人权宣言》的细化和延伸。在《公民权利和政治权利国际公约》中涉及劳动权的有两项内容，一是确认了结社自由权，二是禁止强迫劳动。公约第八条第三款（甲）规定“任何人不应被要求从事强迫或强制劳动”；第二十二条规定“人人有权享受与他人结社的自由，包括组织和参加工会以保护他的利益的权利”，“对此项权利的行使不得加以限制”。《经济、社会及文化权利国际公约》则对劳动权做了更为具体的规定。该公约第六条规定了工作权，其中包括自由选择和接受工作权（第一款）、获得职业指导和训练权（第二款）；第七条规定了劳动者享有公正和良好工作条件的权利，其中包括同工同酬和适当水平的报酬权（第一款）、安全和卫生的工作条件（第二款）、获得适当的提级权（第三款）、休息休假权（第四款）；第八条规定了组织工会和罢工的权利；第九条规定了社会保障权；第十条是有关女职工生育保护和禁止雇用童工的规定。第十一条规定了“享受适当生活水准权”。

从一般性国际人权宪章类法律文件内容看，公民平等劳动权概念最初的表达方式就是促进就业，说明促进就业始终是劳动权的核心概念。同时我们发现，在国际人权宪章中也并不存在一个包罗万象的劳动权概念，这一概念实际上就是以单独的“工作权”概念存在的。有些学者直接将其翻译成工作权，也有更多的学者基于对约定俗成的尊重，尽管仍然接受这种劳动权的翻译方式，但在与国内学者俗称的劳动权形成对话时，就不得不做出概念范围的限定以避免误解。这也是广义劳动权与狭义劳动权的由来。《联合国宪章》中的劳动权只有就业含义，《世界人权宣言》也明确了工作权的范围，即自由择业、劳动机会的质量以及失业保障，至于其他一些对劳动者的保障性权利，则在此权利之外单独列出。《经济、社会及文化权利国际公约》第六条也是以列举的方式规定了工作权，其中包括自由选择和接受工作权（第一款）、获得职业指导和训练权（第二款），从这一概念范围表述看，实际上基本上相当于本课题所界定的劳动权的范围，只是缺少关于就业歧视的规定。而该公约的第二条有要求适用非歧视标准来保证公约所载各项权利行使的内容，这也可以视为禁止就业歧视的内容。国际人权宪章关于工作权的描述，至少向我们说明了有关劳动权利的保障制度与劳动者的权利保障制度存在着根本性区别。

在一般性人权宪章类法律文件中，平等劳动权一方面明确地被作为社会权利提出，体现了国际社会人权保护的共同发展趋势；另一方面，平等劳动权的自由属性也始终获得承认，无论是《公民权利和政治权利国际公约》还是《经济、社会及文化权利国际公约》，自由择业，不得强制劳动都得到了强调。

有关平等劳动权保障的特殊人人权保障的国际法文件主要包括《消除一切形式对妇女歧视的国际公约》、《儿童权利公约》、《残疾人权利国际公约》、《消除一切形式种族歧视的国际公约》、《保护所有移徙工人及其家庭成员权利国际公约》等法律文件。这些文件与国际人权宪章类相比，关于平等劳动权保障的标准更为具体细致。其中《消除一切形式对妇女歧视的国际公约》的第十一条专门规定了消除对女性的就业歧视，实现男女平等的权利。第一款包括工作权、相同就业机会权、自由选择工作权、同工同酬权、社会保障及带薪假期权、健康和安全保障权。第二款规定了免于因结婚或生育而受到就业歧视，包括禁止以结婚、怀孕或产假为理由予以解雇，享受带薪产假或具有同等社会福利的产假，不丧失原有工作、年资或社会津贴；享受辅助性社会服务；对怀孕期间从事确实有害于健康的工作的妇女的特别保护；残疾人权利公约对残疾人劳动权保障规定的更为详尽，在针对该公约第二十二段所做出的解释是："只要工作场所的设计和建造使轮椅无法进入，雇主就能将此作为不能雇用使用轮椅者的理由，政府也应制定政策，提倡并规定灵活和替代性工作安排，以照顾残疾人的需要，及有必要消除阻碍融入社会，尤其是就业的人为障碍。"在《消除一切形式种族歧视的国际公约》、《保护所有移徙工人及其家庭成员权利国际公约》等国际人权文件，也都设置了特殊人群劳动权保障的专门条款。

对人权实行区域性国际保护是自 20 世纪中叶以来人权保护的发展趋势，欧洲、非洲、美洲、亚洲都制定了各具特色的区域性人权文件，其中欧洲有《欧洲人权公约》、《欧洲社会宪章》以及作为《欧洲宪法》一部分的《欧盟基本权利宪章》；美洲有《美洲人权公约》以及作为《美洲人权公约》补充议定书的《圣萨尔瓦多议定书》，发展较晚的亚洲与非洲也先后通过了《非洲人权和民族权宪章》和《亚洲国家人权宪章》。上述区域性国际人权法文件在关于劳动权内容及其保障问题上尽管存在较大差异，但都将劳动权保障纳入到人权保障的范畴中。

（二）国际劳工组织关于劳工标准的国际性法律文件

国际劳工组织关于劳工标准的一系列国际性法律文件也是关于劳动权保障最为直接、最为具体的一类。国际劳工组织成立于 1919 年的巴黎和会，当时设立了国际劳工立法委员会，专门讨论劳工问题。委员会由政府、雇主和工会三方代表组成，这一机制被后来建立的国际劳工组织采用并一直延续至今。会议通过了《国际劳工组织章程草案》和一个包括九项原则的宣言，史称"国际劳动宪章"。该文件提出了"任何一国不采用合乎人道的劳动条件，会成为其他国家愿意改善其本国状况的障碍。"这里将国际劳工标准确立的意义界定为为各国提供公平的竞争环境，这也表明了国际劳工组织的基本功能。国际劳工组织的最主要职能就是从事国际劳动立法，制定劳工标准，以供各会员国批准和采纳。由于公约和建议书意在为会员国制订有关法律政策提供标准，所以，公约和建议书合称为"国际劳工标准"。截至 2007 年第 96

届国际劳工大会，该组织共制定国际劳工公约 187 个，建议书 199 个。这些公约和建议书涉及劳动问题的方方面面，已经形成一个相当完整的国际劳动法体系，因而被称为“国际劳动法典”。国际劳工组织将全部公约分为三类：基本（核心）公约、优先公约和其他。基本公约即构成核心劳工标准，这一概念早在二战以后即已提出，1998 年在日内瓦召开的国际劳工大会第 86 届会议上通过的《国际劳工组织关于工作中基本原则和权利宣言》确立了核心劳工标准的特殊效力地位。宣言第二条称：“（国际劳工大会）声明，即使尚未批准有关公约，仅从作为国际劳工组织成员国这一事实出发，所有成员国都有义务真诚地并根据《章程》要求，尊重、促进和实现关于作为这些公约之主题的基本权利的各项原则。它们是：（1）结社自由和有效承认集体谈判权利；（2）消除一切形式的强迫或强制劳动；（3）有效废除使用童工；（4）消除就业与职业歧视。”这就是“核心劳工标准”（或称“核心劳动标准”）的主要内容。这也意味着核心劳工标准得到国际社会的公认。这四项劳动权作为核心劳工标准，主要体现在八项国际劳工公约中：关于结社自由和保障组织权利公约包括 1948 年《结社自由与保护组织权公约》（第 87 号）和 1949 年《组织权与集体谈判权公约》（第 98 号）；关于消除一切形式的强迫或强制劳动的公约包括 1930 年《强迫劳动公约》（第 29 号）和 1957 年《废除强迫劳动公约》（第 105 号）；关于消除就业与职业歧视的公约包括 1951 年《对男女工人同等价值的工作付予同等报酬公约》（简称《同工同酬公约》）（第 100 号）和 1958 年《（就业和职业）歧视公约》（第 111 号）；关于有效废除童工的公约包括 1973 年《最低就业年龄公约》（第 138 号）和 1999 年《最恶劣形式的童工公约》（第 182 号）。

除了核心劳工标准外，理事会还确定了另外四个公约为优先公约，理事会鼓励成员国批准这些公约。这些公约包括：1947 年劳动监察公约（第 81 号）、1969 年《（农业）劳动监察公约》（第 129 号）、1976 年《三方协商（国际劳工标准）公约》（第 144 号）和 1964 年《就业政策公约》（第 122 号）。

二、有关平等劳动权的国际法律文件在我国的实施

到目前为止，我国加入的有关劳动权的国际人权公约除《联合国宪章》和《世界人权宣言》外，还包括以《经济、社会和文化权利国际公约》为核心的，包括《残疾人权利公约》、《消除对妇女一切形式歧视公约》、《男女工人同工同酬公约》等在内的条约体系。

至于有关国际劳工标准的国际公约，我国是国际劳工组织的创始国，1949 年 10 月 1 日以前，旧中国批准过 14 个国际劳工公约。自 1983 年 6 月恢复新中国在国际劳工组织的地位后，我国政府对前 14 个公约全部予以承认，此后又批准了 11 个公约，因此我国共批准国际劳工公约 25 个，其中包括 4 个核心公约，即《同工同酬公约》（第 100 号）、《最低就业年龄公约》（第 138 号）、《最恶劣形式童工公约》（第 182 号）以及《（就业和职业）歧视公约》（第 111 号）。

上述国际法律文件基于具体性质上的差别，其实施问题也不尽相同。就国际人权宪章有关文件来看，其中的《联合国宪章》以及《世界人权宣言》基于其宣言的性质，不存在具体的实施问题；真正存在实施问题的主要是以《经济、社会和文化权利国际公约》为核心的，包括《残疾人权利公约》、《消除对妇女一切形式歧视公约》、《男女工人同工同酬公约》等在内的条约体系。国际劳工标准包括国际劳工公约和国际劳工建议书。后者只对各国劳动立法提供参考，并无法律拘束力，因此，只有其中的国际劳工公约部分属于国际条约，基于成员国的批准而对一国具有法律效力。

作为条约缔约国，忠实履行条约义务是缔约国应当承担的国际义务。无论国际人权公约还是国际劳工公约，其签订从本质上说是各个国家以主权平等的身份相互合作、相互协商而形成的契约。就国际条约来说，由于并不存在强制性的执行机构，并不具有强制执行的效力。无论是国际劳工组织还是联合国人权机构，从其法律地位看，并不像欧盟等某些国际组织一样具有了“超国家”的国际主体地位，对于条约没有强制执行权。而且上述公约中的有关条款也不得对缔约国产生

直接的约束力，需要转化为国内法才会产生法律效力。事实上，上述具有实施意义的国际法律文件通常也都将条约义务的主体确定为缔约国政府，其义务通常表述为尊重（respect）、保护（protect）、实现（realize）等公约所载权利的规定。具体说来，其中的国家义务主要包括两个方面，一方面是消极不作为的义务，包括尊重有关权利，不得任意限制和剥夺有关权利和不得妨碍有关权利的实现；另一方面是积极的作为的义务，包括保护、实现劳动权的义务。其中实现的义务除保护外，主要是指积极促进，这是平等劳动权作为一项社会权利所带来的国家的特殊的积极作为义务。例如《就业与职业公约》第三条规定：凡本公约生效的会员国，承诺以符合国家条件和实践的方法：（一）寻求雇主组织和工人组织以及其他适当机构在促进接受和遵守该项政策方面的合作；（二）制定可赖以使人接受和遵守该项政策的法规，推进可赖以使人接受和遵守该项政策的教育计划；（三）废除任何不符合该项政策的法令规定，修改任何不符合该项政策的行政指示或做法；（四）在一个国家当局的直接控制下在就业方面执行该项政策；（五）在一个国家当局的指导下在职业指导、职业培训和安置服务活动方面保证遵守该项政策；（六）在公约实施情况年度报告中说明为执行该项政策采取的行动以及这种行动所获得的结果。

国家履行条约义务实际上就是国际公约的国内适用。国际条约在国内适用方式是国际法上一个具有普遍意义的问题，对此国际法学界有两种不同的观点：一是主张国际法直接适用，即国际条约的权利义务对国内法主体直接产生效力；二是转化，即国际条约内容须经国内立法转化成国内法上的权利义务方能对国内法主体产生效力。笔者以为，就国际人权公约与国际劳动公约来看，采取效力转化原则显然更为合理。首先，从国际人权与劳工公约所规定的内容看，其主要是要求成员国通过制定法律法规或采取相关措施保障公约中的有关内容以及最低标准的实施，公约的条款多表述为“成员国应……”，而并非针对成员国国内法主体，也就是说由此产生的是成员国的国家义务，而并非成员国国内公民、法人义务，因此，不可能直接适用于国内法主体；其次，从我国以及其他国家一般做法看，通常对属于私法性的国际公约，承认其直接效力，属于公法性的条约由于直接涉及外交关系、国家主权等重大国家利益，国家更倾向于采用“转化”的方式间接适用。目前学术界较为统一的观点认为包括国际劳工公约在内的有关劳动权的国际公约属于国际人权法的有机组成部分，基于人权保护事项所具有的浓厚的政治色彩和鲜明的国际利益，此类国际公约在我国应该采取转化方式生效。从我国的实践看，每一次新公约的批准，都成为促进我国平等劳动权保障立法进步的一个重要契机，最为明显的是2006年对第111号公约的批准，带来了2008年《就业促进法》的实施，也促进了对于平等劳动权保障机制研究工作的展开。这也说明在我国劳动权保障国际公约的间接生效方式。

包括联合国人权机构以及国际劳工组织在内的有关国际组织对于公约实施的主要任务是负责监督缔约国对公约的落实情况，缔约国应该自觉接受有关机构监督机制的约束。但是有关国际机构对于国家违反公约义务的行为所进行的调查或得出的结论并不具有强制执行力，这种监督对于公约的实施只能起到补充和辅助作用。例如经济、社会、文化权利委员会对各个缔约国执行公约情况的监督机制有很多种，我国对公约委员会的监督方式只承认定期报告制度。2004年我国提交首份报告，针对我国提交的报告，2005年公约委员会做出了一份结论性意见。在这份意见中，委员会关注了有关劳动权保护的多方面的问题，在了解我国的现实困难的基础上，提出了很多存在的不足，确切地说是在劳动权保护中存在不符合公约设定的标准的情况，具体包括：强迫劳动问题，指出缔约国对囚犯实行劳动教养制度，在不起诉、不审判、不复审的情况下，把强迫劳动作为改造措施；失业问题，缔约国的失业率增加，尤其是在农村地区，缔约国近年来的大规模裁员对妇女的影响尤甚；歧视问题，缔约国国内流动人口在就业、社会保障、卫生服务、住房和教育等方面受到事实上的歧视，除其他因素外，一个间接原因是缔约国仍然实行限制性的国家户籍制度。缔约国国内有关身体和智力残疾人仍受到歧视，尤其是在就业、社会保障、教育和卫生等方面；缔约国国内性别不平等现象仍实际存在，尤其是在就业机会和参与决策方面。这份结论性意见，是对我国执行公约中劳动权保护程度和发展方向的重要评价和参考，近年来，我国针对结论性意见所指出的问题采取了许多重要改进措施。例如，在2013年12月28日召开的十二届全国人大常委会六次会议上，在我国实行了58年的劳动教养制度被正式废除，这是我国在劳动自由权保障问题上迈出的重要一步。此外，在积极促进就业，解决失业问题，实行就业保障制度以及针对残疾人就业等方面我国也都推出了积极措施。

第二节　公民劳动权的宪法保障现状

宪法的特殊地位及其独特的实施方式使得平等劳动权的宪法保障问题成为一个需要特别研究的领域。

一、世界各国对平等劳动权宪法保障的现状

对平等劳动权实施宪法保障是以法的社会化以及国家职能的扩展为理论基础的。在法的社会化理论背景下，公民基本权利在传统的自由、平等、财产权等私权基础上增加了社会性权利，作为国家职能的扩大，伴随着国家由消极守夜人的角色转变为积极的社会调控者，公民的基本权利在消极权利基础上增加了积极权利，劳动权正是在这一背景下作为一种社会性权利和积极权利开始成为宪法权利。据统计，世界上142个国家中有55%的国家在宪法中规定了劳动权。

1848年法国的“二月革命”迫使资产阶级临时政府发布了《为全体市民提供劳动机会的宣言》，承认劳动者享有劳动权。这是资本主义国家首次把劳动作为一项权利来对待，也是有关促进就业的内容第一次出现在宪法性文件中。最早将劳动权作为公民基本权利写进宪法的是德国1919年的《魏玛宪法》。其明确规定：德国人民应有可能之机会，从事经济劳动，以维持生计。虽然该法很快被法西斯政权废除，但它所体现的一些原则，如保障生存权原则、所有权伴随义务原则、国家对劳动力保护原则等作为20世纪宪法范例而展现于世界。从此以

后，劳动权日益受到重视，并成为 20 世纪大多数国家宪法的重要内容之一。日本宪法（1946）规定，“一切国民都有劳动的权利”。法国宪法（1946）规定：“任何人有工作的义务，并享有就业的权利。”意大利宪法（1947）规定：“共和国承认全体公民均享有劳动权，并帮助建立实现此项权利的条件。”1949 年的《德意志联邦共和国基本法》第十二条规定：“所有德国人有权自由选择其职业。”社会主义国家以消灭人剥削人的不劳而获制度为目标，力图消灭失业现象，因而在宪法中大量地对劳动权做出了规定。如前苏联宪法（1936）第一百一十八条规定：“苏联公民有劳动的权利，即有权利取得有保障之工作以及按其劳动数量质量发给之报酬。”此后 1977 年前苏联宪法再次明确规定：“苏联公民有劳动的权利。”1960 年捷克斯洛伐克宪法第二十一条、1971 年公布的保加利亚宪法第四十条以及 1972 年波兰宪法第五十八条，均分别规定公民有劳动的权利。

在宪法上对公民平等劳动权做出明确界定已经成为各国宪法的主流，同时许多国家还通过宪法的直接实施保障公民平等劳动权的实现。宪法的直接效力问题一直是宪法学上的一个重要问题，传统观点认为宪法保障的权利是一种公民在与国家权力关系上的自由权利，宪法规范的效力主要限于个人与公权力之间的关系，以及公权力内部之间的关系，而不及于私人之间的关系领域。正因为如此，世界上大多数国家都坚持宪法权利仅针对国家权力，从而将那些基于纯私人行为所构成的宪法权利侵害排除在宪法诉讼范围之外。然而如今社会实践的发展表明，私领域中违宪的可能性是一种真实存在。因此，目前许多国家理论和司法实践上对于这一社会现实采取了实事求是的态度，调整对于宪法直接适用问题的态度。自 20 世纪以来，美国法院出现了一种“国家类似说”理论，主张将侵害宪法权利的一部分特定人的私人行为，视同侵犯人权的政府，从而适用宪法的规定。德国劳工法院也出现过宪法调整私领域的案例。到第二次世界大战以后，开始有一些国家正式建立了宪法诉讼制度，从而从理论上允许公民提起宪法诉讼，其中最为有代表性的是德国的公民宪法诉讼制度。其主要意图是为无法寻求其他救济的公民宪法权利提供救济的补充。也就是说当公民认为自己的宪法权利受到侵害，已经穷尽了其他救济手段无法得到公正救济时，就可以向宪法法院提起公民权利诉讼。宪法诉讼制度实施的范围主要限于两种情形：一种是公民个人认为法律侵犯了他们所享有的宪法上的基本权利和自由，如《西班牙宪法》第五十三条第二款、第一百六十一条第一款第二项，《奥地利宪法》第一百四十条第一款，《联邦德国基本法》第九十三条第一款都有类似规定；另一种是个人的权利由于法律致使行政机构或司法机构的行为产生侵权，只有西班牙、葡萄牙、奥地利、瑞士几个为数不多的国家的公民才享有提起这种宪法诉讼的权利。①

二、我国对平等劳动权宪法保障的现状

（一）我国关于公民平等劳动权的宪法规定

我国 1954 年宪法、1972 年宪法及 1978 年宪法均规定了劳动权。我国现行宪法即 1982 年宪法又再次对平等劳动权做出具体规定。其中，我国《宪法》第三十三条第二款规定：“中华人民共和国公民在法律面前一律平等”，这是我国公民劳动权平等的宪法依据。《宪法》第四十二条是对劳动权的专门规定，该条文共四款，第一款规定：“中华人民共和国公民有劳动的权利和义务”。其后分别规定：“国家通过各种途径，创造劳动就业条件，加强劳动保护，改善劳动条件，并在发展生产的基础上，提高劳动报酬和福利待遇。”“劳动是一切有劳动能力的公民的光荣职责。国有企业和城乡集体经济组织的劳动者都应当以国家主人翁的态度对待自己的劳动。国家提倡社会主义劳动竞赛，奖励劳动模范和先进工作者。国家提倡公民从事义务劳动。”“国家对就业前的公民进行必要的劳动就业训练。”除第三款属于对劳动义务的解释外，第二、四款分别明确提到了国家促进就业、保障劳动岗位质量以及提供就业培训的义务。通过以上规定，为公民享有的平等劳动权确立了宪法上的依据。

① 郑琼现．论我国宪法司法中的前卫意识[J]．武汉大学学报（社科版），2002（5）：589．

概括我国宪法关于公民平等劳动权制度的特点，首先，我国将公民平等劳动权规定为权利与义务，而不是表述为单纯的权利，这是我国宪法与多数其他国家宪法以及我国此前的其他几部宪法相比在平等劳动权问题上的最明显特点；其次，我国宪法中的平等劳动权的表述中并没有自由劳动的内容，这也体现了我国当时的社会现实需要；再次，我国宪法中的公民平等劳动权直接明确地以国家义务的方式加以表述，但并没有关于其他主体义务的表述；最后，我国宪法中将公民平等劳动权法律关系的客体（即国家义务的客体）明确表述为劳动机会,而国家义务的具体内容则包括促进劳动机会的数量与质量的要求，以及为公民提供就业培训的义务。

（二）我国宪法关于公民劳动权规定的问题

我国宪法关于公民平等劳动权的规定还存在着两个方面的问题，一是某些问题规定模糊不清，引起歧义，然而相应的宪法权威解释始终没有出台，从而引发随后的立法以及法律实施层面的问题；二是宪法的有关规定存在缺陷。引起歧义以及存在的问题主要是：我国宪法上的公民平等劳动权与作为国际人权的劳动权之间的关系为何？公民平等劳动权是权利还是义务？宪法上的劳动权是否仅涉及国家与个人之间的关系？公民平等劳动权关系中的国家义务的含义及其内容有哪些？针对宪法上的公民平等劳动权是否存在救济等。

1. 关于宪法基本权利与国际法人权的关系

对此存在两种不同观点，一种观点是西方学者的普遍观点，认为两者存在差别，人权具有本源性也因而高于公民基本权利，这种观点主要是基于天赋人权的理论以及第二次世界大战后形成的主权有限理论。天赋人权理论主张自然权利与法定权利的二元理论，自然权利具有本源性，因此也高于法定权利，是确定法定权利的基础。法定权利则是由自然权利派生的，是自然权利的是实现方式。人权属于自然权利或者天赋人权的范畴，而宪法上的公民基本权利则属于法定权利的范畴。宪法上的公民基本权利以人权为基础，人权的范围则不以宪法规定的公民基本权利为限。

西方第二次世界大战以后出现的主权有限理论则从国际人权法与

国内法的关系角度为公民基本权利与人权的关系进行注解，这种理论认为一国主权不再是至高无上的，应该受到国际社会，特别是国际社会人权保障的限制，人权高于主权。基于上述理论，一方面西方国家纷纷在宪法中将劳动权确定为公民基本权利，另一方面，作为对国际人权法的尊重，不仅承认国际人权法中关于劳动权的有关规定，而且还通过调整本国宪法，使其与国际人权法的相关规定保持一致。当然，西方这种理论的存在并不意味着西方宪法中关于劳动权的规定在时间上晚于国际法上的劳动权。二战后，主权有限理论带给西方宪法中劳动权的变化主要表现为该权利在宪法中的普及化以及其内容和标准与国际人权法的协调。

我国宪法学界的主流理论通常认为公民权等同于人权概念，公民权的范围、界限以宪法规定为准。缺乏宪法依据的权利不可能成为真正的权利。在国际法与国内法关系问题上我国也通常采取两元论观点，认为我国批准加入的国际公约方能对我国产生法律效力。在加入国际公约后，公约内容并不会当然产生国内法效力，然而国内包括宪法在内的法律如果与其存在冲突，将通过法律修改程序实现其统一。这并不意味着国际公约当然产生高于国内法的法律效力，但我国作为国际公约缔约国，履行公约义务是应尽责任。我国 1997 年 10 月签署了《经济、社会和文化权利国际公约》，成为该公约的缔约国之一。当然这也就要求对我国宪法中公民劳动权的有关表述做出相应的调整。然而，至今关于自由劳动，禁止歧视等内容仍未列入我国宪法。

2. 关于公民平等劳动权是权利还是兼具权利义务的属性问题

我国宪法上关于公民劳动的权利与义务的表述条款可以说是宪法上引起争议最多的一个宪法条款。许多学者对这一条款提出反对意见，如张庆福教授认为：“规定劳动既是权利又是义务，必然在法律上混淆权利主体与义务主体之间的关系，同时也给宪法实施带来困难和混乱”①。何华辉教授也曾提出“何必把可以放弃的和必须履行的两种

---

① 张庆福、李忠．中国宪法 100 年：回顾与展望[C]．张庆福．宪政论丛第 1 卷．北京：法律出版社，1998：31．

规范拼在一起”[①]的疑问。李炳安教授则非常干脆地提出：“笔者赞同劳动义务是道德义务的观点，但宪法的规定，使得劳动义务成为法律义务，它与劳动是公民的法律权利构成难以调和的矛盾。解决该矛盾的唯一途径：修改宪法。”[②]

不赞成修改宪法条款的人，对宪法该条款中劳动义务的含义分别做出了曲折的解释。概括起来有四种：第一种意见认为该义务表述的存在只是为了使“作为权利的劳动权，虽为法律权利，但不是具体权利，而是一种抽象的权利，即公民不能直接根据宪法第四十二条向国家提出提供就业机会的请求。”第二种意见认为我国宪法上关于公民劳动权利的规定具有法律性质，而关于义务的规定则仅具有道德性质。“作为一种义务的劳动义务，指的是具有劳动能力的人均必须通过自己的劳动以维持其个人的生活（当然也包括其家庭生活）的责任，在此并不构成国家强制人们从事劳动的那种法规范上的依据，而仅具有一定道德意义上的指导性内涵。”[③]第三种意见认为宪法中关于劳动义务的表述只是一种国家与劳动者作为主人的政治的相互承认：“在我国，宪法劳动权显然不仅仅只是一种自由权或社会权的宣示，经由黑格尔和马克思的社会承认理论，我们显然还可以从承认权和承认规范的这样一个角度来论证劳动权，因为我们正是一个以‘劳动者’为国家领导阶级的社会主义国家……我国宪法劳动权具备承认规范和权利规范的双重属性……所以‘劳动是公民的一项义务’也就可以成立，这表明了每一个人对成为国家主人的政治承诺，成为一项共和国公民美德的体现，这表明作为国家伦理的劳动权具有一种内在的相互承认（承诺）结构。”[④]第四种意见认为该条款体现了社会主义国家社会进步的要求。“首先，在我国，劳动已不再单纯是公民个人的谋生手段，同时也是国家和社会积累物质财富和精神财富的基本方式；其次，规

---

① 何华辉．比较宪法学[M]．武汉：武汉大学出版社，1988：284.

② 李炳安．公民劳动权的立宪思考[J]．河北法学，2002.（6）：5.

③ 林来梵．从宪法规范到规范宪法[M]．北京：法律出版社，2001：217.

④ 王旭．劳动、政治承认与国家伦理——对我国《宪法》劳动权规范的一种阐释[J]．中国法学，2010（3）：76.

定劳动是公民的义务，有助于劳动权更好的实现；最后从社会发展来看，国家的繁荣、民族的富强、人类文明的进步、都离不开劳动。”[①]

笔者以为，问题的根本在于是否承认劳动权的自由属性。要使劳动作为公民法律义务具有逻辑上的合理性，无法绕开的就是关于劳动权的自由属性。作为法学基本范畴，权利一词有两个基本含义：自由、利益。这构成了积极权利与消极权利的区别。传统意义上的权利一词仅有自由含义，也即所谓消极权利。积极权利增加了利益的含义，但并不意味着自由属性的消失。自由是权利的最本来含义，离开了自由属性，权利就无法称之为权利。法理学上认为权利的表现形式有四种：自己可以为或不为，或要求他人为或不为一定的行为。这四种形式都有自由的含义，也就是说自由是权利不可分割的属性。“权利，作为主体人自由的体现，必须完整地包含这三种选择的可能性，它才是充分的。缺少其中一项选择的可能性，它就可能转变为义务。”[②]国内关于劳动权的主流意见也认为劳动权是兼具自由权和社会权利的宪法基本权利。[③]

对上述赞成我国宪法权利义务表述模式的意见加以分析，我们可以发现，实际上第一、二、三种意见只是表达了对我国宪法有关条款的理解和赞同，但并非在赞同劳动权同时作为宪法义务的存在，三种解释将劳动义务或者解释为仅仅表示劳动权利的限制，或者解释为道德义务，或者解释为政治承认条款，而并非规范性条款。只有第四种意见明确表达了对劳动作为公民法律义务的赞成，但从赞成的理由看，仅对劳动义务做了功利性的解释，即劳动作为公民法律义务似乎只具有工具合理性，而不具备逻辑合理性。如果你有义务做某事，你就没有权利，即没有自由不去做。[④]对劳动作为公民义务的一般性规定必然形成对劳动的自由权利属性的否定，形成逻辑上的自相矛盾。

---

① 蔡定剑．宪法精解[M]．北京：法律出版社，2006：271．

② 张恒山．义务先定论[M]．济南：山东人民出版社，1999：93．

③ 冯彦君．劳动权的双重属性：社会权与自由权属性[N]．中国劳动保障报 2004-02-03．

④ [英]A・J・M．米尔恩．人的权利与人的多样性人权哲学[M]．夏勇等译．北京：中国大百科全书出版社，1995：119．

劳动同时作为法律上的权利和义务存在，不仅缺乏逻辑合理性，从社会现实来看也缺乏必要的政治经济条件的支持。有学者从我国1982年宪法制定的社会条件出发分析我国关于劳动的权利与义务规定，认为在当时条件下，该含义是指不劳动者不得食，是与当时的社会分配制度相联系的，同时，也与计划经济下的就业制度相联系。①市场经济条件下，一方面我国并不否认按劳分配以外的其他分配形式，另一方面，劳动力的市场化配置也导致国家无法保障每个人的劳动岗位，这样，劳动义务的实现也变的缺乏现实基础。因此，我们即使不从宪法条款出发，仅从劳动权作为宪法权利来看，它应该具有单独的权利属性，而不应该同时具备权利义务的混合属性。

公民平等劳动权权利义务的宪法模式同时也缺乏比较法的支持。各国宪法有关劳动权的具体规定大约有如下四种：第一，劳动是公民的基本权利。这是世界上绝大多数国家的做法。如《希腊共和国宪法》（1975年）第二十二条规定："劳动是一种权利，受国家保护。国家关心为一切公民的就业，为城乡劳动人民的精神和物质发展创造条件。"《乌克兰宪法》（1996年）第四十三条规定："每个人都有劳动权利，包括可以用自由选择或自愿同意的劳动为己谋生。""国家创造条件让公民充分实现劳动权，保证在职业和劳动活动类别上机会均等。""禁止使用强迫劳动，每个人都有权享受良好的、安全的和健康的劳动条件，有权获得不低于法律规定的劳动报酬。"第二，劳动是公民的一种自由，一些国家侧重强调劳动是一种自由权。这些国家包括俄罗斯、格鲁吉亚、哈萨克斯坦、爱沙尼亚、克罗地亚、立陶宛、斯洛文尼亚、多米尼加等国家。如《德意志联邦共和国基本法》（1949年）将公民的生存权放到自由的权利的条款中，并在第十二条规定："所有德国人都有自由选择他们的营业、职业或专业，工作地点和受培训地点的权利"。"不得强迫任何人从事某一特定的职业。"《俄罗斯联邦宪法》（1993年）第三十七条规定："劳动自由。每个人都有自由支配其劳动能力、选择活动种类和职业的权利。""禁止强制劳动。"再如《斯洛文

① 徐钢．我国劳动权性质的变迁与定位[J]．同济大学学报（社会科学版），2009（6）．

尼亚共和国宪法》（1991 年）第四十九条规定："劳动自由受到保障。""每个人可以自由地选择职业。""禁止强迫劳动。"第三，公民有劳动的权利，同时公民有履行具体的劳动义务。这样规定的国家一般是将劳动权利与劳动的义务分别条款规定，避免将劳动同时规定为公民的权利和义务所带来的矛盾，且对劳动义务也做了限定。采取这样规定的国家也并不多，只有韩国、伊拉克、多米尼加、海地等国家。如《大韩民国宪法》（1987 年）第三十二条规定："（1）一切国民都有劳动的权利。国家以社会的、经济的方法，努力保障劳动者就业增进和合理报酬，并以法律规定实行最低工资制。（2）一切国民负有劳动的义务。国家按照民主主义原则，以法律规定劳动义务的内容和条件。"《多米尼加共和国宪法》第八条规定："每个公民享有劳动的自由。"第九条规定："每个公民有义务从事自己选择的工作。"第四，公民有劳动的权利和义务。如此规定的有中国、叙利亚、西班牙、越南、孟加拉国、土耳其、秘鲁、厄瓜多尔、危地马拉、巴拿马等少数国家。[①]

对上述规定加以分析，第一、二种模式都是将劳动权规定为纯粹的权利，其区别在于对该权利属性理解的差别，第一种模式是将劳动权规定为一项积极权利，既是一种自由，又是一种利益，第二种模式是将劳动权规定为一项消极权利，即自由权利。第三种模式表面上看似乎也属于权利义务模式，但仔细阅读其内容，劳动权是以一般化的方式加以表述的，而劳动义务则采取具体化的表述方式，这样的表述方式实际上只是在界定劳动权利的边界。权利理论的基本原则从来都承认权利的限定性，不存在没有义务边界的法律权利。

如此看来，否定劳动权纯粹权利属性的只有包括我国在内采取第四种模式的少数国家。说明权利义务式的表述已经背离了劳动权宪法保障的历史潮流。事实上，我国这种权利义务式的表述模式以 20 世纪 80 年代初我国改革开放初期的社会为背景，当时的我国社会刚刚开始由计划经济向市场经济的转型，劳动力市场尚未开放，一方面，企业没有用人自主权，个人也没有完全的自由劳动权，同时国家也实际上

① 李炳安．公民劳动权的立宪思考[J]．河北法学，2002（6）：2-6．

承担着统一安排劳动岗位的责任，这也是我国长期以“待业”表述“失业”的原因。所以劳动是公民的权利与义务的表述的确是对当时我国劳动权的事实描述，我国一直实行到20世纪90年代初的大学生包分配的政策就是这种权利义务模式的具体表现。在市场经济体制基本形成的今天，继续沿用权利义务的表述方式，不仅不符合我国实际国情，也容易带来理解歧义。

3. 关于宪法上的劳动权义务主体问题

任何权利都以相应的义务主体履行义务为条件，就我国宪法规定看，针对公民劳动权只做出了国家义务的表述。这就意味着我国公民劳动权的义务主体只有国家。劳动权的义务主体范围究竟为何，这一问题涉及一个基本的宪法问题：宪法规范是公权力还是包括公私权利。

在传统宪法理论中，宪法即以国家权力为规范对象，是调整国家与公民之间法律关系的规范总和。因此，传统上一般认为宪法为公法，并不对私权进行干涉。根据这种理论，宪法上公民平等劳动权的义务主体显然应该只有国家。这种观点认为宪法上的公民劳动权仅涉及公民与国家间的关系，也就是说国家是公民劳动权唯一的义务主体。“我国宪法中规定的劳动权是基于‘公民’的身份针对国家享有的，不以劳动关系的存续为基础的权利，其义务主体主要为国家。……宪法法律关系下国家对公民劳动权的保障负有不可推卸的责任，公民劳动权主要对应国家义务。”①

然而，事实上，以德国《魏玛宪法》为标志，随着社会权的出现并纳入宪法调整领域，宪法的性质发生了根本性改变，成为全面规范基本社会关系的母法。如《魏玛宪法》中就专设“社会生活”一章，对甚至包括家庭生活在内的社会生活做出全面原则性表述。因此，从“宪法是一国法律体系中其他全部法律的立法依据这个事实或客观要求来看，宪法实为一国法律体系的缩影，其中不仅包含着公法的内容，也包含着私法的内容。任何一个国家的宪法，又都无不包含权利——

① 陈业宏、肖蓓．劳动权的宪法论析[J]．法学杂志，2009（5）：38．

权利关系和权力——权力关系的内容。”[①]关于宪法主体范围的分歧建立在对宪法规范效力认识的基础上。在近代宪法时期，人们只是把宪法当作“控制国家”的工具，丰富而严格的自由权规范所划定的广阔的私人空间，由每个人完全的自由意志去形成良好的秩序，宪法在私人关系上是退避三舍的。这样，传统理论以宪法是公法为逻辑起点，认为宪法关系只涉及公主体关系以及公私主体关系，也即宪法主体必须有一方为公共主体。因此宪法不调整私人主体之间的关系，宪法对私人主体不直接发生效力。这样，宪法中的劳动权的义务主体就只包括国家。

主张公民宪法劳动权的义务主体包括国家之外的私人主体以及社会主体的观点建立在“宪法规范第三人效力理论”，或“公民基本权利的私法效力”理论基础上。熟悉宪法发展史的人都知道，“公民基本权利的私法效力”在西方宪政发达国家也是个晚近才发生的问题。而进入现代宪法时期，人们不再满足于弱肉强食的自由和虚伪的机会平等，而是希冀每个人都能在宪法的庇护下、借助国家的干预而过上真正的幸福生活。由此，公民才有可能援引宪法去对抗来自普通私人对其基本权利的实质性妨害。“基本权利的私法效力”可以说是个只有在现代宪法观念下才可能成立的问题，它体现了近代立宪主义与现代立宪主义在一个根本价值取向问题——国家与社会的关系问题上的分歧。在近代宪法观念下，政治国家与市民社会泾渭分明，宪法也就不可越雷池一步；而在现代宪法观念下，国家与社会的界限趋于模糊，宪法上基本权利的效力也才有了扩及私法领域的可能。我们在前面关于公民平等劳动权性质的讨论中已经提到，如果将其界定为社会权利的话，那么它也是一种兼具公私权利性质的社会权利。实际上，任何社会权利都不可避免地包含私权属性。一方面，它的主体必然是私人；另一方面，它总会关涉与其他私人的关系。宪法意义上的劳动权关系不可能是一种单纯的公法关系，而是涉及双重法律关系：国家与公民的关系，公民与用人单位的关系（包括公私主体在内）。因此，公民平等劳

① 童之伟．宪法私法适用研究中的几个问题[J]．法学，2001（1）：3．

动权的义务主体除了国家以外还应该包括社会以及其他的私主体。“很显然，从论理性的方法看，一项宪法权利的完整保障需要将私人纳入义务主体的范围。就劳动权保障而言，在逻辑上雇主当然应当成为义务主体。”[①]薛长礼在其博士论文中也就劳动权义务主体问题具体提出：“劳动权的义务相对人，亦即劳动权的义务主体也是多元的。一般意义上，劳动权的义务相对人主要有：（1）国家，准确地说是政府。作为公权力的代表，国家拥有丰富的政治资源、经济资源、社会资源、文化资源和制度资源等，具有保障公民劳动权得以实现的基本条件，其义务涵义也是多方面、多层次的。（2）社会，具体地说是社会团体。（3）组织。主要是指与劳动者形成具体劳动关系的特定用人单位，包括企业、农村集体经济组织、个体私营经济组织、国家机关、事业组织和社会团体等。（4）个人。”[②]

笔者赞成公民平等劳动权义务主体多元化的观点，以为公民劳动权作为一项宪法权利，其义务主体包括国家以外的其他主体。如前所述，主张国家作为唯一义务主体的理由是建立在传统宪法理论基础上的，不适合用来解释劳动权这一新的公民基本权利。自《魏玛宪法》以来，宪法的纯粹公法属性已经发生改变，特别是单纯以法律关系主体作为公私法的划分标准也已不适用。因此，从其公法属性来推断其权利义务主体理由不够充分。劳动权作为公民基本权利，本来就是法律社会化的产物，是建立在社会法学派理论基础之上的，它本身就是国家干预私人生活的产物，因此，借用传统宪法理论来解释劳动权这一新的权利显然是不合适的。明确宪法劳动权对国家以外的第三人的效力，完全符合劳动权入宪的时代特点。

承认劳动权的义务主体扩大至国家以外的第三人，不仅符合宪法理论的发展趋势，而且，在实践层面上也为劳动权得到切实的保障落实拓宽了法律路径。首先，这一转变为国家制定关于包括企业、社会组织等法律关系主体保障公民劳动权的义务性规范提供了宪法。依据

---

① 徐钢．论宪法上国家义务的序列与范围——以劳动权为例的规范分析[J]．浙江社会科学，2009（3）：45．

② 薛长礼．劳动权论[D]．吉林大学博士论文．长春：吉林大学，2006：65．

雇主与劳动者的劳动权实现有着密切的联系，其应成为劳动权保障与实现的主要义务主体，公司应当承担社会义务，应当履行包括保障劳动者权益在内的相应义务。[①]其次，这一转变也可以起到直接规范第三人的作用。伴随着国际社会对人权保障的日益重视，许多国家，特别是发达国家都通过直接的宪法诉讼来实现宪法对第三人的直接效力。关于宪法这一问题，本书将在后面关于劳动权的司法保障章节中加以讨论。

我国宪法的现有表述直接带来的问题就是使得公民获得劳动机会平等权被“忽略”掉了。从我国宪法表述看，正面的权利表述仅有一句话：公民有劳动的权利和义务。而我国公民劳动权的具体内容为何，宪法没有正面给出描述，只是具体描述了一系列的国家义务。在无法正面理解权利内容时，权利相对人的义务就成为理解权利内容的唯一根据。然而，一方面这些国家义务中只有关于促进就业和就业训练的义务，并不包括针对禁止劳动歧视的义务；另一方面宪法中又不存在针对作为私主体的用人单位的禁止歧视义务。这样，公民劳动机会平等权，或谓之“不受歧视权”就处于了宪法的真空地带。宪法上有意无意的忽略直接造成的就是我国整个平等劳动权法律法律保障体制上关于私主体禁止歧视义务的缺失，或者至少是不明确。这一问题的理论难点如果说是宪法性质问题，那么现实的根本性难题实际上就是如何对待用工自主权的问题。处于转型期的我国宪法，面对刚刚获得承认的用工自主权，如何加以限制还显得十分陌生。

目前，我国市场经济体制已近初步建成，劳动用工制度也逐渐成熟，同时我国也陆续加入了多项劳动权保障的国际公约，因此，宪法上述内容的修改已经具备了必要性和可能性。为填补宪法上针对劳动机会平等权的缺陷，建议一方面增加相应的国家义务的描述以及相应的私主体义务的描述；另一方面，改变我国关于公民平等劳动权缺乏正面表述的方式，“对于宪法上的劳动权所包含的具体内容，建议多采

---

① 李炳安．劳动权论[M]．北京：人民法院出版社，2006：109-116．

用‘公民有权’、‘公民有……的权利’的句式”[①]。

4. 与宪法上的公民劳动权所对应的国家义务的内容

尽管宪法上的劳动权的义务主体除国家以外还应该包括社会、组织、个人等第三人，但是国家仍然是主要的公民劳动权的义务主体。这是因为一方面国家具有社会代表的身份，另一方面国家掌握着强大的权力和公共资源，其有必要、也有能力成为尊重和保障劳动权的最主要的义务主体。“宪法劳动权所调整的主要是公民与国家之间的关系，公民的劳动权保护主要对应国家义务。”[②]

至于国家在保障公民劳动权问题上究竟应当承担哪些义务，存在的分歧来自对于劳动权权利性质的理解，即劳动权是一种自由权利还是一种社会权利。自由权与社会权之分既体现了权利观的时代发展，也是现代法学理论对公民权利的基本分类。自由权的本质是在公民自由的范围内要求他人不作为的权利，这里的他人包括私主体以及国家，是一种与“守夜人”和自由主义的国家观相对应的基本权利观念。自由权的基本功能在于排除私权领域来自他人的干涉，在自由主义时代，自由权特别针对公权力，意在排除公共权力的干涉，从而确保主体能动性与创造性的充分展示与发挥；社会权的要义则是在社会上对经济弱者进行保护与帮助时要求国家行使作为的权力，是一种与福利国家或积极国家的国家观相对应的基本人权，其作用在于消除伴随市场经济的发展而产生的贫困和失业等社会弊病。[③]

主张劳动权是一种自由权的观点是早期劳动法学者的观点，当代学者在此问题上的分歧主要是关于劳动权是一种单纯的社会权还是具有社会权与自由权的双重属性。一些学者认为：“劳动权作为社会权，是学界的通说。”[④]也有的学者认为：“劳动权既是社会权也是自由权，换言之，劳动权是一种兼容社会权属性与自由权属性的权利类型。”[⑤]

---

① 陈业宏、肖蓓．劳动权的宪法论析[J]．法学杂志，2009（5）：39.

② 孙世彦．论国际人权法下国家的义务[J]．法学评论，2001（2）：91.

③ [日]大须贺明．生存权论[M]．林浩译．北京：法律出版社，2001：16.

④ 王锴．论我国宪法上的劳动权与劳动义务[J]．法学家，2008（4）：62.

⑤ 冯彦君．劳动权的多重意蕴[J]．当代法学，2004（3）：40.

双方的分歧主要建立在对劳动权内容认识的差别基础上。笔者认为自由择业是劳动权的固有之义，也是早期劳动权的基本内容，不应随着劳动权社会性内容的增加而消失，现代社会各国也仍然都把自由择业作为劳动权的最基本内容，《劳动合同法》基本立法价值也在于此。因此，劳动权的双重属性的观点更加符合现代各国劳动权的实际状态，也符合时代对于劳动关系保障的要求。

在此基础上，国家义务也应该分为两个方面：针对作为自由权的公民劳动权，国家承担保障义务，该义务又分为两个方面，其一是消极的不作为义务，即国家本身不得为公民实现其劳动权设立障碍；其二是作为的义务，即采取有效措施排除来自他人的阻碍公民劳动权实现的各种障碍。

针对作为社会权利的公民劳动权，国家究竟应当承担何种义务，学界存在不同的观点，一种认为国家仅承担积极促进就业和保障就业公平的义务，国家应干预劳动力市场，促使劳动者获得适当的劳动机会；国家应对没有获得劳动机会的劳动者给付确保其生活的资金。另一种观点认为，国家有义务提供就业岗位，保障有劳动能力的公民获得劳动机会。笔者以为，要求国家保障就业的义务并不现实，正如马克思指出的，权利不能脱离一定的社会经济条件，国家义务也需要具有现实性。只有在计划经济条件下才有可能采取分配工作岗位的方式保障公民获得劳动机会，但这是以低下的生产效率为代价的，市场经济下国家只能做到采取有效措施增加就业机会，积极促进就业，而很难做到保证就业。设定国家义务应当具有现实性。

就我国宪法的表述看，国家在保障公民平等劳动权方面的义务主要有：增加就业机会，提高劳动机会质量以及开展职业培训。这一表述存在两个问题：

第一，这一义务范围较国际公约对缔约国的义务要求看显然太过狭窄，公约所涉及的保障公民自由劳动的义务，不受就业歧视的义务，对特殊人群的就业保障义务以及倾斜保护都未提及。

第二，就上述范围的宪法上的国家义务具体内容如何理解也是一个存在争议的问题。有学者认为，宪法上的劳动权与其他权利不同，

"但是，与主观权利不同的是，基本权利的这一性质只涉及对国家机关的拘束，一般不赋予个人以主观请求权，只是一种客观规范"[①]。基于这一理解，相应的国家义务就是一种自我拘束，其是否履行了义务，义务履行的好与坏既不存在判断标准，也没有判断的主体。而联合国经济、社会和文化权利委员会在1999年所发布的关于食物权的第12号一般性意见中确认了国家三个类型或者层次的义务：尊重的义务、保护的义务和实现的义务。尊重的义务要求国家不能直接或间接干预享受权利；保护的义务要求国家采取措施防止第三方干预享受权利；实现的义务依次包括促进的义务和提供的义务，实现义务中的促进义务即要求国家为全面实现权利采取适当的法律、行政、预算、司法等措施，而提供义务，则要求国家为实现权利直接提供援助或服务。显然，从国际公约的表述看，国家针对社会权利的义务也并非是不确定的，相应的公民权利的请求权性质也不应该被否定。事实上，针对宪法上的权利公民提起诉讼的情形不仅西方发达国家存在，我国近年来也出现多起，其中也有些法院做出了受理的尝试，只是目前在我国，宪法权利的司法救济无论在理论上还是立法上都尚不成熟，有待在理论上的统一和立法上确认。

5．宪法上公民平等劳动权的权利救济

宪法权利的司法救济或宪法的司法化，这一问题是我国宪法条文完全不曾涉及的问题，只存在于理论研究层面。"我国宪法还没有完全实现司法化，没有建立相应的诉讼机制，受歧视的劳动者也无法根据宪法的规定提起宪法诉讼"[②]，这是对我国目前宪法上公民平等劳动权权利保障的一种实然描述。

宪法权利是否应该存在权利救济，理论上存在不同意见。一种意见认为宪法上的权利是公民基本权利，区别于普通的法律权利，其实现途径只由通过将其转化为一般法律上的普通权利才有可能得到救济。因此，宪法权利被称为客观权利，而不是一种请求权，宪法不具

① 徐钢．论宪法上国家义务的序列与范围——以劳动权为例的规范分析[J]．浙江社会科学，2009（3）：44．

② 李薇薇．禁止就业歧视：国际标准和国内实践[M]．北京：法律出版社，2006：236-237．

有直接适用性。反对意见实际上基于两个方面的考虑。一是基于国家权力的分权体制及原则的考虑，假如承认人民可以经由宪法取得劳动权的请求权，并且可以诉诸法院来维护该权利时，则无异是将政治政策的决定权限由国会转移到法院的手中。如此，宪法所赋予立法者与法院的职权势必造成混乱，国家的分权原则则遭到破坏。二是从事实的角度而言，劳动权的实践必然会涉及国家经济的发展状况，在经济形势不稳定、不乐观的情况下，对于劳动权的实现，则可能出现心有余而力不足的局面。①

另一种意见则主张宪法的直接适用性，这种观点认为，救济特别是司法救济是保证宪法上的权利实现的重要途径。一项宪法性原权利如果不能得到请求权制度的保障，只能被视为写在纸上的、虚假的权利。

笔者赞同在平等劳动权问题上的宪法救济。第一，这一问题从宪法性质上看，实际上是一个宪法针对第三人的效力问题，在这个意义上，有人认为宪法司法化问题从根本上说是一个宪法私法化问题。宪法私法化意指公民基于自身基本权利受到侵害的事实而直接以宪法为依据提起的诉讼。在这里通常公民提起诉讼的对象是私人，如果公民以宪法为依据诉讼是针对国家的话，这意味着一项司法机关的违宪审查，这种建立在三权分立与制衡基础上的司法制度不仅在我国的政治体制下不可能存在，即使在其他西方国家也不存在，在其发源地美国，真正的适用也是慎之又慎，因为它已经超越法律范畴而演化为一个政治制度问题。公民是否可以以宪法为依据提起针对另一私人的诉讼，这就涉及宪法是否调整私人直接关系。具体到公民平等劳动权问题，就是说公民平等劳动权的义务主体是否包括私人的问题。就这一问题，我们前面已经展开过讨论，并已经得出肯定性结论。如果说宪法上平等劳动权的义务主体包括私人，那么在义务主体不履行义务的情形下，权利主体当然应该享有请求救济的权利。

第二，宪法权利是否具有可诉性取决于对于宪法与法律之间关系

---

① 陈新民．德国公法学基础理论（下）[M]．济南：山东人民出版社，2001：696.

的认识。否定宪法权利具有可诉性的意见实际上是建立在这样一种假设基础上的：假设宪法上所有的公民基本权利都能得到法律的全面覆盖。宪法上规定公民基本权利的意图从来都不被认为是一种虚构的权利，相反地，其特殊的重要地位还得到所有法律理论与实践的承认。然而，为何在其权利救济上一直存疑，根本原因就是源于这样一种理论假设。如果这种假设成立，宪法上的公民基本权利就可以通过根据具体权利提起的诉讼而得到救济。这固然是一种美好的制度安排与理论假设，然而，假设永远就是假设，谁也无法保障一般法一定能够实现对于基本权利的全覆盖。如果不承认宪法权利的司法救济，就意味着对于公民基本权利可能出现保障疏漏而无补救。所以，对待是否赞成宪法权利的司法救济问题，从基本法律思维方法看，实际上是一个纯粹逻辑思维还是承认法律是一种经验事实的对待法律的基本态度。这也是为何采取经验主义思维方式的美国率先实行宪法司法化。因此，笔者以为，我们对待公民劳动权宪法保障，也应该采取实事求是的态度，既然我们承认公民基本权利的至高无上性，就不应该置一般法保障可能存在疏漏于不顾，而应该采取客观积极的态度事实补救措施。说到底，宪法权利的司法救济实际上就是一种补救性的措施，这也是承认宪法司法化的各国也都将提起宪法诉讼限制在穷尽其他权利救济方式以后的原因。

第三，我国立法现实要求对于公民平等劳动权开展司法救济。就我国立法实际看，我国目前对于公民平等劳动权的保护还处于起步阶段，原有的劳动法与劳动合同法都将其调整范围限于“签订了劳动劳动合同”的公民，根本不包含宪法第四十二条所说的作为获得劳动机会的公民劳动权。由于我国研究劳动权的学者多数来自劳动法领域，因此，对于劳动权的认识通常也是将其限定为劳动法与劳动合同法调整的范围之内。由此形成一个思维的死循环：劳动法上的权利才是劳动权，劳动权的范围以劳动法的调整为限。所有的关于劳动权的讨论也都是围绕劳动法而展开，这样的讨论模式，完全视宪法上的劳动权为无物。究竟法律权利以宪法为根据，还是宪法权利以法律规定为边界，这实际上是一个关系宪法地位的问题。“对宪法最大的亵渎并不在于遗漏了某一项重要权利，而在于不认真对待宪法的每一个字。因为再大的遗漏都可以在日后不断弥补，但是，这种已经习以为常地对宪法漫不经心甚至不屑一顾的态度是不可原谅的。和所有的法律一样，宪法的意义不在于其规定多么完善或华美，而在于其是否实用。”[①]宪法权利的过度抽象和救济途径的匮乏，导致宪法实际地位遭到忽视。因此，在这样氛围下要求公民平等劳动权这一宪法权利的法律全面覆盖确属痴人说梦。《就业保障法》的出台给人们带来新希望，然而，就其内容看，并没有实现人们所期望的宪法平等劳动权的普通权利化，除了对宪法条文的重复，就是一些甚至更为原则性的表述，因此该法也被许多人视为政策性法。在这种立法现实下，要想使公民平等劳动权的宪法权利得到实现，实行对该权利的权利救济显得尤为必要。

第四，西方国家以及我国的司法实践也证明了开展公民劳动权司法救济的必要性与可能性。如前所述，针对围绕宪法权利的私人纠纷开展宪法诉讼，欧美国家不仅理论上得到认可，也已经获得了相对成熟的立法与司法经验。作为对德国联邦基本法中宪法救济制度的直接体现，1954 年德国联邦劳工法院在劳动关系领域直接适用宪法。案例是在一起雇佣劳动案件中，雇主基于雇员发表了某种政治言论而将其解雇。联邦劳工法院认为，雇员有权援引宪法上的言论自由对抗雇主，因而劳工法院认定雇主解雇雇员的行为违法基本法。法院判决认为，虽然并非全部宪法基本权利的规定都只是针对国家权力的“自由权”，还有一连串重要的基本权利观念，皆具社会生活的秩序原则，某些宪法的基本价值进入了法律的基础构架，这些原则对于国民之间的法律关系具有直接的意义。因此，所有的私法协议、法律行为及作为都不能与之相抵触。西方国家的宪法司法救济为我国提供了很好的范例。

事实上，我国近年来已经出现了多起围绕平等就业权的宪法诉讼案。除了我们前面的提到的安徽芜湖张先著的乙肝歧视案，四川成都的身高歧视案，还有四川大学法学研究生李昊为其母亲代理的劳动仲裁案和杨世建针对人事部提起的年龄歧视案。在前一案件中，李昊的

① 张千帆．宪法不应该规定什么[J]．华东政法学院学报，2005（3）：25．

母亲周女士原是中国建设银行平顶山市支行出纳科副科长，由于年满55周岁，单位令其退休。周女士认为自己足以胜任目前的工作而不服单位的决定，遂提起劳动仲裁要求与男性一样享有 60 周岁退休的权利，并称单位的做法属于退休歧视，违犯了中华人民共和国宪法关于公民的平等权和劳动权的规定。在后一案件中，四川大学在读法律硕士杨世建因年龄超过35周岁而没能通过2006年公务员国考录用考试报名。于是，杨世建聘请上海交通大学法学院教授周伟作为代理人，向北京市第二中级人民法院寄送了诉状，状告人事部拒绝他报名参加考试的具体行政行为违法，要求准许他报名参考。杨世建认为，人事部做出拒绝他报名参加国家公务员录用考试的行为属于具体行政行为，这种具体行政行为违反了《宪法》中第三十三条关于“中华人民共和国公民人人平等”以及第四十二条关于“中华人民共和国公民有劳动的权利和义务”的规定。因而人事部侵犯了他的平等权和劳动权，对他构成了就业歧视。

尽管这些公民平等劳动权的宪法救济案件多数以原告败诉甚至被法院拒之门外而收场，然而这些案件的客观存在，以及每一次此类案件出现所引起的社会轰动效应，一方面说明我国公民的宪法权利意识在不断增强，另一方面也说明我国的确存在针对公民平等劳动权的宪法救济的必要。

事实上，从另一角度看，尽快建立我国公民基本权利的宪法救济制度，还具有防止宪法救济滥用的意义。从我国有关平等就业权宪法诉讼案件受理和审判结果看，差别非常大，有的被拒之门外，有的则能够胜诉。除了前面提到的张先著案，2013年8月以胜诉结案的北京曹菊状告巨人教育案可能是最新的一起此类案件。由于我国并非判例法国家，在没有相关制度性规定的情况下，一些消极被动的法院可能会拒绝合理的权利请求，但也不排除会有一些法院为追求轰动效应而随意扩大受案范围，甚至做出违法裁判的可能。如前所述，毕竟宪法诉讼只是一种补救措施，各国都对此采取谨慎态度，而我国立法机关目前对待这一问题的沉默态度可能会造成两个极端，无论哪一种都不是我们所愿意看到的。

综上，我国宪法关于公民平等劳动权保障制度无论在宪法规定层面还是在宪法的实施层面都存在着明显不足。要完善我国宪法公民平等劳动权保障体制，首先应该取消关于公民劳动义务的表述，明确劳动是公民权利；其次，宪法中应该增加公民自主择业权和不受歧视对待权利；最后，应该明确宪法权利的可诉性并在宪法中对提起宪法权利诉讼的条件加以明确规定。

第三节　平等劳动权的国内法律保障现状

一、立法现状

（一）主要立法及其基本内容

我国保障公民平等劳动权主要立法由《劳动法》、《劳动合同法》《就业促进法》等一般法和《妇女权益保障法》、《残疾人保障法》等特别法构成。

我国《劳动法》可以视为是对劳动者的权利加以调整保障的一部核心法律。尽管该法将其适用范围界定为签订劳动合同的劳动者，但其中的一些条文也对公民平等劳动权有所涉及。总则第三条规定：“劳动者享有平等就业和选择职业的权利。”本条确立了劳动者享有平等就业权的一般法律原则。第十条规定：“国家通过促进经济和社会发展，创造就业条件，扩大就业机会。”“国家鼓励企业、事业组织、社会团体在法律、行政法规规定的范围内兴办产业或者拓展经营，增加就业。”本条规定了国家的基本就业政策。第十二条规定：“劳动者就业，不因民族、种族、性别、宗教信仰不同而受歧视。”本条规定了反就业歧视的基本法律原则。第十三条规定：“妇女享有与男子平等的就业权利，在录用职工时，除国家规定的不适合妇女的工种或者岗位外，不得以性别为由拒绝录用妇女或者提高对妇女的录用标准。”本条规定了男女依法享有平等就业权利。第十四条规定：“残疾人、少数民族人员、退出现役的军人的就业，法律、法规有特别规定的，从其规定。”本条规定了特殊人员就业的倾斜保护原则。

2008年开始实施的《就业促进法》是一部集中为平等劳动权提供保障的法律。该法律的第二、三条明确了促进就业和禁止歧视的原则。其中第二条规定：“国家把扩大就业放在经济社会发展的突出位置，实施积极的就业政策，坚持劳动者自主择业、市场调节就业、政府促进就业的方针，多渠道扩大就业。”第三条规定：“劳动者依法享有平等就业和自主择业的权利。劳动者就业，不因民族、种族、性别、宗教信仰等不同而受歧视。”同时在总则中，该法律还明确将各级政府、社会组织以及企业确立为相关义务人，这为平等劳动权的法律保障机制提供了基本框架。该法的第二至第六章分别为政策支持、公平就业、就业服务和管理、职业教育和培训、就业援助，具体内容几乎覆盖了平等劳动权保障的全部内容。这一法律的实施，对于提升全社会对平等劳动权的关注度的确起到了极大的推动作用，尤其对于推动各级政府将保障公民平等劳动权纳入日常工作范围产生了积极影响，同时也推动了理论界对平等劳动权问题的研究。

除此之外，我国在《妇女权益保障法》、《残疾人保障法》中也设专门章节或条款对妇女、残疾人等特殊弱势群体劳动权保障做出规定。《妇女权益保障法》第二十二条规定：“国家保障妇女享有与男子平等的劳动权利和社会保障权利。”第二十三条规定：“各单位在录用职工时，除不适合妇女的工种或者岗位外，不得以性别为由拒绝录用妇女或者提高对妇女的录用标准。各单位在录用女职工时，应当依法与其签订劳动（聘用）合同或者服务协议，劳动（聘用）合同或者服务协议中不得规定限制女职工结婚、生育的内容。禁止招收未满16周岁的女工。”《残疾人保障法》则专门设立了“劳动就业”一章对残疾人劳动权提供特别保障，规定了税收减免等国家对残疾人这一特殊群体的劳动权倾斜保护。

除了宪法和法律层面的对平等劳动权的保障制度以外，还有一系列的行政法规、规章、地方性法规等也都专门或采取相关条款的方式设置平等劳动权的保障制度。

（二）我国现行立法存在的主要问题

从上述我国相关立法看，我国目前已经形成了以宪法为准则，以《就业促进法》和《劳动法》为核心，以其他相关法律法规为补充的公民平等劳动权保障体系。立法层次不可谓不丰富，涉及范围不可谓不广泛。这些法律法规对公民平等劳动权保障也起到了积极的促进作用。然而，从整体上看，整个制度体系都呈现出明显的政策化倾向，缺乏可操作性。具体说来：

1. 平等劳动权权利概念模糊，内含不明确

无论是宪法还是其他相关法律，尚无一部法律对公民的平等劳动权概念做出明确的表述。甚至连统一的权利用语也不存在，如宪法上称为劳动的权利与义务，劳动法与就业促进法中则表述为就业权。相应的，更不存在对权利内含的明确表述。与之相对应，有关的国际人权公约和国际劳工公约尽管通常也没有给出概括性的定义，但却以列举的方式使得劳动权的概念与内涵明朗化。权利表述与缺乏定性描述带来的直接问题就是导致公民平等劳动权所包含的具体权利始终处于不确定状态，相应的也带来权利主体的不明确。例如，我国《劳动法》一方面声明该法律适用范围仅限于与单位签订劳动合同的劳动者，该法第二条规定《劳动法》适用范围是“在中华人民共和国境内的企业、个体经济组织（以下统称用人单位）和与之形成劳动关系的劳动者”，以及“国家机关、事业组织、社会团体和与之建立劳动合同关系的劳动者”，同时，该法又规定了促进就业与平等就业等内容，这显然超出了“形成劳动关系”的范围，但对此部分内容又没有规定相应的法律责任。《劳动法》的这种欲说还休，欲罢不能的做法给人们造成的误解是：劳动权就是仅指获得劳动岗位之后所享有的权利，而获得劳动机会的权利不属于劳动权，甚至根本就不是法律权利，仅仅是一种倡导。事实上这种误解也代表了我国包括学术界在内的大部分人的观点，认为劳动权是指劳动者的权利，而获得平等劳动机会的权利根本就不是法律权利。这也是造成我国对于侵犯公民平等劳动权的行为长期集体无意识的根本原因。《就业促进法》中倒是明确提到了自主择业和平等就业的权利，但这两项权利是否就是平等劳动权？而且，该条文将权

利主体表述为“劳动者”，这与宪法上“公民”作为主体的表达存在差距。如果在这里的“劳动者”与劳动法上表述的范围一致，那么对已经与用人单位签订劳动合同的人何谈“自主择业”和“平等就业”。

2. 缺乏具有可操作性的标准

除了对权利的概念及其内含缺乏描述外，对各项权利的标准也没有做出明确的界定，导致法律制度缺乏可操作性。如我们在第一章所分析的，平等劳动权应该包括自由择业、不受歧视、促进就业以及保障就业等四个方面的内容。而上述四个方面从我国现有法律规定看，没有一个方面存在可操作性的判断标准。这样一来，义务主体是否履行了义务，权利主体的权利是否受到侵害都无从判断，更谈不上权利主体寻求权利救济。如果说自由择业、促进就业与保障就业作为一种需要与社会经济发展水平相平衡的国家义务而无法用法律条文的方式来具体界定标准的话，明确就业歧视的标准则显得格外重要，因为这是平等就业权权利体系唯一一个直接形成私权冲突的权利——与用工自主权之间的冲突。就业歧视目前是平等劳动权领域中发生诉讼最为集中的地方，因此，就业歧视的判断标准直接关系到权利救济的结果。就我国目前立法来看，无论《劳动法》还是《就业促进法》对于就业歧视都仅简单列举了诸如民族、种族、性别、宗教信仰等限制区别对待的范围，但正如我们前面所述，判断歧视的关键不在于是否区别对待，而在于区别对待的标准是否合理。“判断一个差别对待的立法或具体行为是否具有合理性，并非需要确定是否存在差别对待，而是确定该区别的理由是否正当。换言之，法律并不反对合理的、相关的和必要的差别，仅仅是禁止没有正当理由的差别。”①国际劳工组织给出判断标准的方式是：先从正面描述合理的区别对待标准——职业内在要求所必须，再列举合理的区别对待作为构成歧视的例外。同样作为成文法国家的法国在其《劳动法典》中的第一百二十条第二款规定：“任何人均不得对人的权利及个人与集体自由施加不能由应完成工作之性质证明是正当的限制，不得设定与该工作目标不成比例的限制。”同时

① 周伟．论禁止歧视[J]．现代法学，2006（5）：69．

还规定:“判断雇主的权力行使是否造成对雇员基本权利的侵犯，应当遵循一个功能性的判断标准：根据雇员的工作性质和对权利约束的适当性（或成比例性）来进行，即雇主对雇员所享有的公民基本权利的限制只能是工作性质所必须的、适当的限制。”这种歧视标准的描述方式使得平等劳动权成为现实权利，而且直接为寻求权利救济提供了实体法上的根据。在我国，近年来大量的劳动权歧视案件被法院拒之门外，一个很重要的原因能就是歧视标准无从掌握。

3．国家义务流于宣言性，缺乏相应的公民请求权

公民平等劳动权的主要义务主体是国家，这已成为学界的共识，甚至有人认为国家是唯一义务主体。关于促进平等劳动权的国家义务，国际公约有明确具体的规定，《就业与职业公约》中提到的六项国家义务中除第六项是针对国际劳工组织的义务外，其余五项都是针对国内主体的。国家义务实际上也被我国宪法、劳动法、就业促进法等所确认。特别是《就业促进法》对国家在平等劳动权保障中的义务尤其做了具体规定，其中义务范围涉及消除歧视、促进就业、提供培训、特殊保障等，义务内容包括制定政策、检查监督、财政资金拨付以及直接提供公益岗位等，义务人也具体落实到县级以上各级政府及有关部门。然而，如此详尽列举的国家义务，却仅在监督检查一章中规定了政府内部的上下级考核检查以及财政审计检查，却没有相应的法律责任规定。“政府促进就业与保障平等就业权的法律责任未跟进，导致好不容易出台的《就业促进法》‘软法’色彩过重，保障平等就业权的底气不足。”①而且，从该法的“法律责任”一章的规定来看，平等劳动权的权利主体实际上仅有针对用人单位的排除歧视性行为的请求权，而其他针对国家的一系列权利都不构成请求权。对于平等劳动权，乃至在一般意义上对于国家积极义务是否存在公民个人请求权，学术界也一直存在分歧。如日本宪法学家宫泽俊义认为“国民对国家没有请求职业的具体的现实的权利”。主张国家应为确保劳动机会之必要举措，于其不可能时，也应在各种情况下，为确保国民之劳动权而努力，

① 李雄．论平等就业权[D]．西南政法大学博士论文．重庆：西南政法大学，2008：32.

即对于将来政治与立法，指示其方向。而当国家怠于为此努力时，因对于劳动权之侵害，未预定有特别法之救济，至于生存权之保障相同，在法律上仅具有方针规定之意义。可见这种观点固然很重视劳动权之法律价值，但就其主旨而言，仍认为它仅具有方针规定之性质，政府仅有使人民就业之道德上的义务。而人民在失业之际，却不能请求政府给予适当之工作机会。[①]赞成请求权的人则认为："在自由主义的资本主义社会，有劳动能力而无劳动机会的人甚多，乃有勤劳权之问题。即认为此辈有请求予以劳动机会之权利，如未能给以劳动机会时，则有要求生活之权利，乃发生勤劳权问题。"[②] 较为普遍的意见是不存在公民针对国家的具体劳动岗位的请求权，但存在针对国家的平等劳动机会的请求权。我国学者也有人明确提出平等劳动权本质就是请求权的观点。[③]笔者也赞同请求权的观点，理由很简单，如果针对一项义务不存在权利相对人的请求权，该义务就不可能是法律义务，最多是一项道德义务。如果说把宪法中的公民权利和国家义务理解为政治宣言和道德宣言尚可理解的话，一般法上的权利义务如果还被当作道德宣述就是对法律权威的挑战。从权利理论来看，法理学上认为，权利的表现形式有四种：自己可以为或不为一定行为，要求他人为或不为一定行为。平等劳动权显然不属于前者，而后者的他人既然是国家，那么如果不存在相应的请求权，平等劳动权又如何可以作为一项权利呢？因此，无论如何，不存在针对国家的请求权显然是我国相关立法的一大缺失。当然，笔者赞成平等劳动权的国家义务构成公民个人请求权的观点，并不是说所有的国家义务都可以直接转化成公民个人的请求权，那些不易衡量的，具体标准难以做个体化把握的即使在理论上获得承认，真正行使起来也存在困难。如扩大就业机会，促进就业的义务，就是个体角度难以把握的。但如禁止歧视、特殊人的就业保障等则可以转化成直接的请求权。国务院 2014 年 2 月 28 日颁布了《社会救助暂行办法》，其中包括就业救助制度，并明确了申请救助者的条

---

① [日]宫泽俊义．日本国家宪法精解[M]．北京：中国民主法制出版社，1990：68．

② 林纪东．比较宪法[M]．台北：五南图书出版社公司，1980：253，254．

③ 尹海文、王红艳．论就业权的本质和价值取向[J]．求索，2009（5）：129．

件、受理申请的主体和提出申请的程序，办法同时还对请求权受到侵害的责任制度做出明确规定。

4．缺乏针对用工单位的义务性规定

西方国家从自由劳动制度下的完全自由的用工自主权到劳动权保障下的用工自主权与平等劳动权之间的平衡机制，这期间经历了几百年的时间。而我国从计划经济向市场经济的转型，同时伴随着对用工自主权的从否定到肯定的过程，这个过程至今只有短短 30 年的时间。而在这短短的 30 年的时间里，要同时完成对用工自主权从否定到肯定再到限制机制的建立，时间上的确显得过于仓促。刚刚获得肯定的用工自主权作为矫枉过正的结果，出现了被严重放大的局面。用工自主权的限制与平等劳动权保障的平衡，从理念上尚未被接纳，更谈不上完备制度建设。再加上我国现有经济条件下资本相对于劳动力资源的稀缺性，更加剧了用工自主权的膨胀。“我们必须清醒地认识到：在整个 20 世纪的中国历史上，劳动对资本占据了强势地位的时期不过 30 年，而在其余的 70 年里，市场经济的轴心关系始终是资本压迫劳动。”[①]用工自主权限制在理念上的缺失同时伴随着的就是对这一现象的全社会的集体无意识。

上述观念问题在我国法制建设上的表现就是对企业、社会相应法律义务缺乏具体的规定。就针对企业的义务来看，首先，缺乏关于用工自主权界限的明确表述，从而导致义务不确定性。如《就业促进法》分别规定了平等劳动权与用工自主权，然而，并未对其中任何一个权利的边界做出明确说明，不加限制的用工自主权必然导致企业义务的缺失。其次，对关键的招工环节没有任何义务限制。公民平等劳动权的核心环节就是招工环节，然而，无论是《劳动法》、《劳动合同法》还是《就业促进法》都有意无意地略过了这一环节，劳动法和劳动合同法将其调整对象界定为劳动者，也就是已经与企业签订劳动合同的公民，也就是说，仅保障劳动者的权利。而成为劳动者取决于是否可以享有平等劳动权，也就是招工环节是否公平。这一问题按说应该由

① 汪丁丁．市场经济与道德基础[M]．上海：上海人民出版社，2007：7.

《就业促进法》负责，然而《就业促进法》仅在其第二十六条原则性规定用人单位招用人员时应当向劳动者提供平等的就业机会和公平的就业条件，而没有在招工环节对用工自主权进行实质性规制。这实质上也就是在重复宪法和劳动法的内容。当时的劳动和社会保障部于2007年10月颁布的《就业服务与就业管理规定》也未能对该问题做出良好的处理，其第三章招用人员第九条依然原则性重复规定了《就业促进法》第二十六条的规定。与之相比较，国外立法通常都有明确的规定。如法国《劳动法典》对招聘程序做出极为详尽的规定，第一百二十二条第四款规定：任何人均不得被排除在招聘程序外，任何雇员都不得因为其出身、性别、习俗、家庭状况、种族或者人种、政治见解、从事工会活动和宗教信仰等而受到处罚或者解雇。第一百二十三条第一款规定："雇主不得在招聘启事中表明或者指使他人表明招聘对象的性别或者婚姻状况；雇主不得出于性别或者婚姻状况之考虑，拒绝聘用或调整雇员的工作，或者解除其与雇员的劳动合同"。同时，违反规定的雇主要承担包括刑事责任在内的法律责任。根据法国刑法典第二百二十五条第二款之规定，雇主基于性别、种族、政治见解、宗教、工会活动、家庭状况和身体健康等原因而拒绝雇佣的歧视行为应受刑法违警罪的处罚：2年监禁和3万欧元罚金。

5．缺乏权利救济机制

有权利就应该有救济，缺乏救济的权利就不是真正的权利。"现有的法律只是宣告权利，未能提供给受害者以救济的途径，特别是司法救济的途径，因而许多人受到歧视却无法到法院诉讼。"[①]这是对我国平等劳动权权利救济机制的一种客观评价。在我国平等劳动权的权利结构中，一方面，针对政府的包括促进就业与就业保障的权利由于在实体法意义上尚未形成一种请求权，因此，不存在权利救济的可能性，权利保障就公民来讲只能消极等待政府自身检查监督机制加以实现；另一方面，平等劳动权中私权色彩最为浓厚的不受歧视权也同样存在

① 秦奥蕾、程伟．"促进就业平等建设和谐社会"国际研讨会综述[J]．妇女研究论丛，2007（5）：69.

权利救济上的问题。与《劳动法》上仅规定了享受平等机会权利相比，《就业促进法》的最大进步就是其六十二条的司法救济条款，该条款规定："违反本法规定，实施就业歧视的，劳动者可以向人民法院提起诉讼"。这是我国平等劳动权保障制度的一大重要突破。然而，由于我国现行的包括民事诉讼与行政诉讼在内的诉讼制度本身的问题，导致该条款往往成为水中月、镜中花，可望而不可即。可能出现的就业歧视通常有两类，一类是企业等用人单位的歧视行为，对此类案件可以适用民事诉讼法；一类是国家公务员录用中的歧视，此类案件可以适用行政诉讼法。然而，这两类诉讼程序中都存在针对就业歧视案件的死角。首先，无论要进入上述哪一种程序，都要首先接受立案审查。我国的立案审查制度是一种实质性审查，这种实质审查在《行政诉讼法》上要求公民必须在能够确定其合法权益受到侵犯的情况下才能够提起行政诉讼。然而，关于"权利受到侵犯"概念，我国司法界一直采取严格解释的方式，要求必须与被告形成具体法律关系才可以认定。在民事诉讼法上则要求原告是与本案有直接利害关系的公民、法人和其他组织；当事人的起诉要有事实理由。然而，在招聘过程中的歧视往往是以招聘广告的形式出现的，当招聘广告中出现了明显的歧视性条件时，应该说相应的公民的平等劳动权已经受到侵害。然而，这还不足以证明其与该侵害行为存在直接利害关系，因为招聘广告并非针对特定人。要想使自己成为特定的人，就意味着该公民必须明知道自己已经被排除在招聘程序之外，却还一定要投一份简历，这样才能建立起直接利害关系。2004 年四川成都蒋韬"身高限制案"被法院拒之门外的理由就是由于"原告并未实施应聘行为，因此不能认定其权利受到侵犯"。也就是说，仅凭有关单位发布歧视性招聘条件的事实，尚不能构成民事或行政诉权。其次，我国《行政诉讼法》的受案范围明确将抽象行政行为排除在外，而就业歧视现象多是以抽象行政行为的形式出现的。也使得以发布录用条件形式出现的歧视性行为被挡在权利救济之外。典型案例是安徽芜湖张先著的乙肝歧视案。该案在全国的普遍关注下，最终尽管以张先著的二审胜诉而告终，但其判决并不针对真正的侵权元凶——安徽省公务员体检标准，而是找了一个替罪羊草草收场。因此，这一个案胜利并不具有推动平等劳动权权利救济制度的意义。

二、实践现状与问题

如果说我国平等劳动的立法保障尚处于刚刚开始起步阶段，那么我国平等劳动权法律制度的实施存在的问题就更为严峻。

（一）自由劳动制度的实践

尽管我国尚未在法律中明确规定自由劳动权，但从权利的自由本质看，自由劳动应该构成我国平等劳动权制度体系的一部分。自我国20世纪90年代初取消大学生毕业分配制度以后，作为制度层面的自由劳动权障碍仅剩下我国的劳动教养制度。对于劳动教养制度，不仅在国内各界饱受诟病，也受到联合国经社文组织的批评。在各界的共同努力下，2013年12月的十二届全国人大常委会第六次会议上终于通过了正式废止的劳动教养制度的决议。目前我国公开的限制劳动自由的现象已经基本消失，然而，强迫劳动的各类违法犯罪现象依然大量存在。此类犯罪主要表现为两种类型，一是境内的强迫劳动现象，这种现象主要集中在偏远地区或者矿山等劳动强度大，危险性高的劳动领域，这类犯罪现象往往还同时伴随着使用童工等其他违法行为。另一类就是非法劳务输出过程中的强迫劳动，此类案件近年来也屡屡见于报端。上述现象尽管属于个别现象，但从一个侧面透露出我国人力资源关系紧张、劳动力过剩、就业不足的社会现实。从发现的强制劳动的许多案件来看，特别是境外劳务输出的案件，多数都是利用被害人急于寻找劳动机会的心理。通常受害人缺乏必要的职业训练，同时又无法从正常渠道寻找到相应的劳动机会，这也从侧面说明了促进就业制度的重要性。

（二）促进就业制度的实践

促进就业制度对平等劳动权制度来说是最核心的制度，其他制度的运行在很大程度上都取决于这一制度的运行。然而，这一制度的实施状态也是最难评价的，因为这一制度不存在具体的实施结果的判断标准，只有一个模糊的而且并非独立的判断标准：与国家经济发展水平相适应。因此，对于这一制度的实践状态我们也只能做出轮廓式的描述。我国的促进就业问题经历了一个由计划经济时代的国家全包，到步入市场经济时代为追求经济发展速度而实行减员增效，从而导致了大批职工下岗。在社会公平与效率之间，效率获得了压倒性的地位，对效率的追求是国家主导下的整个社会的唯一追求目标。按照当时的提法，叫作效率优先，兼顾公平，但实际上，即使是兼顾，也被推迟到经济获得一定发展以后。当然，这也是我国当时的国情所要求的，社会发展必须付出的代价。然而，在经济获得了发展，国家综合国力获得提升之后，国家开始重视平等劳动权保障时，在平等劳动权保障领域存在的问题已经积重难返。具体表现在：

1．多种因素造成就业机会供需关系严重失衡

这种失衡首先表现为数量上的失衡。我国目前对劳动机会的需要来自多方面，一是我国高出生率时期的出生人口基本都正处于就业年龄，20 世纪 60、70、80 年代正是我国高出生率的时期，而这一阶段的出生人口都处于就业年龄；二是国企改革兼并导致的下岗职工许多仍未得到妥善安排，也未到退休年龄；三是农村改革开放以来大量涌入城市的农民工，这些都加剧了我国劳动机会供需数量上的紧张关系。随着我国城镇化改革的深入，这一问题将更加严峻。其次，这种失衡表现为质量上的失衡。从我国用人单位的用人需求看，多要求有一技之长，有工作经验，而我国求职者则以大学生和农民工为主体，他们或者缺乏一技之长，或者缺乏工作经验，从而导致我国劳动力市场出现求职者无职可就，而一些岗位又无人可求的尴尬局面。造成这一局面的原因，一方面存在用人单位标准过高、条件苛刻的问题，另一方面，也是我国包括职业培训在内的教育领域存在误区。万般皆下品，唯有读书高的我国传统文化理念造成偏重学历教育，盲目追求高学历，轻视职业技能教育。同时，在学校教育与就业之间的职业培训环节的缺失也是一个很重要的原因。2014 年 2 月 26 日李克强总理在国务院常委会上提出了改革我国现行职业教育制度的意见，这是自 1996 年《职业教育法》颁布后的对该法在实施上的重大促进。

2. 统一开放的人力资源市场尚未形成

政府在促进劳动权方面的一项重要义务就是提供就业服务，市场经济下政府提供就业服务的基本方式就是建立统一的人力资源市场。《就业促进法》第三十二条规定："县级以上人民政府培育和完善统一开放、竞争有序的人力资源市场，为劳动者就业提供服务。"自2008年法律颁布至今，统一开放的人力资源市场不仅难以形成，甚至标准也无从掌握。首先，从地域来看，我国统一人力资源市场是城乡一体化统一，还是城乡有别的统一？是特定区域内的统一还是全国范围内的统一？在我国分割的地方行政体制下，当促进就业成为地方政绩的考核指标时，地方政府从本地区利益考虑，政府自身往往就成为统一劳动力市场的阻碍力量。例如每年的针对毕业大学生的公务员招录，许多地方都要求本地生源（学生户籍或者毕业学校为本地区），其目的无非就是提高本地区的就业率；其次，从我国现有体制看，我国始终存在着行政事业单位与企业的差别，随着公务员制度的实施，演变成行政机关、事业单位、企业三者之间的差别。最后，就企业本身来看，还存在着体制内与体制外就业的差别，而且这种差别不仅存在于不同企业之间，甚至还存在于同一企业内部。因此，建立统一的市场是否意味着这些差别的消失？至少目前我国上述差别不仅存在，甚至还有扩大化的趋势。事实上，要形成统一的人力资源市场，在我国面临的主要问题并非问题本身，而是存在着深层的体制问题，涉及行政区域划分、城乡一体化改革，以及户籍制度等问题。形成真正统一的人力资源市场在我国任重而道远。此外，不容忽视的一个问题是，在我国，即使建成了统一的人力资源市场，如何保障人力资源岗位全部纳入统一市场还是一个最大的问题。我国长期农业社会以及官本位社会形成的对"关系"的倚重，使得大量的劳动岗位资源以非市场化的方式流动，也造成许多求职者更愿意通过市场以外的途径获得劳动岗位。

（三）反歧视制度的实践

我国文化传统中，长期的封建等级制度造成平等意识的严重缺失，劳动机会供需关系的失衡更加剧了在劳动就业领域的不平等现象。近年来，我国学者针对劳动权的歧视现象做了许多调查研究，研究结果显示，目前我国存在的歧视按照类别可以分为：性别歧视、户籍歧视、年龄歧视、残疾歧视等。其中性别歧视现象最为严重。在性别就业歧视的研究中，根据全国妇联关于下岗失业女工再就业情况问卷显示，下岗失业女性年龄整体偏大，其再就业流向为从国有企业或集体企业向个体私营企业。调查还发现，就业市场存在性别歧视，部分国有企业和事业单位在招聘时排斥女性，妇女就业门槛过高，就业条件苛刻等现象时有发生，妇女就业存在事实上的不平等。户籍歧视是仅次于性别歧视的一种歧视现象。户籍歧视最突出的表现就是针对农民工的就业歧视。近年来还出现了针对特别地区的户籍歧视。此外，如其所述，政府自身出于解决本区域就业问题的考虑，在公务员招录中实行的户籍歧视是新出现的一种歧视现象。年龄就业歧视主要表现为用人单位随意设定年龄标准。在我国年龄歧视相当普遍，从公务员招录到企业招聘，几乎所有招聘岗位都提出年龄限制，但由于缺少法律具体规定，当事人一般无法依法维护平等劳动权。据厦门大学关于妇女就业受年龄限制的调查显示，就业准入存在年龄歧视，35 岁以上的妇女找工作困难；受访企业不招 35 岁以上妇女的情况相当突出，私营企业和外资企业几乎只招聘“黄金年龄段”女工。①残疾歧视在我国也极为严重，调查结果显示，中国目前有残疾人 6000 万，约占全国人口的 5%，其中处于就业年龄段的约为 2500 万，尽管我国推出了对企业招收残疾人的优惠政策，然而我们几乎很难在普通劳动场所见到残疾人就业的身影，这也包括政府机关和事业单位。残疾人就业等多靠自主创业或政府开办的福利工厂就业。

除了上述较为集中的歧视类别，我国事实上还存在多种多样五花八门的就业歧视，如已引起广泛关注的乙肝歧视、身高歧视等，近年来在大学生毕业求职中还出现了毕业院校歧视等。

按照歧视的形式，歧视现象可以分为显性歧视与隐性歧视。显性歧视主要表现为在招聘信息中公开设定歧视性标准或者提供歧视性待

① 蒋月．女工劳动权益保障现状及对策研究：以厦门地区为例[R]．2002 年福建省社会科学规划项目研究报告．

遇。隐性歧视是指招聘信息中并不存在歧视性内容，但用人单位对人员的是否录用是基于歧视性的理由，却并不做出公开说明。我国目前一方面显性歧视现象严重，在各种公开媒体上发布的招聘信息中，及国家公务员招录岗位信息中都有各种各样的限制条件，其中多数属于不合理的条件。这种公开的歧视，特别是国家机关的歧视行为产生的影响极为恶劣，带来整个社会对于就业歧视的"一致性社会行为"，造成是非标准的错乱；另一方面，隐性歧视大量存在，而且难以控制和纠正。由于我国不存在岗位录用中的说明程序，因此，一个求职者在面临同等条件甚至更优秀条件下未被录用的情形时，也无权要求用人单位说明理由，因此，该行为中是否存在歧视无从得知。例如 2013 年某银行在面向毕业大学生的招聘中，女性研究生一律不予录用，而只录用男性以及女性本科生，实际上是基于女性研究生毕业后会面临婚育问题的考虑而实施的一种歧视。但由于并未在招聘条件中说明，只是一种录用结果，所以受害者也无从寻求救济。

（四）就业援助制度的实践

在就业援助制度方面，我国政府做出了积极努力。实际上，在《就业促进法》出台之前，许多地方就已经实行了针对所谓"40"、"50"人员（40 岁以上的女性和 50 岁以上的男性）、残疾人等就业困难群体的特别保障制度。《就业促进法》中又具体细化了就业援助的标准，该法律将就业援助分为两个标准，一是帮助标准，二是保障标准。根据该法规定，实施帮助的对象是就业困难人员："就业困难人员是指因身体状况、技能水平、家庭因素、失去土地等原因难以实现就业，以及连续失业一定时间仍未能实现就业的人员。就业困难人员的具体范围，由省、自治区、直辖市人民政府根据本行政区域的实际情况规定。"此外，还规定了就业保障标准，"法定劳动年龄内的家庭人员均处于失业状况的城市居民家庭，可以向住所地街道、社区公共就业服务机构申请就业援助。街道、社区公共就业服务机构经确认属实的，应当为该家庭中至少一人提供适当的就业岗位"。但由于该法律缺乏实施细则，实施效果并不理想。各地并未统一建立办理相关事宜的工作窗口或人员，同时城乡分离状态下，失地农民也无法在城市获得就业援助。就业保障权也并未真正成为一项请求权，而是依然停留在困难救济层面。概括来说，我国在就业援助制度实施的问题上呈现出的特点是：突出政策性而淡化制度性，某一特定时期针对某类人群的援助多，日常性经常化的援助少。例如，到大学生毕业季推出针对大学生的援助，到残疾人日就推出针对残疾人的援助。这种现象从根本上说，是由于就业援助与就业保障尚未权利化。

（五）权利救济的实践

我国平等劳动权权利救济的实践尚处于尝试阶段，由于针对这一权利无论实体法还是程序法都存在着明显的不足，因此针对该权利的救济缺乏规范，这也造成了这一问题上我国权利救济呈现出的特点是：起诉案件多，受理的案件少；案件影响力大，胜诉的少；法院尽管也做出一些尝试，但由于不形成先例，不具有一般意义。如 1988 年最高人民法院在（88）民字第 1 号《最高人民法院关于雇工合同“工伤概不负责”是否有效的批复》中指出：“对劳动者实行劳动保护，在我国宪法中已有明文规定，这是劳动者所享有的权利。张学珍、许广秋身为雇主，对雇员理应给与劳动保护，但他们却在招工登记表中注明‘工伤概不负责’。这种行为既不符合宪法和有关法律的规定，也严重违反了社会主义公德，应属无效民事行为。”①这一批复应该是我国最早的关于公民劳动权直接适用宪法的范例。然而，由于我国并非判例法国家，至今我国劳动权的宪法救济制度仍在探索中。

法律实施状态除了制度本身制定的是否严密，易于操作以外，客观环境条件以及人的因素都构成对法律制度实施的干扰。就我国目前情况看，影响我国平等劳动权法律实施的因素主要是：第一，制度自身的设计缺陷。如前所述，我国现有的制度过于原则性，就实体层面看，无论是权利还是义务都缺乏明确的标准，导致法律缺乏可操作性，责任与救济都难以认定。甚至一些权利义务本身缺乏相应的法律责任规定。就程序层面来讲，无论是权利的获得还是监督保障以及权利救

① 最高人民法院中国应用法学研究所．人民法院案例选 2000 年第 32 辑[R]．北京：人民法院出版社，2000：386.

济程序尚未明确。第二，我国现有的经济条件是制约平等就业权实现的重要因素。具体说来，如前所述，劳动机会的质量与数量本身就是一个要求与经济发展水平相平衡的概念，岗位保障也取决于国力；而现有经济发展水平下形成的资本对劳动的强势则是导致劳动平等不受歧视权利难以落实的重要原因。第三，无论是执法、司法、法律监督还是用人单位的守法，说到底都是人的问题。我国进入市场经济时间较短，造成对市场体制下劳动权的陌生感，长期封建历史也造成平等意识的缺失，这进而导致全社会对平等劳动权的长期集体无意识。"整体上看，我国还缺乏捍卫平等就业权的'社会一致文化'，'社会一致'是欧盟推进平等就业的共同就业政策的重要组成部分，其基本精神为社会各方面都要对不平等就业承担责任。在某些情况下，歧视是由于我们的成见所造成的。"[①]这直接影响到了平等劳动权的实现状态。

① 田新豹. 新时期就业歧视及其对策[J]. 山西财经大学学报，2001（6）：28.

第三章

公民平等劳动权的促进机制

第一节　公民平等劳动权促进机制的概念与结构分析

一、劳动权促进机制的基本含义

劳动权作为公民获得劳动机会的权利，促进机制是整个劳动权保障体系的前提，也是平等劳动权保障机制中最具有主动意义的一个机制。如果说平等意味着对资源的合理分配，那么促进机制意义则在于保障资源本身的充足性，也就是人们通俗比喻的分蛋糕与做蛋糕的关系。然而，劳动权的促进机制也是往往为法学研究所忽略的一个重要机制。早期，多数人将劳动权研究局限于“劳动者权利”的研究，2008年我国就业促进法颁布前后，的确出现了许多关于劳动权保障的研究成果，然而，多数也都是集中于关于就业歧视的研究，关于促进就业的研究几乎没有。之所以劳动权的促进机制被屏蔽在法学研究领域之外，一个很重要的原因就是人们往往在国家促进就业这一意义上简单理解这一机制。而仅仅在国家促进就业义务层面上理解的劳动权促进机制，最多具有政策研究意义。因此，此类研究更多的在经济学或者公共政策领域展开。

笔者之所以要将劳动权的促进机制纳入法学研究范式，基于两个方面的原因：第一，国家促进就业义务的确是劳动权促进机制的最重要内容，但并非唯一内容。国家促进就业的义务是公民平等劳动权作为社会权利而形成的国家的一项积极义务。约翰·梅纳德·凯恩斯（John Maynard Keynes）在其《就业、利息和货币通论》一书中提出了有效需求理论，主张政府通过扩大投资，实行社会保障，促进有效需求，实现充分就业。凯恩斯的理论当时成为美国摆脱20世纪30年的经济大萧条的重要理论依据。在这一理论推动下，美国率先推出了一系列的促进就业的国家政策。发展到今天，国家促进就业的义务除了有关国际公约有明确规定外，我国宪法、劳动法、就业促进法等对此也做出相关表述，这可以说是关于劳动权促进机制的初始形态和直接表现形态。然而，这并非是唯一形态。社会、用人单位实际上都可以成为这一机制中的义务主体，许多国家的相关立法也都有所提及。私人义务主体的存在不可避免地会产生两种必需法律介入的关系：私人之间的关系、私人与国家的关系。

第二，即使在国家促进就业义务问题上，也需采取法律范式研究，才能够使公民劳动权成为真正的法律权利。“权利的实现是权利主体获得权利所包含的利益内容的必要途径与根本依靠”[①]，然而，权利的实现是要以相应的义务主体履行义务为代价的，特别是作为积极权利的劳动权，其实现必须依赖作为义务主体的国家履行积极义务为条件，国家义务的非法律化会导致相应公民权利的非法律化。“围绕权利和义务所产生的其他规范虽然都有其具体的规定，但只有以权利和义务作为其指称概念，才具有实质的意义。”[②]然而，尽管我国宪法和相关法律都明确提到了促进就业的义务，但至今这些法律规定仍停留在原则表述意义上，无论是法律条文还是学术研究都没有对于该义务的内涵及外延做出具体描述。甚至国内法学界都不愿意承认这一义务的真正

① 戴剑波．权利正义论——基于法哲学与法社会学立场的权利制度正义理论[M]．北京：法律出版社，2007：73．

② 张文显．法哲学范畴研究[M]．北京：中国政法大学出版社，2001：331．

法律意义，以至于无人愿意涉足研究。因此，政府的促进就业几乎成为一句口号。笔者以为概念的界定有利于促使这项制度成为一项真正的法律制度。

（一）就业的法律含义

要界定政府促进就业义务的概念，首先需要从法律意义上界定就业概念。在我国，有学者认为就业应该是指劳动法所规定的签订劳动合同，也有人认为应该更宽，将其他灵活就业者也包括在内，但不应该包括公务员和军人。根据 1982 年第 13 届国际劳工统计大会通过的《关于经济活动人口、就业、失业及不充分就业统计的决议》，就业人员被界定为在参照期内从事任何一种工作以获得薪酬或利润（或实物报酬）的人员，或者在此期间生病、休假或产生争议等理由而暂时脱离工作岗位的人员。原国家劳动保障部发出的《关于落实再就业政策考核指标几个具体问题的规定（劳社厅函[2003] 227 号）中规定："就业人员指在法定劳动年龄内（男 16~60 岁，女 16~55 岁），从事一定的社会经济活动，并取得合法劳动报酬或经营收入的人员。其中，劳动报酬达到和超过当地最低工资标准的，为充分就业；劳动时间少于法定工作时间，且劳动报酬低于当地最低工资标准、高于城市居民最低生活保障标准，本人愿意从事更多工作的，为不充分就业。失业人员指在法定劳动年龄内，有工作能力，无业且要求就业而未能就业的人员。其中，虽然从事一定社会劳动，但劳动报酬低于当地城市居民最低生活保障标准的，视同失业。"

笔者认为，从理论上如何界定就业，取决于对这一问题研究的目的，也即所谓功能定义法，在本课题研究中，就业的定义是基于对公民劳动权实现程度的考量，而对于劳动权我们又是在生存与尊严保障意义上定义的，这一功能与是否在体制内就业无关，也与是否为公务员无关，从生存与尊严保障角度看，这些都是劳动权的取得方式。因此，笔者认为应该将就业定义为有劳动能力和劳动意愿的适龄公民从事能够获得足以保障基本生活的薪酬的社会经济活动。

（二）劳动权的促进机制

劳动权的促进机制应该是指以国家作为主要的直接的义务主体，

以社会及用人单位作为次要的间接义务主体，要求其通过采取多种积极措施，为有劳动意愿且具有劳动的权利能力与行为能力的公民创造或提供较为充分的并满足一定质量要求的劳动机会，并为公民获得这些劳动机会创造必要条件，以确保公民实现其从事社会劳动的权利。

首先，在义务主体问题上，我们将促进就业义务的主体界定为以国家为主，辅之以其他主体。之所以国家被界定为促进就业义务的主体，是由于促进就业是平等劳动权中的一项典型的积极权利。积极权利本义就是指要求国家提供帮助方能获得的权利，相对于消极权利，积极权利是在福利国家语境下的一种权利概念，以国家积极行为为实现条件。同时，国家作为社会公共资源的掌握者，也有能力履行这一积极义务。根据现代国家构造理论，社会权力已经实现了向国家的让渡，社会并不直接掌握公共权力资源。然而，国家作为促进就业的义务主体并不意味着对其他主体的否定，无论是扩大就业岗位、提供就业服务和就业培训，实际上，社会与用人单位都在其中扮演着重要角色，我国相关法律法规也都提到相应的社会义务。但是，在促进就业的法律义务上，社会仅仅是间接义务主体，而非直接义务主体。社会针对公民可以承担直接的道德义务,但并不直接承担相应的法律义务，社会可以通过向国家承担法律义务的方式，间接成为促进就业义务的主体。例如，我国在开展职业培训，提供就业服务等方面都提到了鼓励社会力量参加相应活动的内容，例如我国《职业教育法》就具体规定了鼓励社会力量开办职业教育的有关内容，最近召开的国务院常务会议上李克强总理又再次提出，实施职业教育制度今后的努力的重要方向就是吸收社会资本参与职业教育。社会对促进就业义务的参与主要是通过向国家的承诺，具体方式是如投资兴办职业培训机构、就业服务机构等，社会从事上述行为本身不具有义务性。但是，一旦其履行了上述行为，就会形成与国家以及公民之间的双重法律关系。对其义务履行的检查监督主要由国家机关进行，只有在其行为损害公民私权利的情形下，才构成公民对其的请求权。如公民在交纳了学费之后未获得相应的教育服务，这里损害的是公民的财产权，而非劳动权。用人单位能否作为劳动权促进机制的义务主体，目前世界上各国并不统一。就相关国际公约来看，针对企业的主要是禁止歧视的义务，但也有一些激进国家规定企业承担不减少劳动机会的一般性供给以及保障对特殊人的供给比例的义务。

其次，我们将劳动权促进机制的最终目标指向劳动机会的获得。如前所述，劳动权客体问题上存在着劳动机会与劳动岗位的区分。目前世界上多数学者都赞成国家义务应该是为公民提供一定数量与质量的劳动机会，而不是劳动岗位。“当有劳动意欲和能力的人，没有工作机会时，有要求国家提供这种机会的权利，当一时没有机会时，有要求获得最低生活补助的权利。”[①]事实上，劳动岗位的提供只有计划经济下的国家才有可能实现，因为只有在计划经济条件下，国家才有可能掌握全部劳动岗位，从而履行提供劳动岗位的义务。但同时也就意味着对用工自主权的完全否定。在市场经济条件下，国家义务应该体现为促进就业机会的增加和就业机会质量的提升。

二、劳动权促进机制中的权利义务关系

（一）劳动权促进机制中的义务

有关劳动权促进机制的国际公约和包括我国法律在内的各国法律中，一般都采取了义务模式的立法方式。具体说来，劳动权利促进机制中的义务主要有三种：劳动机会供给义务、就业服务义务和职业培训义务。

1．劳动机会供给义务

劳动机会的供给义务，即扩大就业机会的数量与保障就业机会的质量。劳动机会的供给主体主要是国家，市场经济条件下，由于国家并不直接掌握劳动机会，因此国家履行促进劳动机会供给义务主要通过对社会进行主动干预的方式，包括对宏观经济的调控和对微观经济主体的规范。而作为行使公共权力行为，最有效的，也是最符合法治

① 魏新兴．劳动权保护制度的比较研究与启示——以典型国家的劳动立法为例[J]．郑州大学学报（哲学社会科学版），2008（9）：36．

原则的方式就是立法并加以有效实施的方式。《经济、文化与社会权利公约》第二条第一款规定：每一缔约国尽最大能力承担个别步骤或经由国际援助和合作，特别是经济和技术方面的援助和合作采取步骤，以便使用一切适当方法，尤其包括用立法方法，逐渐达到本公约中所承认的权利的充分实现。《就业与职业公约》规定了六项国家义务，其中三项是关于制定执行法律法规的义务。该公约第三条规定：凡本公约生效的会员国，承诺以符合国家条件和实践的方法：……（二）制定可赖以使人接受和遵守该项政策的法规，推进可赖以使人接受和遵守该项政策的教育计划；（三）废除任何不符合该项政策的法令规定，修改任何不符合该项政策的行政指示或做法；（四）在一个国家当局的直接控制下在就业方面执行该项政策。

劳动机会供给中的企业义务主要是限制经济性裁员、保障劳动机会质量以及针对特殊主体的安置性雇用的义务。

2．就业服务义务

就业服务是指通过多种渠道，建立劳动机会供需之间的联系，促进资本与劳动的结合，促进劳动权的实现。其中的国家义务主要是履行提供免费就业服务以及对社会就业服务机构进行法律规制、监督等义务。社会的法律义务主要是遵守相关法律法规和自主承诺的义务。《经济社会与文化权利公约》第六条第二款关于工作权界定的第二个方面的要求是工作的可获得性。关于该公约的一般意见的第十二段针对该条款的解释是：缔约国必须拥有专门的服务，以协助和支持个人，使他们能够找出并找到现存的就业。可获得性包括通过在当地、区域、国家和国际各级建立数据网络，寻求、获得和传播关于取得就业途径的权利。同时，缔约国必须确保存在实际的可能性使得公民能获得平等的工作机会。《就业与职业公约》关于国家义务的第五项也提到：在一个国家当局的指导下在职业指导、职业培训和安置服务活动方面保证遵守该项政策。

3．职业培训义务

职业培训在这里主要指为提高公民获得劳动机会的能力而进行的培训。其中的国家义务主要是作为职业培训的兴办者直接为有需求的公民提供培训的义务以及对参与职业培训的社会力量予以鼓励、规范和监督的义务。《经济社会与文化权利公约》第六条第二款规定了“获得职业指导和训练权”并在一般性意见中具体规定了针对此项权利的国家义务。我国宪法也在第四十二条第四款明确规定了“国家对就业前的公民进行必要的劳动就业训练”。这一国家义务。除国家外，许多国家还将企业列入开展职业培训的义务主体范围，这种义务主要是对已经签订劳工合同的员工的职业培训义务。社会作为职业培训的义务主体，主要是指协助国家开展公益性的职业培训，至于社会开展的营利性的职业培训属于社会在国家监督下行使权利的行为，并非我们在这里所说的劳动权促进义务。

（二）劳动权促进机制中的权利

几乎所有相关法律文件中关于劳动权促进机制的表述都不采取权利模式。从权利义务关系的基本原理上说，权利与义务存在功能上的互补关系，共同构成对一项法律关系的完整调整机制。权利机制功能在于引导与鼓励，为何关乎劳动权促进机制时法律不肯采取权利模式？缺乏权利表述模式的法律机制中是否存在针对义务的相应权利？权利如何推定？具体内容为何？这的确是劳动权促进机制的理论难题。根据法理学权利义务的基本原理，私人权利和国家义务都具有引申性。即在私权问题上，存在凡是不强制或不禁止的就都是权利的原则，而相应的在公权力问题上则要求以法律明示为严格的边界。相应地，私人义务的边界需要明示，而国家义务的边界则可以引申。就劳动权促进机制来看，针对不同主体，特别是国家的促进就业的义务，公民有什么样的权利？是仅仅存在消极的受益权，还是同时具有积极的请求权，即是否允许公民在义务主体未能履行积极义务时有权要求其履行义务，或者说义务主体的消极不作为是否构成侵权？就这一问题，包括西方发达国家在内的多数国家也都是停留在理论探讨和司法实践探索层面，立法上都没有明确规定。

日本宪法第五条规定：“一切国民均享有劳动的权利”，确认了日本公民劳动权的存在。据此规定，有学者认为“日本公民如处失业状态时，对国家享有以提供工作或替代工作的等价薪金保障为内容的请求权”[①]。但也有提出反对意见的，日本法学家我妻荣认为劳动权属于生存权中的基本权，政府的义务在于努力实现劳动权，当政府主动违背这种义务时其立法属无效，执行属于违法，但当政府不作为时国民无权请求政府履行其义务。实际上，后者的观点否定了公民对促进就业这一国家积极义务的请求权。

在德国公法学界，形成了所谓基本权利规范领域理论，根据该理论，宪法基本权利被区分为主观权利和客观权利，所谓主观权利就是指具备请求权性质的权利，公民可以就该权利受到损害的情形向国家行使请求权。所谓客观权利，就是指并不具有请求权性质的权利，此类权利仅仅作为国家立法的客观价值准则。“德国早在 19 世纪 80 年代就有一些公法学者，已发展出基本权作为客观价值决定的学说，认为基本权对于整体法秩序的决定性方针具有拘束力，并且在立法解释与适用法律规定时，必须作为被尊重的价值决定。”[②]我国有学者从德国劳动法院 1954 年审理的路特案司法判决认为在德国劳动权已经成为一项具有请求权性质的主观权利。笔者认为，这种判断未免太过武断，实际上，路特案的本意是在确立私人之间的侵害可以直接适用宪法，而并非形成针对国家履行积极义务的请求权。

对公民劳动权针对国家积极义务是否具有请求权性质，国内学者们也意见各异。有学者从整体上持否定态度，认为未就业的劳动者目前还无法以国家为被告通过诉讼的方式主张权利，而只能就自己享有的社会保障权请求法律保护。[③]或者认为劳动者所享有的积极的工作获得权属于不可诉之劳动权，但可以转化为国家的另一种责任，即失业保险制度而获得补偿。[④]也有学者对此持谨慎赞同观点，认为本来意义上的工作获得权，是劳动者要求国家和社会提供工作机会的权利。这种权利在具体实现上是一种不完全的权利，在具体内容上，除了因其不完全权利属性而产生的失业救济权外，还应包括获得免费就业服

---

① [日]大须贺明．生存权论[M]．林浩译．北京：法律出版社，2001：61．

② 许育典．宪法[M]．台北：元照出版社，2006：104．

③ 沈同仙．劳动权探析[J]．法学，1997（8）：34．

④ 冯彦君．劳动权论略[J]．人大复印报刊资料（经济法学、劳动法学），2003（6）：35．

务和就业培训权。[①]换句话说，作者不承认存在针对劳动机会的请求权，但公民可以因其不能实现而提出其他请求。

综上，我们可以看到，就促进就业义务上是否存在公民请求权这一问题，不仅立法未能给出答案，国内外的理论研究与司法实践探索也未能达成一致。之所以这一问题寻找答案如此艰难，是因为问题的解决的确处于两难境地。如果一般性地否定请求权，就意味着这一义务变成了纯粹的道德义务，如目前中国的失业和下岗问题的处理，更多的是一种行政行为而非法律行为，对于企业经营和政府政策对工人所造成的损失和侵害，实际上很难依法得到补偿和赔偿。然而，如果一般性地做出请求权的肯定，由于相关标准的难以衡量，势必造成司法混乱，这也是各国普遍保持谨慎的原因。这一问题从理论上看，它提出的一般性问题是：针对国家宪法上积极义务是否存在请求权。

这一问题在传统理论上存在双重障碍：一是基本权利的规范效力问题，当代宪法理论的发展，破除了宪法权利可诉性的坚冰，多数发达国家现在都采纳这一原则。但这并非一般意义上承认宪法权利的请求权性质，而是更多地针对那些只需国家履行消极保护义务的权利而言，或者仅支持对国家的积极作为的侵权存在请求权。第二层障碍就是是否存在对国家积极义务的请求权。传统理论认为，针对国家积极义务，公民仅存在消极受益权，而不存在请求权。而针对国家积极义务的请求权，国外理论与司法界都持谨慎态度，通常采取仅承认对国家积极侵害行为的请求权（甚至仅仅是抗辩权），而不承认对国家消极行为的请求权。

西方国家在针对国家积极义务的公民请求权问题上持相对保守的态度，这主要是基于西方在劳动权利促进法律机制上特殊的发展历程。缘起于20世纪30年代的促进就业国家机制，是在与法治政府和有限政府的公权力限制理论的博弈中逐渐发展起来的。根据法治政府的理论，政府的任何一项行为都需要有明确的法律授权。而有限政府则将政府权力限制在对私权利的消极保障的范围内，如当时美国根据判例

① 穆随心．就业权内容探析[J]．河北法学，2006（2）：147．

法形成了所谓“治安权”的概念，根据这一治安权理论，当时联邦最高法院曾做出判决纽约州政府的修建花园的行为违宪，理由是这一基于美学意义的行为超出了治安权的范围。在这种情况下，国家如果要动用国库资产或其他公共财产创造就业机会或者开发人力资源，显然需要针对政府的特别授权，因此，早期的劳动权促进法律主要是针对政府的授权性法律。第二次世界大战以后，战争给社会经济造成的严重问题就是失业，由此出现了作为政府政策的振兴经济，促进就业的各种政府措施。直至1964年的《就业政策公约》仍然是将促进就业作为政府公共政策。而从政府政策发展为国家义务，再由国家义务发展为公民权利，这本身需要一个更长的过程。

笔者以为我国不需要在任何问题上都跟在西方的后面，以公民权利为出发点应该是对我国作为社会主义国家本质的体现。对待国家促进就业积极义务的请求权不应该一概肯定或者否定，而应该就义务具体内容加以区别，具体请求权的履行方式也可以因内容而异。在这一问题上，我国学者袁立的观点值得关注，他在《基本权利理论视阈中的劳动权规范领域》一文中，运用德国的“基本权利规范领域”理论，对基本权利按照其对应的国家义务属性做了区分，主张“劳动权规范领域的确立可采用‘二元’方法：对于自由权层面的劳动权规范领域应‘广’，而对于社会权层面的劳动权规范领域应‘窄’”[①]。同时，就该问题他还明确指出：“我国劳动权亦具有主观权利功能，从理论上看，劳动权属于社会权，要求国家履行积极作为义务予以实现，劳动者为了生命的维系得以向国家行使生存照顾请求权、生活水准提升请求权。”[②]该作者在其两篇论文中保持了一致的观点：首先承认针对国家劳动权促进机制中的积极义务存在公民的主观权利，是一种请求权；其次，主张并非所有的劳动权促进机制中的国家积极义务都存在个人请求权，“社会权层面的劳动权领域应该窄”。

具体针对国家积极义务的请求权如何划定，笔者认为，首先，应

① 袁立、彭程．基本权利理论视阈中的劳动权规范领域[J]．中南大学学报（社会科学版），2011（6）：93．

② 袁立．作为基本权的劳动权国家保护义务[J]．太平洋学报，2011（7）：13．

该从更广泛的意义上理解请求权。诉权的确是一种请求权，但请求权并不等于诉权。从我国相关法律看，关于公民针对国家的请求权除了提起诉讼的权利外，还包括申诉权、控告权、检举权与国家赔偿请求权等，这些规定都是对公法上请求权的肯定。此外，除了公民个体的请求权，请求权还存在集体履行的方式，如游行、示威、请愿等。通过人大监督的方式也是行使请求权的一种。

具体上述不同方式的请求权可以行使的范围，就上述劳动机会供给、提供就业服务和职业培训三种义务来说，可以采取下述原则：当相应的义务存在具体的行为标准，同时又存在明确的社会标准时，便形成相应的作为诉权的请求权。例如在开办职业培训问题上，当国家相应法律规定具体的责任主体及其行为要求，并在规模、投资收益人群等方面有具体规定时，如果公民个人未能获得该义务允诺的利益，则应该可以形成诉讼请求权。同时应该注意的是，如果一项国家义务已经转化为其他主体的义务，则不再形成针对国家的请求权。例如，如果国家已经针对劳动机会的质量制定了相应的法律，但仍有用人单位提供不符合质量要求的劳动机会，则此时的请求权不再针对国家，而是针对具体的侵害者。当一项国家义务不存在法律上具体的行为标准，实际上这种情况就是指仅在宪法做出表述或在普通法中仅存在原则性表述，尚未有部门法做出明确规范的，这种情形实际上属于一种制度供给的不作为，对这种情况就不形成诉讼请求权，因为司法机关无从判定，而且，也存在司法越权。在这种情况下，可以形成以控告、申诉等方式行使的请求权。如我国劳动法未对体制外就业形成覆盖，而宪法上规定了针对劳动机会质量确定的国家义务，如安全、劳动报酬的保障义务等，这种情况下就构成这种特殊方式的针对国家的请求权。

第二节 劳动机会的供给保障机制

关于劳动机会的供给保障机制的理论最早是由凯恩斯的制度经济

学所提出的，美国在20世纪30年代对这一理论率先做出了制度尝试。然而，直至第二次世界大战结束后，西方关于劳动权的法律制度才从职业训练与就业服务以及失业救济转向劳动机会供给。因此，这一机制可以说是劳动权发展的一个新领域。在整个劳动权促进制度中，劳动机会的供给保障机制是一种前提性机制，如果无法保障社会中有较为充足的并符合一定质量要求的劳动机会，无论是就业服务还是职业培训，都失去了意义。

一、劳动机会的质量与数量

增加劳动机会的数量，保障劳动机会的质量，这是国际公约以及各国法律在劳动权保障机制上针对政府提出的一项重要义务。

（一）劳动机会的质量问题

关于劳动机会的质量要求，按照国际劳工标准的要求，应该满足“体面劳动”的标准，这一标准包括自由、公正、安全和尊重。《经济、社会与文化权利公约》第六条第一款针对工作权的定义，也提到了体面劳动的要求。联合国经济社会与文化权利委员会关于该公约解释的一般性意见第七段针对工作的体面性所做出的具体解释是：这种工作所提供的收入能够使工人按照《公约》第七条强调的那样，养活自己和家庭。这些基本权利还包括尊重工人在从事就业时的身体和心理健康。从上述国际公约的表述看，劳动机会的质量应该如下内容：人格尊严保障、身心健康保障、安全保障、薪酬保障。事实上，劳动机会的质量标准，也就是各国关于劳动者在劳动过程中应该享有的权利的标准，社会提供的劳动机会必须满足国家法律规定的劳动者应该享有的权利标准。因此，一般而言，国家无需针对劳动机会制定单独的标准。而且，如果真的采取制定单独标准的方式，劳动机会的标准与劳动者权利的标准的关系就将面临难以处理的局面。目前我国围绕劳动者权利已经形成了一整套以《劳动法》为核心，辅之以其他法律法规的较为完善的制度体系。然而，这并不意味着我国已经完成了劳动机会质量标准的制定，主要问题是我国对劳动法的适用范围做出了特殊的限定，“与用人单位签订了劳动合同”这一规定首先是将国家公务岗位限定在外，当然这一问题从我国目前的实践上看并未造成公务员岗位的质量缺乏保障。在实践中这一制度的最大受伤害者是所谓的“体制外就业”或被称为“非正规就业”、“灵活就业”的人群。由于劳动法的规则设立了特殊的适用范围，从而将大量的所谓体制外就业人群排除在制度之外。国内许多学者早就敏锐地观察到了这一问题，例如董亚男在其博士论文《政府主导下的劳动就业制度公正论——基于非正规就业群体劳动权的制度化保障之考量》中，从制度供应均衡的理论出发，明确指出政府对非正规就业领域的劳动就业制度存在供给过剩与短缺并存之现象[①]。尽管该作者是从保障公平的价值取向出发，着眼于劳动过程的权利保障制度的公平性，然而由此造成的缺乏统一的劳动机会质量标准法律制度则是一种客观存在。从目前全球技术与经济发展趋势看，随着信息技术的快速发展，第一、第二产业中的劳动密集型企业将日益减少，吸收的劳动力将大幅下降，而第三产业即服务业今后将成为主要的劳动机会的提供领域，而社会服务业的劳动模式更多表现为灵活就业。“非正规就业作为一种缓解本国就业压力、适应产业结构调整、满足企业人员配置现实所需、顺应市场需求的破解之道，登上了全球经济的舞台。”[②]这种劳动力流向的变化将使得我国缺乏统一劳动机会标准的问题日益凸显。如前所述，世界上绝大多数国家都是实行统一的劳动法律制度，并不对劳动领域或劳动方式加以区分。劳动标准适用的全覆盖制可以同时满足公平与效率两种价值需求，一方面，就公平价值看，避免了在劳动权的获得与享有时的区别对待，避免了对社会一部分主体权利保障的疏漏；另一方面，现有的劳动法就可以同时充当劳动机会质量标准，同时，也实现了劳动机会质量监察与我国现有的劳动监察制度的合并统一，从而实现了立法与执法的效率要求。

---

① 董亚男．政府主导下的劳动就业制度公正论——基于非正规就业群体劳动权的制度化保障之考量[D]．吉林大学博士论文．长春：吉林大学，2009：125．

② 董亚男．政府主导下的劳动就业制度公正论——基于非正规就业群体劳动权的制度化保障之考量[D]．吉林大学博士论文．长春：吉林大学，2009：45．

（二）劳动机会的数量问题

劳动机会的数量标准很难做量化的界定，多数学者提出了所谓"较充分的劳动机会"标准，或称为"充分就业"。即保障公民能够在通过自身积极努力的情况下，可以获得工作岗位。1968年国际劳动组织的《就业政策公约》第二条第一款也明确提出："上述政策应以保证下列各项要求的实现为目的：（a）向一切有能力工作并寻找工作的人提供工作"。然而这种定性描述很难作为明确的标准，因为一个公民处于失业状态的原因很难具体判定是否由于其自身努力不够。而且，如此界定可能造成两种极端，一种是公民只要没有获得就业岗位，就可以向国家请求，甚至要求追究国家责任；另一种倾向就是国家可能以公民未尽最大努力为借口而推卸相应责任。笔者以为，对于劳动机会数量标准不宜从个体出发加以考察，劳动机会的数量是否充足本身就不是一个个体问题，而是就社会整体而言的，因此，应该设立社会整体标准。社会整体标准的定性化表述可以界定为与社会经济发展水平相适应，也就是说，不可能存在一个绝对化的独立的劳动机会数量标准，根据马克思主义的观点，权利总是特定历史条件下的产物，并受到具体社会经济关系的制约。联合国相关机构以及国际劳动组织制定的相关国际公约关于缔约国促进就业方面的义务表述也通常附加与本国经济发展水平相适应的限制。与经济发展水平相适应的标准也体现了平等劳动权作为诞生于"全体社会成员共享社会发展成果"理念上的权利之本质。衡量与经济发展水平相适应的标准，国际组织以及世界上多数国家都采用了失业率标准，具体操作方式就是由政府根据国民经济发展水平制定本届政府的控制失业率标准，由国家决策机关审核批准并监督执行。这也是在多党制国家通常都把降低失业率作为竞选策略的一个重要原因。在我国，近年来每次人大会议上政府工作报告中都有关于失业率的相关统计数字以及今后控制失业的具体目标。如2008年温家宝的政府工作报告中提出了"城镇新增就业1000万人，城镇登记失业率控制在4.5%左右"的目标，2014年的政府工作报告中则确立了"城镇新增就业1000万人以上，城镇登记失业率控制在4.6%以内"的目标。

二、劳动机会供给中的政府义务

国家履行保障劳动机会供给义务的主要方式就是实现有限的制度供给与制度的实施和监督。因为国家既不是劳动机会的提供者（至少不是主要提供者，国家直接提供的劳动机会主要是政府公务员岗位，但由于这一岗位涉及公共财政耗费，并不在应该扩大的劳动机会范围之内），也不是社会经济主体，因此，无论是劳动机会的数量还是质量，都并非国家直接可以办到的。但国家作为公共权力的掌握者，同时也担负着社会控制的责任，因此，为社会正常运行提供有效的制度供给，既存在逻辑合理性，也存在现实可能性与必要性。在这一问题上，自古典自然法学派以来就有过许多经典论述。至今，已成为不证自明的公理。在我国，国家担当制度供给者存在特殊意义。从历史上看，我国市民社会始终没有发育成熟，缺乏社会自治传统，国家在政治力量对比中处于绝对优势地位，并且拥有很大的资源配置权。新中国成立以来计划经济模式形成了"大政府，小社会"格局。这些因素极大强化了国家的主导性与权威性，国家也因此在社会转型过程中一直扮演制度变迁和制度创新的主角。我国实现从计划经济向市场经济的转变，就是采取的政府主导的方式，这种方式也被称为后发外生型。今天，在社会转型尚未完成，市场经济尚未开始纳入正常运转轨道时，必须依靠政府力量衔接不完全的计划与不完全市场，保护有利于社会发展的有效制度沿既定方向持续下去，并对失去时效性的制度进行变更或通过制度创新加以替代。采取制度供给方式实现社会控制同时也是法治国家的必然要求。法治国家要求国家任何行为都必须根据法律的授权，存在法律根据。这也包括国家对社会实施的积极干预活动。在劳动机会供给问题上国家采取制度供给方式存在特殊的必要性。考察国际公约和发达国家的经验，结合我国国情，我国在促进劳动机会供给方面的制度应该主要包括如下内容：

（一）确立促进就业在社会经济发展中的核心地位

经济发展与劳动机会增加存在着对立统一关系，没有经济发展，劳动机会就会成为无源之水，因此，在劳动权促进机制创立初期，国际劳动组织以及许多国家都将促进就业作为经济发展的附带产品。美国在20世纪30年代推出的促进就业政策都是以刺激经济为目的，1964年，国际劳工组织第122号《就业政策公约》也仍然将扩大就业作为发展经济的手段和附带目标："为促进经济增长和发展，提高生活水平，满足对人力的需求，并解决失业和不充分就业问题，各会员国应作为一项主要目标，宣布并实行一项旨在促进充分的、生产性的和自由选择的积极的就业政策。"然而，随着科学技术的飞速发展和经济增长模式的转变，经济发展与劳动机会增长出现了严重背离，同时世界范围内对人权保障则提出了更高要求，这也促使国际社会重新考虑经济发展与促进就业的关系。1984年第169号《就业政策补充规定建议书》有了明显的变化："促进充分的、生产性的和自由选择的就业应是会员国经济和社会政策的重点和组成部分，国家财政应给予优先考虑；在制定这方面的政策、规划和计划时，应致力于消除任何歧视，并保证所有个人在谋求职业、就业条件、工资收入、职业指导、职业培训和职业发展方面，得到平等机会和待遇。"直至1988年第168号《促进就业和失业保护公约》开始出现了颠覆性的变化，正式提出就业优先战略："各会员国应把通过一切适当手段促进生产性的和自由选择的充分就业，作为国家经济社会发展政策的优先目标"。1995年的《哥本哈根宣言》做出正式宣告，"将促进充分就业作为经济和社会政策的一个基本优先目标"。并建议，各国实行"最大限度地促进创造就业机会的经济增长模式"。联合国在随后发表的《国别就业政策调查报告》中，还就如何实现"将促进充分就业作为经济和社会政策的基本优先目标"，以及如何实行"最大限度地促进创造就业机会的经济增长模式"提出了具体建议：第一，在设计宏观政策时，要注意促进宏观经济的稳定性和财政税收的平衡性。第二，在制定产业或部门政策时，应通过长期性市场激励措施，促进就业密集型的经济增长。第三，应制定并实行确保劳动力市场有效而公正运行的体制、机制和政策。第四，应制定并实行有利于人力资源开发的体制、机制和政策。第五，应制定并实行有利经济发展与就业关系，降低贫困和促进社会融合的目标和计划。2001年，国际劳工组织通过的《全球就业议程》进一步明确要求："各国政府要把生产性的就业置于经济和社会政策的核心位置，并使充分的、生产性的和自由选择的就业成为宏观经济战略和国家政策的总目标。"2009年4月2日，出席G20国家集团伦敦峰会的各国领导人在讨论全球复苏计划时，一致赞成："必须把辛勤工作的家庭的需求和就业问题置于全球复苏计划的核心位置"。

我国20世纪80年代开始的市场经济体制改革是以针对国有企业的"减员增效"方式正式拉开序幕的，大量的国企职工为这场改革付出了巨大牺牲。直到90年代末，我国才开始将经济发展与扩大就业合并考虑，但在2008年的政府工作报告中，仍然将扩大就业作为社会经济的附带目标，报告中指出："千方百计扩大就业岗位。坚持发展经济与扩大就业相互促进，保持经济平稳较快增长，积极调整经济结构，以发展带动就业，努力扩大就业规模，改善就业结构。在制定涉及全局的经济社会政策和确定建设项目时，要在注重提高竞争力的同时，把扩大就业作为重要因素考虑"。直至2013年党的十八大报告才第一次将促进就业提升到新的战略高度，明确提出实施就业优先战略和更加积极的就业政策。在今后的工作中，要根据就业形势变化，及时充实和完善就业政策，加强就业政策与产业、贸易、财政、税收、金融等政策措施的协调，加大公共财政对促进就业的投入，完善促进就业的税收和金融扶持政策，实施更加积极的就业政策。在2014年的政府工作报告中，又再次强调："坚持实施就业优先战略和更加积极的就业政策，优化就业创业环境，以创新引领创业，以创业带动就业。今年高校毕业生将达727万人，要开发更多就业岗位，实施不间断的就业创业服务，提高大学生就业创业比例。加大对城镇就业困难人员帮扶力度，确保'零就业'家庭至少有一人就业，做好淘汰落后产能职工安置和再就业工作。统筹农村转移劳动力、退役军人等就业工作。努力实现更加充分、更高质量就业，使劳动者生活更加体面、更有尊严。"尤其值得注意的是，新的政府工作报告中还出现了"稳增长更是为了保就业"的内容，明确指出了经济发展与就业的手段与目的的关系。

从上述文件看，我国已经实现了从经济发展优先到劳动机会保障优先的政策性转变，但并未成为一项国家义务。这也是我国在劳动权保障制度中存在的具有普遍性的问题。能否将这一政策上升为法律，取决于对这一政策稳定性的认识。而这一政策的稳定性能否足以达到可以上升为法律层面，则涉及对这一政策本质的认识，或者从根本上说，是关于人权与经济发展之关系的理解。从西方的人本主义到我国以人为本，都是对人权保障作为社会经济发展终极目标的承认，而我国历来也将“乐业”作为最基本的人类生活需要之一。在此意义上，就业优先就不应该被理解为满足社会发展问题一时之需的权宜之计，因此保障在国家活动中的就业优先地位有必要上升为一项法律上的国家义务。实际上，2004 年的俄罗斯和 2010 年的美国都已经确立了这一政策的法律地位。

（二）制定合理的产业政策

国家享有宏观经济调控的权力，同时也负有相应的职责，这是凯恩斯主义产生以来西方普遍奉行的经济运行方式。在非完全市场经济的国家，政府的这一职能就更为强大。在明确就业优先的社会经济政策基本目标前提下，通过对经济的宏观调控，合理调整产业结构，积极鼓励能够提供更多劳动机会的社会行业的快速发展，从而在确保社会充分就业的基础上，促进经济的稳定发展，达到社会和谐、人民安居乐业的根本目标，不仅应该成为一项稳定的国家政策，还应该成为国家的一项重要法律义务。

1995 年的联合国《哥本哈根宣言》确立了就业优先的社会经济发展目标之后，围绕如何实现这一目标，以及如何实行最大限度的促进创造就业机会的经济增长模式问题，联合国又发表了《国别就业政策调查报告》，其中建议包括：“在制定产业或部门政策时，应通过长期性市场激励措施，促进就业密集型的经济增长”。欧盟率先对这一建议做出响应，在 1997 年的《阿姆斯特丹条约》和卢森堡会议上，将鼓励创业，带动就业作为主要的目标，具体措施是：制定一套清晰的、稳定和可预测的规章制度和政策体系，为创业和运营企业提供宽松、便利的客观环境；建立适用于中小企业发展的初级资本市场，为创业者提供资金支持；降低中小企业税费负担，确保其快速健康发展，促进创造更多的就业岗位。美国自2009年开始，推行绿色产业促进计划以及针对中小企业的税收减免政策。

从国际组织以及各国的实践看，以就业优先为导向的产业政策的优先发展方向是劳动密集型产业，主要是第三产业、中小企业。统计数字表明，近年来，多数经合组织国家的第三产业就业人口在总就业人口中的比重基本都超过了60%，2006年，美、德、日三国的这一比重分别达到77.7%、67.8%和66. 6%。在工作岗位净增长量方面，据欧盟统计，1973～1995年期间，欧盟净增了800万个工作岗位，而第三产业提供了2500万个净增工作岗位，这意味着第三产业不仅提供了所有的净增工作岗位，还弥补了第一、二产业中失去的1700万个工作岗位。[①]经合组织在1995年的一份报告中指出："在过去的10～15年间，（经合组织国家）小企业在工作岗位净增长方面显得特别重要。"据国际劳工组织1999年估计，在经合组织国家中，小企业在1997年创造的就业岗位占当年新增就业的60%左右。

我国在"十二五"规划中才开始明确就业优先的社会经济发展目标。在此之前，面对我国科技快速发展的局面，我国政府将实现由劳动密集型向技术密集型的产业转移作为我国今后产业政策的调整方向。然而，这样的调整方向势必造成劳动机会整体供应的减少以及对劳动者要求的提高，从而加剧普通公民，特别是就业弱势的人群的就业困难。我国2007年开始推出发展第三产业的政策，但仅作为促进经济发展的意义，就业作为附带意义，并将发展现代服务业作为发展重点，而并非劳动密集型的传统服务业。在我国确立了就业优先的社会经济发展目标之后，国家的产业政策也发生了明显变化。在2009年国务院发出的《关于做好当前经济形势下就业工作的通知》以及《国务院促进就业规划（2011～2015 年）》中，一方面，明确提出了既要注重发展资本技术和知识密集型产业，又要积极支持发展劳动密集型产业，大力发展第三产业，构建多元化多层次的产业结构体系的产业发展方向，具体产业包括轻工、纺织、建筑等劳动密集型产业，具有增

① 国家统计局．国际统计数据2009：按产业类型划分的就业构成[EB /OL]．2010-10-02．

长潜力的社会管理、公共服务、生产服务、生活服务、救助服务等服务业新领域和新门路，重点开发养老服务、医护服务、残疾人居家服务、物业服务、廉租房配套服务等社区服务以及家庭服务业等。实际上，这些都属于传统服务业范畴。另一方面，这些文件也明确了大力发展中小企业、民营企业的产业促进方向。

具体采取哪些措施促进产业结构调整，据联合国对54个样本国家采取措施的调查看，频率最高的依次是：基础建设投入；小企业补贴和税收减免；小企业贷款；就业培训；雇主组织和工人组织对话与协商；通过现金转移支付的社会保护。我国也明确提出："要建立健全公共投资带动就业增长的机制。"[①]此外，国务院的相关文件中还提到对劳动密集型传统产业采取财税、金融等扶持政策；对新兴第三产业着力突破制约其发展的体制障碍，放宽服务业准入标准，加大政策支持力度，使服务业在扩大就业中发挥更大作用。对于中小企业和民营企业，也提出了落实鼓励其发展的各项扶持政策，包括加强融资和担保服务，建立健全中小企业服务体系，为企业发展提供政策、信息、技术咨询等专项服务，着力帮助企业解决生产经营中的突出问题，切实发挥中小企业吸纳就业的主体作用。

（三）鼓励、规范并监督用人单位在劳动机会供给中的行为

如果说，前面提到的两项内容均属于国家对宏观经济关系的调控，那么鼓励、规范并监督企业行为是国家通过对微观经济关系的调整达到促进劳动机会供给的目的。

国家在促进劳动机会供给中对企业采取鼓励措施，即通过各种措施鼓励企业增加劳动机会供给，或至少不减少供给，这是自20世纪90年代金融危机爆发以来许多西方国家为应对金融危机带来的经济衰退，就业减少而采取的一项重要的积极措施。其中主要包括对增加劳动机会的企业实行税收减免，或直接提供补贴。如美国总统奥巴马在2010年3月18日签署了《就业促进法案》，在该法案中，对各类企业实行180亿美元的减税政策，以鼓励企业增加新雇员。同时还实施

---

① 王宝杰．把促进就业作为经济社会发展的优先目标[N]．中国劳动保障报，2010-6-12-4．

对中小企业的纳税抵扣政策，用300亿美元的财政资金帮助100万中小企业增加新雇员或提高在职员工工资。英国自1997年开始，提出一个为期5年，耗费公共财政35亿英镑的计划，该计划的一项重要内容就是给予增加就业岗位，为社会提供新的劳动机会的私人企业雇主予以补贴。瑞典作为典型的高福利国家，在鼓励用人单位保障劳动机会方面尤为突出，按照规定，国家对雇用6名失业青年以上的企业，提供60%的工资补贴；对雇用残疾人或其他特困群体半年以上的企业，提供 105%的工资补贴；对培训内部富余人员而不裁员的企业，提供每人每学时40克郎（1美元=约8克郎）的培训补贴；对雇用失业者，填补因培训而出现空岗的企业，提供每小时75克郎的补贴，但每年每人最多不超过3万克郎，并免征企业460克郎的社会保险费；对由高失业地区向经济发达地区流动的求职者，提供就业迁徙补贴；对自谋职业或开办微小型企业的失业者给予一笔一次性补贴。这些国家采取的上述措施，都取得了积极成效。

我国在就业促进法中也明确提到了政府在促进就业方面应该保障一定的财政支出，在每年的政府工作报告中也都有具体的财政支出比例的内容。同时，我国也形成了一些针对企业聘用下岗职工的鼓励制度，包括实行社会保险补贴和减免税收等政策。如对各类服务型企业和商贸企业新增岗位招用国有企业下岗失业人员的，由政府提供社会保险补贴。为鼓励企业多吸纳下岗失业人员，对服务型企业、商贸企业、劳动就业服务企业中的加工型小企业，以及街道社区具有加工性质的小企业实体，在当年新增岗位中招用下岗失业人员达到30%以上的，三年内减免有关税收等。目前我国存在的不足主要是，第一，我国并没有像上述国家那样针对这一财政支出用途做出规范性说明，由此造成即使在此方面有所作为，也往往是临时性的，缺乏相应的长效机制，同时也容易导致权力寻租。事实上，我国往往更多的将这笔资金用于直接的政府投资，这样也就丧失了发挥社会力量增加劳动机会的可能性。第二，鼓励政策过于狭窄，致使其仅针对一时的问题。总体上看，我国在促进就业方面的鼓励措施，政策性强于法律性。

关于企业劳动机会供给的规范主要是针对企业解雇雇员的行为，

特别是企业的经济性裁员。所谓经济性裁员是指企业出于经营效率的考虑而大规模的裁员行为。经济性裁员表面上看是属于雇主与雇员个人之间的合同关系，通常也都由劳动合同法加以调整，而且法律关注的主要是裁员对被解雇者是否公平，以及是否给予充分补偿等。然而，从劳动机会供给意义上看，企业大规模的裁员通常也是国家整体经济运行出现问题的时候，大规模的裁员无疑使劳动机会供给雪上加霜。因此，许多国家往往通过设定严格的实体与程序要件来规范企业经济性裁员，以达到避免造成大规模劳动机会供给减少现象。在实体要件上，许多国家都将维持企业正常经营所必需作为必要条件，在程序上则要求首先要通过三方机制批准，然后再提交政府有关机构批准。英国的《雇用保护法》规定，企业解雇具有两年以上连续工龄的员工，必须有正当的理由，且办理合法的解雇手续，否则视为“不正当解雇”。俄罗斯 2004 年制定的《公民就业法》规定在做出企业倒闭、缩减人员或解除劳动合同的决定时，雇主要在实施该决定前 2 个月以书面形式通知就业机构；雇主有义务每月向就业机构提供企业进入破产程序的情况。同时，工会在这一问题上也发挥着重要的作用，可以参与制定就业政策，建议地方政府推迟大规模解雇职工的时间或暂停执行解雇的决定，要求雇主在大规模解雇职工时，必须提前 3 个月以上书面通知工会。工会有权要求雇主在集体合同中规定保障就业的具体措施。

我国自迈入市场经济以来，受经济转型期实行的减员增效模式的影响，企业随意裁员情况十分严重，用工自主权得到无限扩张。这种趋势导致我国职场上出现了一方面在职人员被强制拼命加班，劳动强度超负荷，甚至出现员工自杀或过劳死的现象；另一方面，劳动力市场则出现一职难求的现象。甚至一些雇主或企业领导用“今天工作不拼命，明天拼命找工作”来威胁雇员。由此形成的恶性循环对于我国劳动机会的质量与数量形成双重伤害。尽管我国《劳动合同法》、《破产法》也都专门对经济性裁员做出法律规制，但收效并不明显。存在的主要问题一是对经济性裁员的界定，以一次性裁员人数来界定经济性裁员的方式，往往会导致企业钻法律的漏洞，企业只需在规定人数限定之下，就可以规避这一条款的限制；二是实体性条件与程序性条件形成合力，形成了政府与用人单位之间的直接矛盾，而缺乏缓冲机制。二是，从实体性条件看，除了规定破产清算以外，还有一个“经营困难”条件，企业破产是一个容易掌握的标准，但经营困难则明显是一个弹性标准，我国现在的做法是要求地方政府具体规定经营困难的具体标准。从方便政府保障劳动机会供给角度看，这样做的确是产生了一举两得的功效。然而，从企业角度看，经济性裁员从根本上说符合市场经济主体追求利益最大化的本性，劳动合同法的规定本意是让政府担任劳资双方利益冲突的裁判，但当就业率成为对地方政府的考察指标后，如何把握经济性裁员就变成了企业用工自主权与政府所代表的公共利益的冲突。这时再由政府单方担任裁判，显然是缺乏程序正义，即可能会出现政府为了追求社会劳动机会供给而过度限制企业行为，也可能造成明明是政府合理的限制而无法为企业所理解接受，甚至导致社会误解。西方国家在这一问题上通常都充分发挥工会的作用，从而达到协调各方关系的效果。在经济性裁员问题上协调企业与社会、职工的利益关系，韩、日等国家采取的“工作分享制”很值得推广。工作分享制也是通过雇主、工会与雇员三方协商机制，在韩国还形成了外加政府的四方机制。参加机制的各方通过协商，达成一项通过缩短和调整工作时间，或者降低工资的方式来增加工作岗位的就业制度。在日本，政府对于承诺缩短或调整工作时间的企业予以补贴，在韩国，则由政府对降低工资者提供减税和生活补贴。

（四）制定并实施劳动机会的质量标准

如前所述，劳动机会供给存在充分就业和体面劳动的要求。保障劳动机会质量也是政府的重要义务。我国制定的首部促进就业纲要《促进就业规划（2011～2015）》中明确提出了促进就业与保障就业质量并重的原则。然而，在大量的关于促进就业的研究成果中，笔者发现，涉及劳动机会质量保障的研究几乎没有。导致这一现象的原因存在于两个方面，一是当劳动机会数量严重不足时，质量问题就变得不那么重要了，这也是很多求职者的心态，在劳动力市场供过于求的现实条件下，为了获得一份劳动岗位，求职者只能迁就劳动机会质量。二是将劳动机会质量与劳动法对于劳动者的保障混为一谈，如前所述，两者的合并必须以劳动法调整范围全覆盖为前提。就我国的现状而言，这两个问题是必须分别对待的。

在我国目前法律体系下，解决这一问题，要分两个部分：第一部分是全面完善我国对于劳动者的劳动机会的质量保障，主要是以我国加入的国际公约为发展方向，以宪法和劳动法为基准，就劳动机会在安全、健康、薪酬、自由、平等、尊严、稳定性、乃至于培训、晋升、退休保障以及参与民主管理等方面制订全面的符合我国国情和有利于劳动者的质量标准。同时加强劳动监察，保障质量标准的实现。这部分内容主要是由劳动者权利领域加以研究。我国已经批准加入了《一九二八年确定最低工资办法公约》，该条约第四条规定："凡批准本公约的会员国，应采取必要的措施，实行一种监督与制裁办法，以保证有关的雇主与工人明了现行最低工资率，并保证在适用最低工资率的场合支付的工资不少于最低工资率"。我国的《促进就业规划》中也明确提出了"形成正常的工资增长机制，职工工资收入水平合理较快增长，最低工资标准年均增长13%以上，绝大多数地区最低工资标准达到当地城镇从业人员平均工资的40%以上。劳动条件得到较大改善。社会保障制度覆盖所有劳动者，就业稳定性明显提高"的劳动机会质量目标。

另一部分，也是我们在这里需要特别关注的，是如何扩大标准的覆盖范围以及基本解决未覆盖者的劳动机会的质量问题。具体办法，一是促进劳动合同的签订，实现劳动合同在体制外就业的实现。《促进就业规划》明确提出了"企业劳动合同签订率达到90%，企业集体合同签订率达到80%"的目标，这就意味着要将过去的"临时工"、"农民工"等大量的排除在体制外的人纳入到体制中。我国近年来在劳动监察中还专门开展了针对劳动合同签订的监察，以扩大质量保障的覆盖范围。在促进劳动合同签订问题上，《促进就业规划》还提出了具体措施："提高小企业和农民工劳动合同签订率。加强对劳务派遣用工的规范管理"。以及推动集体合同的签订。劳务派遣和集体合同的确是解决我国劳动机会质量覆盖范围的一个行之有效的途径，通过这种方式可以使大量的包括家政服务在内的灵活就业的人群获得法律保障。二是保障劳动者范围以外的劳动机会质量。笔者以为，可以采取针对民事合同中的私人雇佣合同，参照劳动法的标准，在适当降低的前提下，以强行性规范方式加以调整。例如，至少应该包括安全、健康、尊严、人身自由等方面标准。事实上，劳动法最初就是以对雇用合同增加强行性标准的方式发展起来的。

三、劳动机会供给中的用人单位义务

尽管在劳动机会供给上，国家是主要的义务承担者，但作为直接的劳动机会提供者的用人单位也应该在保障劳动机会的质量与数量方面承担遵守法律的义务，主要包括：遵守与职工签订劳动合同的法律义务；遵守不随意裁员，特别是限制经济性裁员的义务；遵守确保劳动机会质量的法律义务。

用人单位除了履行相应的法律义务以外，还应该在劳动机会供给上履行相应的企业社会责任。这一问题我们将在企业社会责任一章中加以讨论。

第三节　就业服务机制

一、就业服务机制的含义与分类

就业服务从广义上说是指国家与社会实现劳动力与生产资料在总量上和结构上有机结合的一种社会活动，包括劳动机会供给保障与职业训练以及针对个体的帮助其建立与劳动机会之间的连接关系的活动，也就是我们所说的劳动权促进机制的全部。狭义的就业服务仅指旨建立求职者与劳动机会之间联系的社会活动。多数关于就业服务的研究都采取狭义概念。《经济社会与文化权利公约》一般意见也是将狭义的就业服务作为针对公约提到的工作可获得性的解释。

就业服务根据提供的主体性质不同可分为公共就业服务和私营就业服务两大类。公共就业服务是指政府或其他公益性的社会团体主导和管理的、以公共性资源（财政收入、其他公益性资金、公共性固定资产）支持的就业服务活动。[①]公共就业服务与私营就业服务基于主体性质的不同，其服务目标也存在本质区别，公共就业服务的本质在于其公益性，而私人就业服务则是作为服务业的一项产业活动，以追求营利为目的。

就业服务概念兴起于20世纪初，是西方国家为解决经济危机带来的失业而形成的一种社会举措。人（劳动力）与工作相联系的思想由来已久，但直到全面的工业化发展，城市化进程加快，劳动力供需变化，才出现职业介绍。最初的就业服务机构主要是由雇主、工会或者行业协会等开办的，带有职业与行业封闭性特点。德国最早出现了公共就业服务机构，打破了原有的封闭格局。1919年国际劳工组织创立，在华盛顿召开的首届大会通过了《失业公约》(第2号公约)，倡导“一个由中央当局控制的免费的公共职业介绍制度”，当时的多数成员国主张禁止私营的职业介绍所，实行公共就业服务对就业服务的垄断。1949年的《收费职业介绍所公约（修订）开始弱化公共就业服务在就业服务中的垄断地位，允许成员国在逐步取消营利性收费职业介绍所和制定规章制度，对包括营利性职业介绍所在内的收费职业介绍所进行管理之间做出选择。直至20世纪70年代，一方面就业问题的凸显，显示出单独的公共就业服务的力不从心，另一方面，作为第三产业的服务业的兴起也促成了社会对就业服务的关注以及国家对私营服务业的开放包容，私营职业介绍开始悄然兴起，并得到默许。1997年通过的《私营就业服务公约》（第181号公约）开始承认私营就业服务机构在劳动力市场运行中的积极作用，并设计了防止不良行为的相应规定，同时提倡公共和私营就业服务之间开展合作。

中国劳动和社会保障部部长刘丹华把中国就业服务的发展历程划分为三个阶段：20世纪80年代，就业服务初创；20世纪90年代，就

---

① 刘军．推动我国公共就业服务均等化的认识和建议[J]．中国劳动，2011（9）：7．

业服务体系逐步成型；20 世纪 90 年代后期以来，公共就业服务制度建立完善。[①]这与西方的由公共就业服务转向公共就业服务与私人就业服务并重的发展历程正好相反。形成这种差别的主要原因是：一方面，政府由于习惯了我国长期计划经济时代的用工制度，对于市场化劳动用工制度对政府服务要求的反应迟滞；另一方面，我国长期以来形成的对政府职能认识——重管理、轻服务，也使得政府公共服务活动迟延。因此，公共就业服务机制的建立在我国不仅意味着劳动就业制度的进步，还意味着由管理型政府向服务型政府的重要转变。

二、公共就业服务机制

（一）公共就业服务的主要内容

公共就业服务自 20 世纪初就开始成为西方政府的一项重要服务职能，成立相应的服务机构，并形成相应的法律制度，各国对公共就业服务机构主要工作内容的规定并不完全一致，归纳起来大体包括：开展职业介绍，进行求职和招工登记；进行职业指导和职业咨询；对残疾人、移民工人、青年人等特殊群体劳动者给予积极帮助；参与失业保险金的管理和发放，确认其就业意向；搜集和提供劳动力市场统计性信息，协助预测就业趋势和制定政策，开展劳动力市场研究等。其中，各国的一致做法是将职业介绍作为公共就业服务的核心功能。职业介绍为劳动力市场中供给方与需求方的相互匹配提供了一个操作平台，它是就业服务的核心内容。

我国从 20 世纪 90 年代开始建立公共就业服务机制，至今直接关于公共就业服务活动的主要规范性文件有我国人力资源和社会保障部颁布的《就业服务与就业管理规定》、2009 年下发的《关于进一步加强公共就业服务体系建设的指导意见》和 2012 年下发的《关于进一步完善公共就业服务体系有关问题的通知》。在《管理规定》中提到："公

① 王飞鹏．我国公共就业服务均等化问题研究[D]．首都经济贸易大学博士论文．北京：首都经济贸易大学，2012：62．

共就业服务是以政府为主导，通过公共就业服务机构，免费向就业困难群体提供的一系列服务性工作，以帮助劳动者获得就业岗位和提升就业能力，帮助用人单位寻找合格劳动力。”从这一表述看，我国公共就业服务的核心也是定位于职业介绍。2012年的《通知》中则进一步明确了就业服务的具体内容是“就业政策法规咨询；职业供求信息发布，市场工资指导价位信息和职业培训信息发布；职业指导和职业介绍；组织就业见习，推荐开展职业培训和职业技能鉴定；开展创业服务；对就业困难人员实施就业援助，对高校毕业生、农村转移劳动者等重点群体提供专门就业服务；劳动人事档案管理服务；失业人员管理，办理就业登记、失业登记等事务”。与之前的两个文件相比，新的文件关于公共就业服务的具体内容更加明确，且特别强调了非营利性的要求。然而，与西方公共就业机制发达的国家相比，我国的公共就业服务机制仍然具有明显的重管理、轻服务的特点。具体表现为我国公共就业服务主要内容是信息发布、组织招聘会、开展就业与失业登记、劳动人事档案管理等，缺乏发达国家普遍开展的职业指导与咨询。我国《中国教育百科全书》中的解释为：职业指导，也称职业咨询或就业指导，指根据社会职业需要针对人们的个人特点以及社会与家庭环境等条件，引导他们较为恰当地确定职业方向，选择劳动岗位或者转到新的职业领域的社会活动，是沟通求职者和用人单位、教育部门和社会的有效途径。在发达国家，开展就业指导是一项重要的公共就业服务内容，其经费支出占公共就业服务总支出的比例最高可达44.4%。[①]有些国家还专门在公共就业服务机构中设立就业指导中心。之所以各国格外重视职业指导服务，是因为这一活动不仅更能满足就业服务的个性化要求，而且更体现对就业困难人群的服务，因此，是一项最能从根本上体现公共就业服务本质的服务内容。我国目前这一机构往往设立在高校，这也是我国将职业指导理解为沟通教育部门与社会的途径的原因。高校中开展职业指导活动的确可以称为解决目前我国大学生就业难的一个有效措施，而且也符合动员社会力量开展公

① 刘海鹰、张华新．国外公共就业服务制度研究综述[J]．兰州学刊，2011（5）：103．

共就业服务的指导方针。但高校开办就业指导毕竟有很大的局限性，不仅服务对象有限，仅限于高校学生，而且也受到高校自身能力的局限，即使今天的高校不再是象牙塔，但毕竟其所掌握的社会资源有限，对就业信息的掌握有限，由高校承担这一使命，显然力不从心。实际上，将这样一项重要的服务性活动推给并不掌握社会公共资源的教育机构，也有政府推卸责任之嫌。因此，笔者认为，我国应该增加公共就业服务中的职业指导内容，以便政府采取更为主动的方式开展就业指导活动。当然，这也意味着应该进一步提高我国公共就业服务人员的素质。

（二）公共就业服务的标准

1．基本性

基本公共服务是根据国家经济社会发展阶段和总体水平，为维持经济社会的稳定、基本的社会正义和凝聚力，保护个人最基本的生存权和发展权，为实现人的全面发展所需要的基本社会条件。公共就业服务的基本性是基于对于公共就业服务和市场化就业服务的职能划分。在西方，公共就业服务先于私营就业服务，也长期作为就业服务的主体。当就业服务成为现代服务业的重要领域后，才开始出现市场与政府之间的职能划分，从而形成公共就业服务基本性原则。我国人社部2012年的《通知》中明确指出了公共就业服务的基本性，提出以促进社会就业更加充分和优化社会人力资源配置为主要目的，承担基本公共就业服务。

尽管基本性原则得到普遍认可，但具体公共基本就业服务与市场化服务界限如何划分，还需取决于具体国情。国际劳工组织都灵国际培训中心官员费莱德·费鲁特曼先生从世界范围的角度，把劳动力市场管理模式分为五种基本类型：以美国为代表的市场导向型、以日本为代表的产业导向型、以欧洲为代表的公共利益导向型、以俄罗斯为代表的计划经济导向型，以及发展中国家的微弱控制市场管理模式。①不同模式下公共就业服务基本性标准也不尽相同。我国公共就业服务

① 吕学静．各国失业保险与再就业[M]．北京：经济管理科技出版社，2000：34．

机制是在政府职能转变、公共管理社会化以及现代服务业兴起这三种因素的合力下形成的，以我国微弱控制市场的劳动力市场管理模式为背景，我国公共就业服务的基本性主要应该体现为：就业服务内容的基本性；服务对象的基本性，主要服务对象为就业弱势群体，以解决失业人群就业为目标。基本性也可以用非选择性来理解，公共服务机构没有拒绝申请人的权利。公共就业服务工作的重点应放在私营机构不感兴趣的方面，其目的是维护公平与透明，促进竞争中的弱者就业。与之相对应，部分竞争性、经营性的就业服务产品，可以由企业及非营利组织提供，同时允许民间资本和外资进入，实现总量增长和效率提高。

2．均等化

实现基本就业公共服务均等化，是党中央、国务院做出的重大战略部署，也是我国公共就业服务创新发展的方向。公共就业服务均等化，是指全体劳动者在享有公共就业服务权利上、获得公共就业服务机会上、公共就业服务资源可获得性上和对公共就业服务需求的满足上逐步趋向均等的过程。[①]

公共就业服务均等化要求是对公共就业服务本质的体现。公共就业服务具有国家与市场双重属性，一方面，公共就业服务是由政府主持的一项活动，因此，具有公共权力，或者公共财政支付的属性；另一方面，从其服务活动的内容看，实际上是开展市场化的就业服务活动，以建立劳动力市场为基本活动方式。无论从公共权力的行使，公共资金的使用，还是市场化本身，都存在公平的要求。

我国目前均等化的主要问题是解决城乡统筹，一直以来，困扰构建统一开放的劳动力市场的主要因素就是我国的地域分割，特别是城乡之间的制度化分割，这也是影响我国劳动权平等的主要因素。2012年的《通知》中明确提出了均等化原则，并对均等化做出具体解释："按照覆盖城乡、普遍享有的要求，面向全社会提供统一、规范、高效的公共就业服务，方便各类劳动者求职就业和用人单位招聘用工，逐

① 刘军．推动我国公共就业服务均等化的认识和建议[J]．中国劳动，2011（9）：7．

步实现地区间、城乡间基本公共就业服务均等化”。

笔者以为，均等化目标的提出，无疑是我国政府在公共就业服务方面迈出的重要一步。然而，具体目标的实现，尚需制度保障。在我国面临的首要难题就是户籍制度。如前所述，我国已经将政府促进就业问题纳入到地方政府的考核范围，在户籍制度存在的今天，针对地方政府这一指标的考核还要以户籍登记人口为标准，我国现在实行的就业与失业登记制度就是采取户籍所在地登记方式的。地方政府为了追求考核成绩，如何能做到地区间、城乡间的统筹呢？如果无法做到统筹，也就谈不上统一劳动力市场的建立，也就不可能实现真正均等化。有学者针对我国目前的问题，提出了根本性的改革方案：改革户籍档案管理制度，促进劳动力在全国范围的自由流动。①笔者以为，在保留户籍制度的条件下，权宜之计应该首先改变按户籍所在地登记的制度。从而使政府经费拨付、政绩考核与实际付出的努力相一致。

3．公益性

公益性是公共就业服务与私人服务的最大区别，也是对其公共性的根本体现。公共就业服务的公益性既体现了对其主体的本质要求——公共权力应该以公益为目的，也体现了劳动权作为公民积极权利的本质。我国有关法规文件也多次强调公共就业服务的公益性。

在关于公益性的具体含义上存在理解上的差别，一种理解认为是指非营利性，这是我国目前的官方解释。我国 2012 年的关于公共就业服的《通知》中一方面强调公共就业服务具有公益性，另一方面，又提到劳动人事档案管理服务可按经当地物价主管部门审批的成本价收取费用，并逐步实行免费服务。说明在我国公益性与收费并行不悖。然而在国际劳动组织的一系列有关国际公约中则一再强调了政府免费提供公共就业服务，在《欧洲社会宪章》中，也明确规定了国家有“为所有工人建立和维持免费就业服务”的义务。

是免费还是非营利的确与国家财力相关，然而，更主要的则关系

① 王飞鹏．我国公共就业服务均等化问题研究[D]．首都经济贸易大学博士论文．北京：首都经济贸易大学，2012：145．

到国家公共财政投入方向以及对公共就业服务的认识。首先，财政收入应该主要用于公共服务，这是现代国家的基本原则，所谓取之于民，用之于民；其次，通常接受公共就业服务的对象更多属于社会弱势群体，而高端就业往往是营利性就业服务的对象，也就是说，公共就业服务在一定程度上说具有保障性特点，面对一些甚至生存都存在困难的服务对象，采取免费服务合情合理。我国以往的由政府提供的公共就业服务甚至还存在营利性，将这部分服务职能剥离是2012年开始的一项改革内容，最终目标是免费性。此外需要警惕的是，免费不等于低水平，更不等于不服务，这也是我们将基本性与均等性置于公益性前面的原因。这两项要求应该成为免费的前提。

（三）公共就业服务的主要方式

20世纪70年代前的西方，公共就业服务采取政府直接投资兴办的方式，从事公共就业服务的人员都是政府公务员。随着政府公共服务社会化理论的兴起，公共就业服务也呈现多元化趋势。就西方发达国家实践看，分为美国式的构建政府与私人、社区分工合作共同承担公共就业服务职责的模式，也有英国、德国欧洲国家采取的政府服务外包的模式。然而，无论采取何种模式，一方面，政府在公共就业服务中始终占据主导协调地位；另一方面，公共就业服务的标准要求保持不变。

采取何种方式，取决于各国特定的公共就业服务发展历程，各国采取的具体办法无非是对于既有资源的重新整合。美国模式的形成是由于美国的就业服务机制呈现私人早于政府的特点，因而也体现出市场主导型的特点。在其就业服务发展过程中，已经形成了较为丰富的私营资源，私营就业服务介入公共就业服务领域更多是一种履行企业社会责任的行为。英、德等欧洲国家就业服务经历了由国家垄断到公私并行的发展过程，至今公共就业服务仍然以国家为主体，并且形成了基本覆盖网络，私营资本的职业介绍主要介入一些高端特殊就业服务领域，因此，采取购买服务的方式也成为这些国家整合就业服务资源的最佳模式。

就我国就业服务发展过程看，从一开始就采取了政府与社会并行的模式，我国从20世纪80年代开始建立劳务市场，但随后私营职业中介迅速跟进，在当时政企不分，政府与事业单位不分的情况下，无论政府还是私人开办的，都具有明显的营利性，可以说当时并不存在真正意义上的公共就业服务。随着近年来就业优先原则的确立，我国基层政府以及社区也开始担负起公共就业服务的职能，甚至成为我国公共就业服务的真正主力。我国公共就业服务概念是政府职能转变，事业单位改革以及就业优先三种力量合力的结果，从整合现有资源看，笔者认为可以采取：（1）保留政府投资兴办机制，且应该成为今后的主流，但要实现完全公益性。（2）继续发挥我国基层社区以及非营利组织在公共就业服务中的作用，例如居委会、村委会，工、青、妇组织以及高校等，对这些机构开展工作提供一定的政府补贴支持。（3）对某些特殊服务内容采取政府采购方式。例如，公共就业服务对信息的依赖程度极高，在今天的大数据时代公共就业服务无论是宏观数据发布还是微观就业指导都要依赖数据支持，数据网络建设就可以采取政府购买的方式，既可以保证公共就业服务领域的竞争机制，又可以提高政府效率。（4）不排斥私营就业服务机构进入公共就业服务领域，但一方面要加以规范，以保证其公益性，另一方面也应当给予适当鼓励与补贴。《就业服务与就业管理规定》明确规定了“职业中介机构为特定对象提供公益性就业服务的，可以按照规定给予补贴”。值得注意的是，我国法律中明确对政府与私人合作开办公共就业服务的模式做出了禁止，因此，公共就业服务中的公私合作只能采取政府购买服务和服务补贴的方式。

三、私营就业服务机制

（一）私营就业服务机制的含义与特点

私营就业服务机制主要是就投资主体而言，是指由私人投资兴办的就业服务机构，也就是《就业服务与就业管理规定》所说的职业中介机构。“本规定所称职业中介机构，是指由法人、其他组织和公民个人举办，为用人单位招用人员和劳动者求职提供中介服务以及其他相关服务的经营性组织。”

私营就业服务既是服务业的组成部分，又可以成为公共就业服务机制的组成部分，还可以成为促进就业的一支独立力量。从这一意义上看，应该对其更多采取鼓励措施。然而，另一方面，私营就业服务机制作为经营性组织，与公共就业服务在活动目的上存在本质不同，即以营利为目的，促进就业并非其根本性目标。据西方的一项研究显示，公共与私营就业服务机制职业介绍的长效性上存在着明显差异，经私人职介所介绍就业的职业往往只是临时短期安排，而同样问题在公共就业服务机构较少发生，研究认为，由于公共就业服务要从根本上解决就业问题，如果不能实现长效解决，意味着后续任务还会产生。这也意味着对私营就业服务机构加强规范的必要性。然而，笔者在查找资料时发现，西方国家关于专门针对私营职业中介的法律规范很少，更多的是一些鼓励措施，特别是欧洲国家，分析其主要原因，是由于这些国家在就业服务领域已经形成了依靠公共服务的传统。据统计数字显示，在德国通过私营中介找到工作的只占 0.9%，即使最乐观的荷兰，也仅占 4%，强大的政府服务供给本身就构成了对私营就业服务机构不规范经营的有力制约。因而，对私人就业服务活动只须按照一般服务合同制度加以规范。除此之外，更多的是采取一些鼓励措施，一方面分担政府提供公共就业服务的压力，另一方面，本身还可以创造就业机会。

（二）我国对私营就业服务活动的规范

与西方国家不同，由于我国公共就业服务起步较晚，且长期供给不足，即使存在各级政府开办的就业服务机构，但管理性超出了服务性。特别是很长一段时间还存在着严重供给不均等现象，分割成劳务市场和人才市场，面向不同人群提供不同服务。在这种情况下，大量的真正对公共就业服务存在需要的人群不得不转向私营就业服务机构。在劳动机会资源与就业服务资源供给相对紧张的情况下，私营服务机构的逐利性也严重膨胀，各种不规范现象屡屡出现。正是在这一特殊国情下，我国也特别加强了对私营职业中介规范。自1990年开始劳动部出台《职业介绍暂行规定》，1993年出台关于《民办职业介绍机构管理问题的通知》，以后又先后颁布《职业指导办法》、《劳动力市场管理规定》、《人才市场管理暂行规定》，直至2008年的《就业服务与就业管理规定》。这些规定的内容涉及私营就业服务机构的开办条件、审批程序、业务范围、收费制度以及监督检查制度。

我国目前对私人就业服务规范上存在的主要问题是：第一，准入门槛过低，缺乏资质要求。是否应该提高就业服务行业的准入门槛，我国目前处于两难境地，从大力发展服务业角度看，降低准入门槛已成为发展趋势；然而，过度的低水平又会降低整个就业服务的水平，从而最终损害劳动权促进机制。从我国目前就业服务机构低水平的状况看，适当设立准入门槛的确存在必要性。我国目前许多职介所人员只有2～3个，甚至在居民楼开出一间门脸就营业，缺乏必要的人员素质和办公设备，这样的就业服务机构不可能保障就业服务质量。因此，设立必要的准入门槛无论对于提高就业人服务质量，还是对于这一行业本身的进一步发展都是必要的。第二，行政管理色彩强，合同规范意识差。从前面列举的我国各项规范就业服务机构的规定看，我国对于私人就业服务活动主要采取的是行政管理模式，制定了严格的审批、年检制度，甚至还有评比表彰奖励等。从根本上说，并未将其视为一项市场主体行为。真正的市场化行为，其主要的规范方式应该是合同的方式。就业服务合同应属于居间合同，但我国目前就业服务领域除了劳务派遣签订居间合同，其他就业服务并不签订合同，从而导致求职者利益受到侵害，甚至还出现求职者个人信息泄露，隐私权受到侵害等问题。笔者以为，要加强对私营就业服务的规范，首先应该推行严格合同制度，并且可以针对就业服务的特点，由有关主管部门推出格式合同范本。前述有关行政规章中的某些规定，如职业介绍失败退款的规定，可以纳入合同范本中，这样一来，除了政府部门的监督途径外，还可以增加公民寻求司法救济的途径。

第四节 职业培训机制

一、职业培训机制中的法律关系概述

(一)职业培训的含义

关于职业培训存在两种不同理解，一是将职业培训理解为短期的以职业技能为主要内容的培训活动,“职业技术培训是为使从业人员获取某种职业所需专业知识或技能而进行的培训工作。培训的内容包括职业道德、职业技能、安全卫生等多个方面。一般学习时间较短，不以取得学历资格为目的，学习结业经考核合格后，可按国家规定发给相应的培训合格证书和技术等级证书”[①]。另一种理解是将其与职业教育等同,“职业技能培训，也称职业培训，是我国国民教育与培训体系中的重要组成部分，是指按照社会的需要，对劳动者在不同水平的普通教育的基础上，所给予的同水平的专业知识和技能培训。通过开发劳动者智力及培养劳动者的职业兴趣和训练职业能力等社会活动，培养能够掌握特定行业岗位所需基础知识、实用知识和技能技巧型人才的一种教育方式”[②]。

上述对于职业培训的两种不同的理解主要区别就是关于职业培训与职业教育的关系，从我国《职业教育法》的规定看，职业培训与职业教育应该是两个不同的范畴。该法第十二条规定:“国家根据不同地区的经济发展水平和教育普及程度，实施以初中后为重点的不同阶段的教育分流，建立、健全职业学校教育与职业培训并举，并与其他教育相互沟通、协调发展的职业教育体系。”第十四条规定:“职业培训包括从业前培训、转业培训、学徒培训、在岗培训、转岗培训及其他

---

① 顾明远．教育大辞典第三卷（中等教育职业技术教育成人教育军事教育）[Z]．上海：上海教育出版社，1991：232．

② 张琪等．职业培训[M]．北京：法律出版社，1996：25．

职业性培训，可以根据实际情况分为初级、中级、高级职业培训。职业培训分别由相应的职业培训机构、职业学校实施。其他学校或者教育机构可以根据办学能力，开展面向社会的、多种形式的职业培训。”从我国《职业教育法》的表述看，职业教育应该包含职业培训与职业学校教育，职业培训只是职业教育的一个重要组成部分。从我国现有的职业教育运行体制看，我国目前的职业培训与职业学校教育尽管有时由同一教育机构进行，教育内容、形式、对象也有很大重合，如许多职业教育学校同时开展证书培训等活动，但两者存在着明显的区别：一是职业培训具有时间短的特点，通常只有几个月，甚至更短。而职业学校教育一般至少两年以上。二是，职业培训的结果通常是取得职业证书，获得职业等级认定，甚至单纯为获得职业技能。而职业学校教育则属于学历教育，目标是获得相应的学历资格。

1939 年国际劳工组织的《职业培训建议》将职业培训定义为：“习得或提高技术性或职业性知识的所有培训方法，不论这种培训是在学校实施的还是在作业场所实施的。”1954 年的《成人职业培训建议》则进一步扩大职业培训的范围：“不论是企业内的还是企业外的，为了雇佣，习得、掌握技术的、职业的或管理的知识或机能的所有形式的培训”都属于职业培训范围。1962 年的《职业培训建议》（第 117 号）则将职业培训定义为：“经济活动的所有领域中以雇佣（不论是否首次雇佣）、晋升准备或在职培训为目的的所有培训（包含为此目标所必要的普通的、职业的及技术的教育）”。从国际劳工组织建议书的表述看，实际上是将职业学校教育包含在职业培训中。

是否有必要区分职业学校教育和职业培训，或者说国家劳工组织所说的“职业培训”是否就相当于我国的职业教育概念，取决于两者的功能是否一致，如果我国现有的职业学校教育也同样以就业为目的，而并非学历教育，则两者的概念应该等同的。然而，从我国目前职业学校教育现状来看，与国家劳工组织以及许多国家所实行的职业培训存在较大差距：一方面，在我国职业学校教育由教育部管理，而职业培训则属人力资源与社会保障部；另一方面，属于教育体制中的职业学校教育无论师资、课程体系还是教学模式很难摆脱学历教育影响，实际上往往成为学历教育的低级版。如高职教育，学生只是将其作为进一步升入本科的一个阶段。在本课题中，笔者采取广义职业培训的概念，目的在于将我国的职业学校教育与各种短期培训统一纳入劳动权促进机制中加以考察。也就是说凡是以促进就业为目标的，以劳动技能培养为内容的教育活动都属于我们的研究范畴。

有学者将职业培训分为获得劳动机会的职业培训和在岗培训，认为前者属于劳动权促进机制中的问题，而后者则属于劳动者权利问题。笔者认为，如果我们把获得培训视为一项公民权利的话，无论是就业前的还是在岗期间的，其权利意义都在于实现公民劳动权，不过是前者是促进劳动机会的获得，后者是促进劳动机会的保持或者改善。因此，在这个意义上，都应该属于劳动权促进机制的一部分。

（二）职业培训中的主要法律关系

开展职业培训，不仅是国家解决失业问题的一项政策措施，也是为实现公民劳动权的一项积极的法律义务。第二次世界大战后，各国对职业培训都给予了高度的重视，德国和日本战后经济的飞速发展，与其完善的职业培训制度有着密切的关系。其他主要发达国家，如英、美、法等国也颁布了大量的职业培训方面的法律法规。职业培训也是国际劳工组织非常重视的问题，自1921年以来，国际劳工大会先后通过了关于职业培训的3个公约和15个建议书。我国目前与职业培训相关的法律主要有1994年的《劳动法》、1996年的《职业教育法》、2007年的《就业促进法》，其余有关法律法规均采取规章、意见的方式。如1994年《职业培训实体管理规定》、1994年《就业训练规定》、1996年《企业职工培训规定》、2000年《关于印发劳动预备制培训实施办法的通知》、2005年《关于进一步做好职业培训工作的通知》、2010年国务院《关于加强职业培训促进就业的意见》，在2014年2月26日召开的国务院常务会议上，国务院总理李克强又再次就改革职业教育和职业培训做出指示。与西方发达国家相比，我国在职业培训法制建设上存在的差距主要是法律级别过低，制度的政策性强于法律性。

从各国法律实践以及我国的目前政策导向来看，都主张构建以国家为主导，充分动员社会各种力量参与的职业培训体系。根据这一主导思想，公民的获得职业培训权主要通过国家、社会以及企业三方履行相应的义务而获得实现。在三方履行义务的过程中，则存在着多重法律关系。首先，就培训活动本身来说，主要有：国家与公民的法律关系、国家与培训者的法律关系、培训者与公民的法律关系；其次，职业培训往往意味着获得职业标准认证，因此，在这里还存在国家与职业标准制定者以及认定者的法律关系、职业标准认定者与培训者的法律关系以及与公民的法律关系；最后，职业培训的目的是获得或保持、改善劳动机会，因此，在职业培训中还存在着培训者与用人单位的法律关系，公民与用人单位的法律关系。上述法律关系中，国家与公民之间的法律关系是公民基本权利与国家履行积极义务的法律关系；国家与社会、企业各种培训力量之间是行政监督与管理的法律关系；社会培训力量与接受培训者之间是服务合同法律关系；企业与接受培训者是劳动合同法律关系。

就我国目前法律体系看，上述这些关系相对清晰，我国相关法律也有明确规定。因此，本课题不再加以讨论。目前值得在理论与实践层面开展探讨的是校企合作法律关系，就这一问题本课题将在随后做特别分析。

二、职业培训中的国家义务

（一）国家在职业培训中的义务主体地位

国际公约和许多国家的法律中，都将国家作为履行公民职业培训义务的主体。我国宪法中具体提到了职业培训的国家义务，同时，在职业教育法中也明确提到了“公民有依法接受职业教育的权利”。因此，国家作为职业培训的义务主体是毫无疑问的。问题是，在职业培训中，国家是唯一的义务主体还是义务主体之一。关于这一问题，我国职业教育法的表述也模棱两可，尽管该法第六条提出“各级人民政府应当将发展职业教育纳入国民经济和社会发展规划。行业组织和企业、事业组织应当依法履行实施职业教育的义务”。但从法律其他条文看，除了规定企业对职工的岗位培训义务外，对于其他社会组织参与职业培训，都采用了“鼓励”的字样。这就意味着社会组织至少不是直接的义务主体。

我们可以从职业培训与劳动机会供给保障之关系上理解职业培训义务主体问题。如前所述，在劳动机会供给保障问题上国家是直接的义务人，而劳动机会的直接供给者并不存在供给义务，其提供劳动机会仅仅是其劳动用工权利。因此，国家承担职业培训义务只是作为保障劳动机会供给的手段，通过实行职业培训，国家可以实现其促进就业的国家义务，或者，至少如有些学者所言，提供培训是在国家一时不能满足公民获得劳动机会要求时的补救手段，这可以理解为国家履行职业培训义务的对价。就此，《经济社会与文化公约》的表达也体现了对国家职业培训义务的这一理解。该公约相对于《世界人权宣言》中国家保障全民就业的表述，降低了国家义务的标准，而是在其第六条的第一、二款中表达出：国家努力促进就业，如果一时达不到就业目标，则应该履行包括职业培训在内的其他促进就业手段。因此，国家作为保障劳动机会供给的义务人，同样也应该作为职业培训的义务人。

（二）国家在职业培训中的主要义务内容

1. 直接兴办职业培训

国家承担职业培训义务的最直接方式就是开办职业培训机构，开展职业培训活动。国家兴办职业培训是较为晚近的事，是以国家承担劳动权促进的积极义务为前提的。世界上许多国家在履行职业培训义务上都采取单独的或者合作投资的方式兴办职业培训机构。其中，根据各国具体情况采取的方式也不尽相同。英美国家一贯奉行自由主义的教育理念，因此在职业培训问题上，也采取了较少干预的做法，政府主要的介入方式就是对社会职业培训机构提供经费支持。例如美国不仅对联邦政府支持经费做出规定，同时还设立了相应的州政府的义务。在欧洲大陆国家，较长期的工业社会历史形成了由企业承担的以学徒式为基础的职业培训方式，但第二次世界大战以来，为履行国家职责，同时也为应对新技术时代的要求，国家开始以创办公立职业教育学校的方式开展职业培训活动，由此也形成了这些国家在短期培训与学校教育之间的国家与私人的分工。1958年，日本颁布了《职业训练法》，确立了公共职业训练和企业职业培训两条培训途径。

我国较长期的农业社会历史背景下缺乏企业培训职工的传统，新中国成立后计划经济体制下国家办教育的体制也使得我国在公立职业教育上具有先天优势，这是值得充分利用的历史性资源。随着我国公共就业服务机制的建成，在这些机构中也广泛开展了短期的职业培训活动。2008年的《就业促进法》还专门设立了劳动预备制度，并规定实施劳动预备制度的主体是县级以上地方人民政府。"国家采取措施建立健全劳动预备制度，对有就业要求的初高中毕业生实行一定期限的职业教育和培训，使其取得相应的职业资格或者掌握一定的职业技能。"

我国目前在国家开办职业教育中存在的问题主要是：第一，公立教育中的职业教育比例较低，我国一直存在着轻技能、重理论的传统，即使《职业教育法》实施后推行了中学分流的政策，但收效甚微，社会需求仍然倾向高等学历教育。在需求不足的情况下，公立职业教育也很难得到发展。第二，无论职业学校教育还是短期就业培训，供需衔接是最大的难题。归属教育部部门管理，由学历教育变身而来的职业教育缺乏职业教育特点，无论教学内容、方法、师资以及实训上都不能满足职业教育的要求，特别是由于与用人单位无法建立直接联系，无法更好地实现促进就业的职能；短期培训即使不存在培训内容方法上的问题，但在培训与就业之间仍然无法实现无缝对接。

笔者认为，国家兴办职业培训中的供需分离问题从根本上说是体制问题，目前我国的职业学校教育由教育部分管，这也是我国国家开办的职业教育的主体。因此解决这一问题的关键在于改革职业教育与就业管理的行政体制分割，同时在具体方式上通过开展更为紧密的校企合作，并将合作关系纳入法律调整范围，才能促进问题的根本性解决。

2．提供职业培训的经费保证

除了采取单独或合作的方式直接兴办职业培训机构，政府还可以采取其他方式对职业培训提供经费支持，提供经费保证是国家职业培训义务的根本保障方式。许多国家在其职业培训的有关法律中甚至并不涉及国家是否直接兴办职业培训问题，但关于经费投入则是绝大多数国家相关法律中的基本内容。德国《联邦基本法》中规定政府可以采取购买教育服务以及提供教育补贴的方式将国民生产总值的 1.1%用于职业教育，美国的第一部系统的职业教育法，1917 年的《史密斯—休斯法案》也具体规定了联邦政府每年拨款资助各州发展职业技术教育的义务，1990 年的《新职业教育法》规定联邦政府每年向各州提供 16 亿美元的职业教育专项补助经费。

我国的《职业教育法》、《就业促进法》中也都提到了职业培训经费问题。其中，《职业教育法》的表述是“各级人民政府、国务院有关部门用于举办职业学校和职业培训机构的财政性经费应当逐步增长”。而《就业促进法》在职业教育一章中只字未提国家经费保障，而是提到了企业经费提存以及相应的监督和法律责任。在“政策支持”一章中做出了“县级以上人民政府应当根据就业状况和就业工作目标，在财政预算中安排就业专项资金用于促进就业工作”的表述，并在促进就业经费中列入了职业培训的内容。与《职业教育法》相比，《就业促进法》一方面降低了义务主体的层级，将经费保障变成了地方政府的义务；另一方面，职业培训专项经费地位也消失了。如果与上述发达国家相比，我国政府在职业培训上的义务更加大幅缩水。令人欣喜的是，在 2014 年 2 月 26 日召开的国务院常务会议上，做出了加快发展现代职业教育的部署，其中特别提到了各级政府财政支出保障的内容，但我国距离采取法律手段确保政府对职业教育经费投入的目标仍然存在差距。

在保障经费方面，除了明确政府经费投入的义务外，还应该明确政府经费投入方式，具体方式除了政府直接兴办职业培训以外，还可以采取政府购买服务、提供培训经费补贴等方式。根据国务院的最新部署，今后在经费补贴方式上要推行直补个人的方式，这种方式可以有效避免补贴经费监督不力造成的浪费甚至其他经济犯罪现象，这也是许多国家采取的培训补贴方式。如英国采取的补体措施是为成人学习者提供每周 30 英镑的拨款，用于资助他们的全日制学习。

3．鼓励与支持

动员、鼓励并支持社会多种力量参与职业培训是我国相关法律法规以及政策中使用频率最高的表述方式，也体现了我国对社会力量参与职业培训的基本态度。这也符合国际劳工组织有关公约中所谓的构建政府与社会“伙伴关系的”指导思想。在国际劳工组织关于职业培训标准的196号公约中，明确提出各加盟国政府应该与企业等社会伙伴合作，促进培训提供者的多样化，以满足个人和企业的不同需求。英国学者安迪·格林在分析了法国和德国的技术教育成功的原因后，提出了一条发展职业教育和培训的新的道路，即让国家和社会合作者在职业教育和培训中共同发挥重要作用。[①]

从国外职业培训经验看，鼓励与支持社会各种力量参加职业培训的具体方式有：放宽对民间资本投入职业培训的控制，鼓励包括营利性在内的民营职业培训活动；鼓励企业对职工开展培训活动，具体采取政府提供补贴资金或者税收减免的方式；鼓励行业协会开展职业培训活动以及职业资格的制定与考核。在欧洲工业革命开始较早的国家，如德国、法国、英国等，在传统学徒制基础上已经形成了企业培训为主的职业培训模式，政府合作的对象也以企业为主；而在美国以及亚洲一些国家，则采取建立单独职业培训机构的做法，政府采取的主要措施也是对民间投资活动以及民营办学活动的支持。

我国目前职业培训主体除公立机构外，社会力量开办的民营职业培训机构已经成为我国职业培训的主力军，据统计，截止到2010年，全国共有民办培训机构18341所，吸纳929.78万人次接受了培训。[②]在最新的我国职业教育改革构想中，提出了积极支持各类办学主体通过独资、合资、合作等形式举办民办职业教育；探索发展股份制、混合所有制职业院校，允许以资本、知识、技术、管理等要素参与办学并享有相应权利等措施。目前我国对社会力量开办职业培训采取的支持手段主要是：投资政策支持、法律地位支持以及对投资者权利保护的

① 安迪·格林．教育、全球化与民族国家[M]．朱旭东等译．北京：教育科学出版社，2004：55-100．

② 教育部．2010 年全国教育事业发展统计公报[N]．中国教育报，2011-7-6．

支持，随着我国综合国力的增强，财政支持也应该纳入政府支持手段中。

4. 规范、监督与协调

规范、监督与协调主要是指国家对各类职业培训机构，制定相应的法律法规，对其主体资格、经费投入和使用、培训方式以及培训质量、职业证书标准、考核与颁发等问题加以规范，并建立专门机构实施监督活动。同时对于不同职业培训主体之间的培训活动以及职业资格证书认定予以协调，避免形成部门或行业分割造成的资源浪费，促进劳动力市场的开放统一。

对于这一问题，国际劳工组织提出的要求是：在国家质量保证框架范围内确保能力和资格的高质量，确保这种能力与资格得到认证和迁移；各加盟国政府应明确政府和社会合作伙伴在促进培训的发展和多样化方面的作用，政府认证教育及培训提供者的资质、为培训者制定质量标准并为其达到这些标准创造机会；将评估教育培训成果的质量保证制度作为公共制度，并促进其在私营培训内市场中的发展；保障高质量的教育培训师资，使之“在体面劳动下工作”。

各国政府在职业培训监督规范方面采取措施的重点也不尽一致。在职业培训较为成熟发达的国家，规范与监督的重点放在培训活动与质量的规范监督，以及对职业培训中不同主体的协调上。如德国建立了一套由《职业教育法》、《手工业条例》、《考试条例》、《职业教育条例》、《标准考试条例》等法律法规构成的完整的法律体系，这些法律对包括考核在内的职业教育的全过程进行监管，国家负责制定包括框架式教学计划、参加结业考试的条件，并对考试、命题、监考、评分及通过考试的标准项内容的制定办法加以规定。法国则采取职业培训国家督导制度以加强管理。即使在实行自由主义教育体制的英国，近年来的改革也加强了对职业培训的监督规范，为此专门设立了人力服务委员会和工业培训委员会负责促进就业和训练事业的发展。并在法律上对职业培训的课程、标准、考核、学员待遇、培训经费等方面做出了规定。

我国目前对于企业与社会开展的职业培训活动的法律规范主要包

括：第一，规范企业职业培训义务，明确企业培训经费提留以及培训活动的开展；第二，规范民间资本开办职业培训机构的准入资格及审批制度；第三，规范民办培训机构活动，调整其与培训对象的法律关系；第四，制定职业培训标准，并实行督导与评估。

目前我国职业培训的政府监管体制上存在的根本性问题是缺乏协调统一。第一，规范监督主体不统一，如前所述，我国的职业教育分属教育部与人社部，无法形成对职业培训的统一规范管理与监督，两种职业培训之间也缺乏衔接；第二，职业培训标准与资格证书认证缺乏统一协调，这是监管主体上不统一的必然结果；第三，校企之间缺乏协调，一方面，职业培训对实训有着较高要求，除了学校内部的训练场所，需要企业提供实训基地，另一方面，以就业为目标的职业培训也需要学员与劳动岗位的供需衔接，然而，我国法律并未建立起企业与培训机构衔接的法律机制，这与欧洲国家先签约（劳动契约）后培训的模式存在较大差距。建立校企联合法律机制，明确企业与职业培训机构的合作义务，规范合作方式，应该是今后我国职业培训规范活动的重点。

三、企业与社会在职业培训中的法律地位与主要方式

（一）法律地位

企业与社会在职业培训中的法律地位问题是指企业与社会在职业培训中是义务主体还是权利主体。

从关于这一问题的相关国际公约的表述看，通常都采取了含义并不明确的“合作伙伴”的表述方式，而这种合作究竟采取权利模式还是义务模式，并未做出说明。从西方国家的职业培训历史发展过程看，企业在职业培训中的法律地位经历了一个由权利到义务的发展轨迹。特别是在存在学徒制传统的欧洲国家，最初的企业对员工的职业培训是作为保障劳动者的劳动质量和企业利益的一种权利开展的。直至社会权利概念的诞生，开始出现了公民获得职业培训权。针对这一权利，一方面，国家通过自身的积极行动履行相应的义务；另一方面，从维

系企业长远发展的角度，企业承担职业培训成为一项义务。这一义务的履行方式主要是由国家强制性规定企业必须提取一定比例的培训基金用于职工培训。例如英国的《就业与训练法》规定，每个工厂企业每年至少用工资总额的 1%作为训练经费，并规定 100 人以上的企业必须设立培训中心，配备专职管理人员和培训人员，100 人以下同类型小企业要联合举办培训中心；韩国规定 200 人以上的企业必须开设培训班；德国则规定了工资总额 2.5%比例用于培训基金。

我国学者的主流意见认为开展职业培训应该是企业的一项义务，这种观点与我国《职业教育法》、《就业促进法》等相关法律的规定相一致。然而，对于企业履行职业培训义务的逻辑论证笔者认为并不充分。一些学者是以我国有关法律规定为逻辑前提推导出企业职业培训法律义务的[①]。也有学者提出了法律之外的逻辑论证前提："对于企业而言，雇员显然是人力资本的重要来源，故加强对企业雇员的培训，提高雇员素质实属必要。而从社会的角度分析，企业培训雇员，一方面对于提高国民的整体素质，增强国家综合实力具有重要意义；另一方面，对于预防雇员因能力缺陷而失业，促使雇员失业之后迅速再就业以缓解社会就业压力和减轻社会负担，能够发挥重要作用。而且，企业雇员获得培训也是其受教育权的体现，是雇员获得发展的必要前提。"[②]然而，上述理由中的第一个只能推导出企业职业培训权利的结论，义务通常意味着一种利益损失。笔者以为，之所以企业职业培训应该成为企业必须承担的义务，是基于企业社会责任的理论，根据这一理论，企业作为经济与社会发展的受益者，应该通过履行针对社会的积极义务回报社会。而企业社会责任可以采取道德义务或法律义务的方式承担。

需要强调的是，承认企业职业培训的义务，并不等于对国家在职业培训中主导地位的否定。针对公民的积极权利，国家始终应该是相对义务的主要承担者，其他社会主体的义务只能是辅助性的。强调这

① 周施恩、秦志辉．员工培训：企业的一项法律义务[J]．中国培训，2000（8）：27．

② 刘勇、宋豫．企业促进就业社会责任立法研究[J]．现代法学，2006（4）：55．

一问题，是为了避免出现政府推卸责任，甚至将其作为对企业乱摊派、乱收费的借口。与其他国家相比，我国法律一直缺乏对国家投入职业培训的财政经费的明确规定，我国政府对包括职业培训在内的公共服务投入过少、企业税费负担过重的问题一直饱受诟病，随着我国政府职能的转变以及对民生的关注，这一问题应该得到解决。笔者以为，企业的职业培训义务应该明确，但不应该过分强调。

对于社会在职业培训中的法律地位，各国通常都采取了权利式的规范模式，承认社会力量开办职业培训是一种权利，并通过立法加以规范。我国法律对待社会力量参与职业培训的态度相对其他国家更为积极，各类相关法律文件都采用了“鼓励”、“支持”等字样，除了在市场准入上采取开放政策外，也对民营培训机构的营利性予以肯定，针对民营职业培训机构参与公益性培训的，则采取政府购买服务的方式。我国法律及相关政策对社会力量参与职业培训的积极态度一方面体现了我国对职业培训国家义务的重视，另一方面则说明我国职业培训的严重供给不足。

（二）企业职业培训机制

企业职业培训机制是西方传统的职业培训机制，至今，企业仍然是这些国家职业培训的主要力量，许多大企业开办培训机构也已成为企业传统。作为从学徒制发展而来的企业职业培训机制，最值得借鉴的就是就业与职业培训合二为一的培训模式。这一模式在英国，就是由法律明确规定，每个新进企业的职工，必须进行一年脱产培训；法国则规定，刚入企业工作的青年可以与企业签订就业培训合同，企业以学徒的形式雇用他们，让他们熟悉工作技能和实际操作，以便获得就业资格，而企业的开支则可以获得国家的一定补偿；最值得推广的是德国的“双元制”模式，公民只有被招收为企业的学徒，与企业签定培训合同之后，才可以以此合同为依据到职业学校就学，接受培训的学员同时获得双重身份，培训活动在企业和学校两个场所分别进行，在学校接受基本知识学习，在企业接受技能训练，在企业时具有企业员工的身份，在学校时具有学生身份。这种模式在德国主要是为解决传统学徒制培训存在的培训内容不规范问题，借助学校教育知识系统化的优势，从而可以很好地满足科技进步带来的对劳动者技能与知识的更高要求。

欧洲国家的上述做法对于我国的借鉴意义主要在于其就业与培训同步模式。国际劳工组织也认为，劳动力的技能主要是在工作过程中获得的。[①]企业无疑是开展职业培训的最合适场所。然而我国目前企业开展的职业培训主要是在岗培训，并不存在规范的入职培训。而且，在劳动力市场供大于求的情况下，企业不仅无视自己的职业培训义务，而且还公开将“工作经验”作为招聘条件，形成我国特有的工作经验歧视。工作经验歧视也是造成我国大学毕业生成为就业困难群体的重要原因。而学校为了应对这一社会对毕业生的要求，不得不承担起本不该由学校承担的职业培训义务，一些高等院校在四年的学制中拿出半年甚至一年的时间开展所谓实习。笔者认为，我国也可以借鉴欧洲模式，将企业对新入职员工的一定时间的职业培训规定为企业的义务，这样既满足了职业培训缺乏实训条件的问题，也可以减少“工作经验”歧视现象，可谓一举两得。

（三）社会职业培训机制

社会在职业培训中所扮演的角色大概可以分为三类：一是协助政府开展公益性职业培训，其中也包括参与政府的公益性职业培训项目招标；二是开办营利性职业培训机构；三是参与职业标准的制定及职业资格证书考试等。

鼓励社会力量参与职业教育，一方面可以在很大程度上缓解我国政府职业培训能力（包括资金、师资、实习场所等）的不足；另一方面，职业培训也属于服务业的重要组成部分，本身也是吸纳社会劳动力的重要方式。随着我国近年来职业培训的开展，一些原有国企下岗的技师、技术工人成为这些机构重要师资来源。我国近年来对社会力量参与职业培训的支持政策也取得了很好的效果。各类技术学校、培训机构兴起，并形成竞争机制。然而，总起来看，我国社会力量在职

① 国际劳工局. 世界就业报告（1998—1999 年）[R]. 北京：中国劳动社会保障出版社，2000：3.

业培训中始终在较低层次运行。首先，我国社会力量对职业培训的参与仅仅是以办学的方式，甚至整个社会对于社会力量参与职业培训就是理解为社会办学。事实上，职业培训中另一重要内容就是制定职业资格标准。这一活动具有明显的社会公共管理性质，目前在国际社会的流行趋势是社会公共管理活动社会化，实行社会组织对社会化活动的自治。这种自治不仅有效地节约社会公共资源，而且也有助于提高社会自治能力，同时也符合市场经济社会经济主体自我管理的原则。我国长期以来制定职业资格标准以及考试等完全由政府掌握,《中华人民共和国劳动法》规定:“国家确定职业分类，对规定的职业制定职业技能标准，实行职业资格证书制度”。1999 年劳动和社会保障部、国家质量技术监督局、国家统计局联合组织编制的《中华人民共和国职业分类大典》确定了我国 1838 个职业，2005、2006、2007 年修订后增补到 2028 个。在此基础上，制定了相关工种鉴定考核大纲和国家试题库，中央与地方政府都成立了技能鉴定中心，我国社会力量在职业培训中只能是围绕着国家考试指挥棒转的被动主体。这种局面不仅不利于发挥社会力量参与职业教育的积极性和主动性，同时，也不利于职业本身的发展。最严重的是，事实上我国已经形成了围绕各类证书培训、考试形成的考试经济，政府对这一活动的垄断，会形成与民争利的嫌疑，也是对政府职能的背离，还会由于权力寻租行为导致腐败。在证书考试问题上，政府应该担当的角色就是负责规范职业标准的制定活动和证书鉴定活动，而不是直接从事这一活动。

我国社会力量参与职业培训低水平运转的另一表现就是学校规模小、师资、场地等有限，形成低水平重复。解决这一问题，西方职业培训发达国家的经验做法是充分发挥行业协会在职业培训中的地位。行业协会不仅对本行业自身职业资格标准有直接的了解把握，了解本行业职业资格最新发展，而且，也会从根本上更关注职业资格标准的制定对行业自身发展的影响。同时，由行业协会负责标准制定以及考试等活动，由于涉及行业自身根本利益，也会减少考试中的各种不端行为出现。同时，还促进考试与就业的紧密联系，由行业协会主持的资格考试，完全可以成为就业的入门证。同时，行业协会举办职业培训，既可以解决办学规模问题，也可以解决校企联合问题，同时还有利于企业培训基金的统筹使用。英国现在采取的做法就是由行业协会统筹培训基金，统一开展培训。我国目前存在的一个问题就是企业培训基金的监督使用问题，由国家统筹难免有乱收费之嫌，由行业协会实施相应的行为更为妥当。

四、职业培训中的校企合作法律问题研究

（一）校企合作法律关系的概念和基本模式

职业教育校企合作法律关系就是指由校企合作法律规范在调整校企合作主体行为过程中所形成的权利义务关系，合作过程中人与人之间的关系则是一种法律关系。[①]

我国现有法律对校企合作问题的规定极为有限，仅在《职业教育法》中有一些零散的且原则性的规定。其中第二十条规定："企业可以单独举办或者联合举办职业学校、职业培训机构，也可以委托学校、职业培训机构对本单位的职工和准备录用的人员实施职业教育。"第二十三条规定："职业学校、职业培训机构实施职业教育应当实行产教结合，为本地区经济建设服务，与企业密切联系，培养实用人才和熟练劳动者。"第二十八条规定："企业应当承担对本单位的职工和准备录用的人员进行职业教育的费用。"

我国目前主要存在两种校企合作关系：（1）以企业为主体，采取委托培养方式的校企合作；（2）以学校为主体，与企业合作的培养模式，具体表现为企业为学校提供实训基地和技术指导教师。

其中第一种模式，我国法律规定的相对完整，职业教育法的第二十、二十八条都是针对这一模式的规定，具体规定了企业与职业培训机构之间为委托合同关系，委托合同的客体是职业培训服务。其中服务的具体内容和质量可以通过合同加以明确；接受培训者作为企业职

① 罗菁、李玉香、杨延．职业教育校企合作法律关系研究[J]．天津市教科院学报，2013（4）：22.

工，与企业之间存在劳动合同法律关系。目前需要我国法律进一步明确的问题是：职工在接受培训期间享受何种待遇？国外的一般做法是法律明确规定职工应该享受带薪培训，或至少提供生活补贴。企业由此造成的损失由国家予以一定程度的补偿。我国法律至今对此没有明确规定，是否带薪完全取决于企业的自觉。笔者认为，企业应该履行给予接受培训的职工部分工资或生活补贴的义务，只有这样，职工才有可能接受培训而无后顾之忧，而国家也应该对企业由此遭受的损失给予适当补偿。

第二种模式是我国现在校企合作的主要模式，也是存在问题较多的一种模式。从我国现有的法律规定看，对于学校为主体的校企合作模式，不仅法律关系中的各方主体权利义务具体内容尚未明确，就校企合作本身的法律性质也缺乏明确说明。仅在职业教育法第二十三条中作为培训机构的义务提到了与企业密切配合。

（二）以学校为主体的校企合作法律问题分析

以学校为主体的校企合作关系是指职业培训机构为体现职业教育的技能训练特点，履行职业教育法关于职业教育中的实训要求，而与相关企业展开合作过程中形成的社会关系。

1．校企合作中的主体和社会关系性质

在校企合作中一是是学校与企业之间的关系，二是，由于培训活动涉及接受培训者，因此，还会形成接受培训者与学校，接受培训者与企业之间的关系。目前，对于上述三种关系，我国都缺乏相应的法律规定。

从法律关系的性质分，可以分为法定法律关系和约定法律关系。约定社会关系对法律调整的要求是确定其合同的法律效力；设定合同中的法定内容，这点对于涉及社会权利的合同尤为重要。法定法律关系是指由法律中的强行性规范加以调整的法律关系，这些内容不得由法律关系主体采取约定的方式加以改变。上述我们提到的职业培训中的校企合作中存在的三种关系，都存在着应该约定的事项和应该由强行性规范调整的法定事项。我国目前存在的问题是，一方面，法定事项与约定事项间缺少合理划分，由于缺乏法律调整，法定事项几乎不存在；另一方面，属于约定事项范畴的，约定不明确，合同规定较为简单，甚至其法律属性都很难认定。

2. 校企合作中的法定法律关系

笔者认为，在校企合作中，应该采取强行性规范调整的内容涉及培训经费的支出、培训中的学生安全保障及责任、实习环节的具体内容。

首先，关于经费支出。现实中有的采取学校向企业支付实习经费的方式，有的则有企业免费提供实训场所和指导，更多的则是由学生自己负责寻找实训基地，甚至自己支付费用。笔者认为，实习活动是职业教育中的必备环节，因此，也构成培训机构的义务，作为履行义务的方式，支付培训经费应该作为培训机构的义务加以规定，除非企业自愿免除这一义务，但是保障学生获得免费的实习机会应该是学校的强行性义务。

其次，实习期间的学生安全保障。由于学生在实习期间还只有学生身份，因此，不可能获得劳动法上的安全保障权利，如何保障学生实习期间的人身安全以及发生安全事故后的责任问题是亟待法律解决的问题。如果让企业承担，可能学校就很难找到愿意合作的企业，如果让学校承担，一方面实习期间的学生并不在学校的监控范围中，学校很难履行安全保护责任，形成责任与权利的不对称；另一方面，也会导致企业对学生安全保障的忽略。现实与逻辑合理性之间的冲突促成了我国法律在这一问题上的空白，一旦出现问题，双方推诿，损害的还是学生利益。这也是在我国现有校企合作模式下的一个难题，笔者认为，至少应该首先在法律中明确企业对实习学生提供劳动保护的义务。如果出现劳动安全事故，在责任承担上，由于毕竟不存在劳动关系，不应该按照企业工伤责任处理，可以只要求企业承担过错责任。根据企业在履行劳动保护义务中是否存在过错，合理划分企业、学校及个人的责任。

最后，学生实习活动的内容。实习活动的具体内容，应该属于约定事项，可以由校企双方在合同中具体规定，但如果法律对这一问题完全不做任何限定，就可能导致实习性质的变化，产生侵害学生利益的现象。现实中，一些企业与学校正是利用这一特点，将实习学生当作无偿劳动力。曾经出现过富士康公司为完成企业订单生产任务，急需向社会招用大批流水线操作工人，政府和学校正为找不到实习单位而发愁，结果，江苏、山东、河北、河南、重庆等地就出现政府用红头文件号召学校派学生到富士康公司实习。[①]这就是现在一些校企合作中流行的“顶岗实习”模式。由于与企业不存在劳动合同关系，顶岗实习的学生不仅没有报酬，还不享受其他劳动保障。这种现象是一种严重损害学生利益的行为，一方面违反了自由劳动、合理报酬、劳动保障的法律原则；另一方面，由于教学时间缩水，也侵害了学生的受教育权。因此，在这一方面，我国法律有必要对实习的内容做出明确界定，应该首先明确实习活动不能有营利性内容，如果实习活动可能带来企业利益，则应该赋予学生选择权，且对实习学生给予报酬，同时还应该对实习时间、实习期间的劳动强度等做出限定。

（三）校企合作的理想模式

上述分析可以看到，对于校企合作的企业职工培训模式，我国存在一些法律规定，但实践中开展的较少。其中要求企业提留的培训经费就往往存在着挪用问题，企业更不愿意将钱交给培训机构培训职工，也就意味着这种合作缺乏实效。以学校为主体的校企合作由于是作为职业教育机构的义务，是开展较广泛的一种校企合作，但运行中存在的许多问题，由于涉及校企双方的利益分配，法律一时难以抉择，导致的结果就是学生的利益受到损害。笔者认为，根本的解决方式是在保证学生利益的前提下，让校企双方由利益冲突变为利益一致。在这一问题上，德国的双元模式无疑给我们提供了一个很好的模式选择。这种模式是要求企业先与学生签订劳动合同，再由学生持劳动合同自主选择培训机构。这样一来，就企业来看，既是在为学校提供实训条件，也是在为自己的职工提供培训条件；就培训机构来看，既是在为企业培训员工，也解决了学生实训的问题。而且这种模式下，学生的

① 罗菁、李玉香、杨延．职业教育校企合作法律关系研究[J]．天津市教科院学报，2013（4）：23．

身份明确，与学校和企业的法律关系明确，其权利从而能够得到保障。实际上，前述的“顶岗实习”已经具备了这种模式的实践雏形，但是由于缺乏法律规制，并未明确企业与这些学员签订劳动合同的义务，从而使得他们的权利无法得到保障。在这一问题上，我国法律可以做出选择性规定，将实训分为两种，一种是短期的，内容也以见习为主，可以在较低年级开展，企业只需与学校签订合同；另一种是长期的，凡3个月以上的，在毕业年级中开展的实习，企业要与学员签订劳动合同，此时的学员具有双重身份，获得相应劳动法的保障。这种模式不仅有利于校企合作中的学员权利保障，而且有利于培训与就业的直接衔接。

第四章

就业援助机制

第一节　就业援助机制概述

一、就业援助机制的基本含义

就业援助机制是指针对特殊劳动权中的弱势群体，以国家强制力为后盾，充分调动社会各种力量采取的促进其劳动权实现的各种积极措施。

与劳动权的促进机制不同，就业援助机制针对的并非一般主体，而是特殊的社会弱势群体，“政府保护弱者的权利正是在人类终极意义上符合了历史发展的潮流，符合了人类生活的最高道德准则”[①]。

就业援助机制的基本特点是：第一，对象的特定性，对象的特定性是这一保障机制的最大特点。纳入就业援助机制必须满足法律设立的特殊条件，而且审核这些条件既是政府权力，也是一份责任，因为这一活动担负着形式公平和实质公平的平衡。第二，措施的特殊性，

① 崔建周、白海彦．伦理学视角下政府救助弱势群体的原因分析[J]．中共山西省委党校学报，2004（08）：36．

这一机制中采取的措施往往是以损害形式平等的方式进行的，这是这一机制与其他平等劳动权保障机制的最大区别。第三，客体的特殊性，与平等劳动权保障的其他机制中以劳动机会作为法律关系客体不同，在就业援助机制中，法律关系客体有时可以表现为劳动岗位。

与劳动权的促进机制和反歧视机制不同，就业援助机制建立的基本价值基础是生存与实质公正。首先是生存价值，就业援助机制往往与社会救助机制相联系，甚至有时作为社会救助的一部分。从发展过程上看，就业救助也是作为社会救助方式的一种转变。社会救助制度最初是以政府发放物质救助的方式进行的，正是在这个意义上，有学者提出了如果不能满足就业，就以请求物质救济的方式替代的权利救济原则。但金融危机爆发后，西方社会认识到物质救助的两个弊端：一是助长懒惰，阻碍社会进步与活力；二是无法从根本上解决生存问题。因此，就业援助与就业救助成为20世纪90年代以来社会救助的重要方式。其次是实质正义价值。如果我们将劳动权促进机制与反歧视机制视为一种普适机制的话，就业援助机制的特殊性就在于它是对普适性制度的一种补救，是对于起点不平等的一种弥补，以达成结果公平的社会效果，也就是追求劳动权实际享有上的基本平等，不再让平等劳动权对一些人仅仅意味着美好的宣言。

二、就业援助机制的具体内容

概念与特定范畴存在对应关系，概念是对特定范畴的抽象，概念的内涵与外延则取决于范畴本身所包含的事物内容。法律概念区分的意义在于其对应的特殊范畴——法律调整模式是否存在类的区别，调整模式的本质区别是不同法律概念形成的基础。

从我国目前存在的就业援助法律制度看，除了残疾人保障法，妇女权益保障法的相关规定外，集中的制度表述出现在《就业促进法》与国务院的《社会救助暂行办法》。上述文件中涉及对特殊主体的劳动权保护的规定分为三类：禁止对特殊人群在劳动机会的获得与保有上给予歧视性对待的规定、对特殊人群获得劳动机会提供特殊帮助的规定、对特殊人群提供劳动岗位的保障性规定。这三类内容中第一类规定严格讲不属于特殊保障机制，而应属于禁止劳动权歧视的法律机制的一部分，因为其立法意图在于保障上述特殊人群获得与其他人一样的平等对待，也就是形式平等。第二类与第三类则属于我们在这里所称的就业援助机制，这两类规定意图都旨在为特殊人群提供较其他一般主体更多的帮助措施（这些措施通常是物质的或服务的甚至是直接的劳动岗位），以帮助这类人群摆脱劳动权获得上的不利境地，无论这种不利境地是由于自身原因还是社会原因造成的，也无论是基于先赋缺陷还是后天形成的差别。对于上述第二类机制笔者称之为劳动权的倾斜保护，对于第三类机制笔者称之为就业保障机制。

倾斜保护机制与就业保障机制之间存在着本质上的差别，如果说倾斜保护机制中的政府责任带有慈善性质，不形成公民的请求权，那么后者则意味着政府义务，因而直接形成公民请求权。在西方法治发展的历史上，曾经经历了公民请求救济的权利是不是权利的争论，美国通过戈德堡诉凯特案判决确立了公民请求救济的权利也是权利，而并非政府施舍的原则。在该案中，原告埃尔德里奇是一名身负残疾的工人，自 1968 年 6 月起州政府为其提供残疾扶助金，1972 年 5 月州政府在询问了本人与医生后，中止了残疾扶助金的给付。这一行为未经过适当的法律程序，而按照美国宪法第十四条修正案的正当程序原则，任何公民的权利被剥夺必须经过正当法律程序。案件争论的焦点是领取生活救济金是否是一项公民权利，在进入联邦最高法院后，案件的最终判决对此做出了肯定。并因此确立了取消救济金须经听证程序的先例。“判决指出，说福利救济是一种‘特权’而不是一种‘权利’，并未满足正当程序所提出的要求。今日，更为实际的是，将福利权利视为一种‘财产’而非‘赏赐’。这种利益对于有资格获取者来说具有一种法定权利的性质。”[①]实际上，在生存出现困难时获得生活救助作为一项公民权利，是西方进入福利国家以来的一项基本原则。

在我国，倾斜保护机制与就业保障机制的区别最早出现在在十七

① 伯纳德·施瓦茨．美国法律史[M]．王军等译．北京：中国政法大学出版社，1990：275．

大报告中，其中提到“完善面向所有困难群众的就业援助制度，及时帮助零就业家庭解决就业困难”。《就业促进法》中进一步用法律形式对这一区别体制加以确认，其中，对于所谓的“就业困难人员”该法律规定的义务是提供帮助，此即是我们所说的倾斜保护机制。而对于零就业家庭，该法规定的政府义务是保障至少一人就业，这就意味着，在此情形下，权利人具有对政府的直接请求权，换句话说，是一种真正的权利，而不再是“特权”。这一机制也就是我们在这里所说的就业保障机制。最新推出的《社会救助暂行办法》又再一次重复了这一区别。

三、就业援助与就业救助

与就业援助相近的一个概念是就业救助，尽管两者之间的关系已经被学界以及我国相关法律文件弄得混乱不堪，但为了形成与其他学者以及我国相关法律之间的对话，笔者在此仍需对此做以梳理。

（一）就业援助与就业救助的法律文件表述

涉及就业援助制度的法律文件主要是《就业促进法》与《社会救助暂行条例》，我国《就业促进法》中第六章名称为就业援助，并在该章中将就业援助界定为针对就业困难人群，政府通过开发公益岗位并优先安排的方式以及包括就业服务、就业培训等方面的特殊照顾等方式，实施的一种社会援助措施。同时在该章中也提到了对于零就业家庭提供就业保障，即必须保障其中一个成员就业。在《社会救助暂行办法》中，则设置了“就业救助”专章，其中的第四十二条对于就业救助的解释与《就业促进法》上的就业援助仅存在对象上的差别，《就业促进法》中的就业援助对象更为宽泛，即所谓“就业困难人员是指因身体状况、技能水平、家庭因素、失去土地等原因难以实现就业，以及连续失业一定时间仍未能实现就业的人员”。而《社会救助暂行办法》则限定为“最低生活保障家庭中有劳动能力并处于失业状态的成员”。但从采取的具体措施上看，两者并不存在差别，都是对其中的零就业家庭提供劳动岗位保障，而对其他人员仅提供帮助。也就是说，无论就业援助还是就业救助，都是既包括倾斜保护，也包括就业保障。

（二）就业援助与就业救助在学术界的使用

我国以往的研究基本上都集中在法律援助制度上，多数关于就业援助制度的说明中将就业救助制度与就业援助制度混同。也有人对就业救助与就业援助做了概念区分，认为“就业救助把部分失业或无业人员排除在救济的范围之外。而就业援助既包括对个体实施的各种救助，也包括对劳动就业服务企业、其他安置失业人员的企业以及再就业培训机构等组织实施的政策优惠、税收减免和奖励，以鼓励他们吸纳失业人员、减免费开展就业培训等”[①]。并最终得出结论：就业救助属于就业援助的一部分。

（三）就业援助与就业救助的关系

由于我国两个不同法律中存在着两个不同的术语：就业援助与就业救助，导致理解上的困惑：是否我国真的存在就业援助与就业救助两个不同的法律制度呢？换句话说，如果一个低保家庭成员申请就业帮助，他究竟是要填写就业救助申请表，还是填写就业援助申请表？是否存在着针对低保家庭的特殊的就业援助制度呢？事实上，在我国真正运行的是一套统一的就业援助制度，同一套程序、同一个表格，是否低保家庭至少在法律上也不影响其获得帮助的多少。真正影响到帮助质量的是另一个标准：零就业家庭。

《就业促进法》与《社会救助暂行条例》之所以分别采取了就业援助与就业救助的概念，是由于两个法律的着眼点不同，就业救助是作为我国最低生活保障制度的一部分，将就业援助视为最低生活保障的一种救助方法。但是，从立法技术上来看，用两个不同的术语表述同一个制度，至少属于立法的不严谨，会导致人们的误解。

① 林莉红、孔繁华．社会救助法研究[M]．北京：法律出版社，2008：296．

第二节 倾斜保护机制

一、倾斜保护机制的主要方式及其法律关系

（一）倾斜保护机制的主要方式

劳动权保障的倾斜保护机制作为对就业困难群体的特殊帮扶机制，由于导致这些人就业困难的具体原因存在差别，因此，倾斜保护机制的具体方式也会形成差别，具体可以包括提供职业培训、就业信息与指导以及开发公益岗位等方式。其中开发公益岗位是最主要的倾斜保护方式，也是采用最为广泛，最行之有效的方式。值得注意的是在这里我们提到的职业培训和就业服务与前面在促进机制中提到的在活动内容上并不存在差别，只是一般意义上的职业培训和就业服务不一定是免费的，甚至不一定是公益性的，而我们在此提到的职业培训与就业服务应该是免费提供的，从而体现出对特殊弱势群体的倾斜保护。职业培训与就业服务的倾斜保护措施主要针对由于缺乏技能以及信息而导致的就业困难群体。

（二）倾斜保护机制中的主要法律关系

倾斜保护机制中既有双方法律关系，也有三方法律关系，取决于倾斜保护是否由政府直接提供。

直接由政府提供的倾斜保护机制主要是指由政府直接投资兴建的职业培训机构、就业服务机构提供的职业培训、就业服务，以及在由政府投资开发的公益岗位上实现就业。在这种由政府直接提供的倾斜保护机制中，存在着政府与公民个人双方法律关系。其中政府的权力是审核公民提出的倾斜保护请求，其义务是对符合条件的公民免费提供职业培训与就业服务，以及优先安排倾斜保护对象在政府开发的公益岗位就业并提供岗位补贴。作为倾斜保护对象的公民个人作为权利主体可以向政府提出倾斜保护的请求并接受政府提供的倾斜保护，其

中公民对提供公益岗位并不存在对政府的作为权利救济的请求权，这是倾斜保护机制与就业保障机制的区别。在此，政府不存在岗位保障的义务。

在由政府间接提供的倾斜保护中，法律关系相对复杂，一是政府与倾斜保护的直接提供者之间的法律关系，二是倾斜保护对象与倾斜保护直接提供者之间的法律关系，三是政府与倾斜保护对象之间的法律关系。其中第一种法律关系具体内容是政府有义务向倾斜保护的直接提供者给予税费减免、贷款贴息、社会保险补贴等优惠，如我国残疾人保障法中就规定了对于安置残疾人达到一定数量的企业，给予相应的税收减免优惠。同时，政府有权监督倾斜保护的直接提供者对倾斜保护义务的履行。有来自劳动部门的研究者对当地就业援助制度实施调查时指出："不少地区开发的机关事业单位公益性岗位，因这些岗位大多为部门和单位所有，政府未能有效掌控，难以统筹使用，安置的就业困难对象解聘现象频繁发生——转岗周期一般在 3 个月左右。"[①]这也说明了政府的职责不仅是提供优惠条件和实现岗位安置，还存在上岗后加强监督的义务。相应的，在这一法律关系中，倾斜保护直接提供者的权利是在提供了倾斜保护以后获得政府给予的各项优惠政策。

第二种法律关系的性质较为特殊，表面上看，为就业困难人员提供就业岗位似乎是用人单位在履行一项道德义务，是对就业困难人员的一种恩赐，而这些就业困难人员获得劳动机会似乎也与其他员工存在差别。的确，这些人员可能在履行岗位职责方面与其他员工存在一定差距。但笔者认为，不能因此而否定两者之间的劳动合同法律关系，而且双方处于平等地位，用人单位不能因为倾斜保护对象入职途径的特殊性而对其采取歧视性待遇。一方面，双方同样作为私主体，形成劳动用工关系尽管中间有相应的政府部门担当媒介，但从本质上说仍属双方自主意愿的结果，不存在任何一方对另一方的强制；另一方面，用人单位招收就业困难人员的行为，可以以获得相应的税费、信贷等

① 华志兵．政府建立就业援助制度的思考[J]．现代商业，2009（2）：75．

优惠作为对价，在录用就业困难人员这一问题上，许多用人单位并非完全出于履行社会责任的动机，获得相应的优惠政策也是一项重要的动机。因此，既然用人单位录用就业困难人员并非一种无对价的恩惠，那么，双方之间也就具备了合同关系的基本要素。因此，用人单位应该与倾斜保护对象签订正式劳动合同并履行合同义务。然而我国目前在倾斜保护机制中存在的问题是政府干预的色彩过浓。“目前在困难群体就业援助上，大部分地区采用的是‘拉郎配’式的援助方式，未能充分考虑就业困难人员与援助岗位的匹配程度和适应性。”[①]要解决这一问题，就要从根本上认识倾斜保护机制中用人单位与援助对象同样属于劳动合同法律关系，政府在其中只是担任媒介职能以及提供相应优惠的职能，这样既能满足用人单位的用工自主权，又能够做到使就业困难人员得到真正的帮助。

第三种关系是政府与倾斜保护对象之间的法律关系。在由政府间接提供倾斜保护的情况下，政府与倾斜保护对象之间的直接关系包括两个方面，一是受理就业援助登记与进行资格审核，二是在倾斜保护的直接提供者与就业困难人员之间建立沟通关系。其中前者属于一种典型的行政法律关系，双方的权利义务内容也较为明确，而后者的法律关系属性则存疑，无论是开发就业岗位，还是建立沟通关系，都属于积极作为的义务，其义务履行的程度如何，往往更多的是以工作热情来判定，而无法以工作效果来判定。在我国，工作效果通常都是作为政府内部的考核依据，而并非法律义务履行的衡量标准。关键是，在缺乏政府问责制的法律责任体系下，无人追究责任就意味着该责任产生的基础并非一项法律义务。而作为这一法律关系中的权利主体的就业困难人员，其获得倾斜保护的权利是否是一项针对政府的法律权利呢？如果是，那么权利的内容是否包含请求权？即在政府不履行积极义务的情形下，是否可以提出要求其履行义务的请求？笔者认为，既然倾斜保护机制是一项法律机制，那么作为这一机制中的主要义务主体的政府与就业困难人员之间的法律关系就不仅是就业援助登记与

① 华志兵．政府建立就业援助制度的思考[J]．现代商业，2009（2）：75．

资格审核，政府履行积极作为的义务以及因此形成的就业困难人员的权利构成法律上的权利义务关系。其中，要使政府义务作为法律义务而不仅是道德，必须通过政府问责制得到实现，政府问责制是解决政府积极作为义务的法律属性转换的重要机制，关于这一问题我们将在后面的内容中集中展开。而就业困难人员相应的权利，其法律属性也可以通过政府问责制得以体现。然而，这一权利并不形成公民个人针对政府的请求权，因为倾斜保护机制并非保障机制，也就是说，政府并没有保障就业困难人员一定获得劳动岗位的义务，因此，个人也无法由于未能获得劳动岗位而要求追究政府责任。这是倾斜保护机制与就业保障机制的本质区别。

二、倾斜保护的对象

倾斜保护的对象即就业困难人员，其中的可以享受就业保障的人员不在此范围。由于倾斜保护作为国家福利政策的一部分，是以公共财政特别支出为基本实现方式的，如何设定其范围及如何认定，涉及倾斜保护申请者与社会公众的利益关系，同时还涉及政府行使权力的合法性与合理性的衡量。根据我国《就业促进法》的规定："就业困难人员是指因身体状况、技能水平、家庭因素、失去土地等原因难以实现就业，以及连续失业一定时间仍未能实现就业的人员。就业困难人员的具体范围，由省、自治区、直辖市人民政府根据本行政区域的实际情况规定。"根据这一法律规定，我国享受倾斜保护权利应该具备的条件是：

1．必须具有公民劳动权主体资格

享受倾斜保护权是公民劳动权的一项特殊内容，因此必须首先满足这一主体资格条件。"在法定劳动年龄内，有劳动能力和就业愿望"也应该作为倾斜保护对象的基本条件。尽管我国就业促进法中没有明确这一条件，但是在一些地方性法规中这一条件得到了明确，如《北京市就业援助规定》就将此作为先决条件。

2. 并非基于可归咎于本人的因素而导致的就业困难

在就业促进法中列举了导致就业困难的三种因素：自身因素、家庭因素以及外在因素。值得肯定的是：首先，《就业促进法》规定了较为广泛的倾斜保护范围。关于劳动权倾斜保护的范围，一些观点认为应该仅限于“先赋因素”导致的就业困难。这种观点将影响公民平等劳动权的因素分为先赋因素与后天获得因素，主张由于先赋因素不是可以归咎于个人的因素，因此，个人不应该为此承担责任，国家应该对此类情形通过提供特殊保障而实现实质正义，这里的先赋因素可以包括身体、性别等因素。[①]对此，笔者赞同作者关于任何人都无权将归咎于个人因素造成的不利状况让政府买单的主张，这也是理性主义精神的要求，问题在于并非除了先赋以外的其他因素就都是可以归咎于个人的因素。从我国就业促进法的规定看，除了身体因素外，还规定了“技能”这一后天获得因素。笔者赞同我国就业促进法的这一做法，因为“技能”获得实际上除了自身后天努力程度外，还取决于许多外在因素，如教育环境等，这些因素通常也是不可归咎于本人的因素。除了本身因素，《就业促进法》还规定了家庭因素以及社会因素。将社会因素纳入倾斜保护范围，体现了政府对自己行为的负责任的态度。关于社会因素，《就业促进法》采取了“失去土地等原因”的描述方式，对此，笔者认为应该做扩大解释。“失去土地”是国家政策所导致的就业困难的一种情形，就业促进法之所以专门列举“失去土地”一项，是由于当时社会因素导致的集中的就业困难最突出的问题是“失去土地”，而且失去土地带来的就业困难是双重的，同时存在的还有技能缺陷。在我国城镇化快速发展的今天，这一问题显得更加突出。然而，如果仅对失地农民予以倾斜保护，显然有失公平。实际上，还有大量的其他归咎于国家政策导致的就业困难。如我国自 2013 年开始为解决环境问题而强行关闭一些钢铁、水泥等污染企业，对于这些企业中的原有职工，笔者认为也应该纳入倾斜保护对象的范围。实际上，一方面，就业促进法并未将社会因素仅限于失去土地，另一方面，一

① 李雄．论平等就业权[D]．西南政法大学博士论文．重庆：西南政法大学，2008：82．

些地方性法规中实际上也进一步扩大了社会因素的范围。如《北京市就业援助办法》中列入的社会因素就包括“绿化隔离、矿山关闭、资源枯竭或者受保护性限制等”。

至于家庭因素，笔者认为《就业促进法》的表述上存在逻辑问题。按照就业促进法的表述，家庭因素是导致就业困难的原因，这是难以理解的。实际上《就业促进法》希望表达的本意应该是存在特殊困难的家庭成员，符合公民劳动权的主体资格，即使不存在前述的导致就业困难的原因，也可以依照该条款获得倾斜保护。而且，与下文中的授权性规定联系在一起看，特殊困难家庭的标准也可以由地方性法规具体规定。而地方性法规通常都将这一条件界定为“享受城乡居民最低生活保障待遇的”。这一规定恰好与《社会救助暂行办法》中的“最低生活保障家庭中有劳动能力并处于失业状态的成员”规定相一致。笔者认为，《就业促进法》表述上的逻辑混乱源于立法者对就业援助与就业救助之间关系的混乱认识。如果我们将就业援助从其本意上理解为对不可归咎于本人原因导致的仅靠形式平等无法实现的劳动权实质平等的一种纠偏行为，那么是否低保家庭（或者拓展为家庭因素）就与此无关。是否低保家庭只是体现就业要求的紧迫性，而非困难性。因此，低保家庭的就业问题本身就是社会救助的问题，而非劳动权保障问题。的确，由于在我国社会保障与就业同属人力资源与社会保障部门职责范围，而具体的工作又是由街道，甚至居委会等最基层组织担当，造成两项制度实施上的混同，但这不应该成为法律上逻辑混乱的理由。问题的解决实际上只需要在就业促进法中删除“家庭因素”，而在社会救助法中的就业救助部分添加“就业救助的具体办法参照就业援助制度”字样即可。

3．失业时间限定

享受就业倾斜保护的对象必须是处于失业状态的人员，这是不言而喻的，然而，既然是针对就业困难人员，失业时间是体现困难程度的一个标准。根据就业促进法的表述，失业时间是一个独立的判断标准，与前面的影响因素存在并列关系，也就是说只要达到失业时间标准，就可以列入就业困难范围。这样的表述方式进一步扩大了倾斜保护机制的覆盖面。《北京市就业援助规定》也是将“连续失业一年以上”这一条件与前面的其他条件采取了用分号隔开的表述方式。

三、倾斜保护机制应遵循的原则

（一）公平原则

倾斜保护机制则为影响劳动权的特殊保护机制，表面上看是打破了公平性原则，然而从根本上看，是对实质公平的价值追求，是实现社会公平的重要手段。因此，倾斜保护机制首先要遵循公平原则，其具体含义是：

1. 利益平衡

倾斜保护机制作为实现实质正义的一种手段，本质上是借助政府干预手段，在社会利益之间进行的二次分配活动。因此，这一制度的正义性取决于这种二次利益分配所采取的标准是否合理。标准过宽，优惠程度过高，不仅会损害到其他纳税人的利益，还会破坏人力资源市场的竞争机制。标准过严，保障程度过低，则达不到倾斜保护的目的。从外国就业倾斜保护的法律实践看，其不同时期，不同国家采取的标准都不尽相同，这里给我们的启示是：在实质正义和形式正义之间不存在永恒不变的抽象的界限，具体标准要视社会经济发展水平而定。在处理利益平衡问题上，美国的一项旨在缓和两者冲突的做法很值得借鉴，具体做法是使用失业保险救济金作为再就业的担保，允许工人使用保险金的一部分作为新雇主雇用他们的担保金，这样既可以减轻雇主雇工的压力，又可使被救济者成为再就业者。[①]这种做法使得失业者个人、雇主和国家利益达成一致，使利益平衡的难题得到化解。

2. 形式公平

倾斜保护中的形式公平原则包括两个方面，一是对于所有申请倾斜保护的公民应该平等对待；二是对于履行了倾斜保护社会责任的用

---

① 李广瑞. 美国的就业促进政策[J]. 山东劳动保障，2003（4）：34.

人单位在给予各项优惠中应该平等对待。就第一个意义上的平等对待，主要是在资格审核与认定上。对于这一问题，我国就业促进法没有做出任何程序性或实体性规定。只是在一些地方性法规中存在一些程序性的规定，如《北京市就业援助规定》中设定了申请者个人对于审核结果的申请复核程序，这一规定在程序上实现了对我国就业促进法在实施中的完善。另一问题是我国倾斜保护运动化特点："就业援助工作安排缺乏制度性。从目前我市情况看，少数地区对就业困难群体的援助工作仍然表现为一年一度集中开展一次结对帮扶活动，援助就业人数根据结对帮扶的规模大小决定，常态化、普惠制、长效性的就业援助制度根本没有建立起来。"[①]这种运动式的倾斜保护活动，会造成保护结果的不公平。第二层意义上的平等对待的实现，要求对于提供公益岗位的用人单位实施的各项优惠政策形成制度化。我国目前形成明确制度的主要是对待录用残疾人就业的税收减免制度，而针对其他倾斜保护主体的优惠制度基本上都是采取政策的方式。例如，我国曾先后推出过针对下岗职工的就业和创业优惠，针对大学生的创业、就业优惠，针对安置复原专业军人的优惠等，然而，由于这些优惠缺乏长效性、制度性，也会造成用人单位享受优惠政策的不公平。

3．权利义务对等性原则

公平性在法律上的一个基本表现方式就是权利义务的对等性，在一对法律关系中，主体双方互负义务，互享权利，才符合法律上的平等要求。然而，从我国就业促进法的规定看，其中只有关于政府义务的表述，对于公民获得倾斜保护权利并不存在正面描述，是我们从政府义务中推导得出的。然而，如果我们承认就业困难人员享有倾斜保护权是一项法律权利的话，那么，与之相对应的义务是什么？根据私人义务不可推定的原则，没有明确规定就只能意味着不存在。由此就会形成一项没有义务限制的权利，权利缺少相应的义务限制就会成为没有边界的权利，从而造成权利的滥用。我国倾斜保护制度在运行中的确也存在这一问题，一些就业困难人员对劳动岗位要求过高，挑肥

① 华志兵．政府建立就业援助制度的思考[J]．现代商业，2009（2）：75．

拣瘦。前面我们提到的就业困难人员就业后频繁转岗的问题，一方面原因是政府的硬性安置和用人单位的不负责任，另一方面则是就业困难人员自身的问题。这一问题的存在一方面降低了政府工作效率，同一方面，也浪费了大量的公共资源与社会资源。

然而，值得注意的是，我国社会救助法中，对于接受就业救助的人员做出了相应的义务限制："最低生活保障家庭中有劳动能力但未就业的成员，应当接受人力资源社会保障等有关部门介绍的工作；无正当理由，连续3次拒绝接受介绍的与其健康状况、劳动能力等相适应的工作的，县级人民政府民政部门应当决定减发或者停发其本人的最低生活保障金"。这一办法也体现了目前世界上推行的就业救助优先于物质救助的原则。英国等福利国家的经验是：如果社会福利水平低，失业者的生活十分困难，就必须积极寻找工作，并不得不接受不很满意的工作；如果社会福利水平高，失业者的生活有充分保障，就可能对工作更为挑剔，不愿意接受报酬较低、工作条件较艰苦或者离家路程较远的工作。所以，社会福利与就业之间存在一定程度的替代关系。[①]笔者认为，对于不属于就业救助范围的就业困难人员，尽管不存在停发最低生活保障金的问题，但是也可以参照这一办法设立一定的义务加以限制。从制度功能考虑，可以将限定性的义务设定为：如果在政府帮助下获得的劳动岗位与其健康状况、劳动能力等相适应，由于就业困难人员自身原因导致的辞职或解聘超过若干次的，将丧失获得倾斜保护的权利，除非其出现新的导致就业困难的原因。有了这样的规定，就会促使就业困难人员更加珍惜就业机会，从而避免社会共公共资源的浪费，也能够使政府的倾斜保护更加均衡化。

4．统筹性原则

我国公共就业服务领域存在的不均衡问题由来已久，不均衡的问题存在于两个方面，一是地区之间的不均衡，二是城乡之间的不均衡。地区之间的不均衡从公共财政支出数字中就能够得到明显体现，据一

① 陈成文、邓婷．就业援助：英、美、日三国的实践模式及其启示[J]．湖南师范大学社会科学学报，2009（2）：94．

项关于 2008 年各地区就业与社会保障财政投入的总数与人均数值的统计数据表明，当年全国人均就业保障财政投入是 486.44 元，人均最高的上海达到 1773.76 元，而最低的广西则仅为 267.81 元。[①]此外，城乡不均衡也是有目共睹的事实，公共就业服务与培训机构都设置在城市，以街道与居委会为主体开展的，主要是面向户籍所在地居民开展登记和倾斜保护活动。这种城乡分割、地区分割的情形只会进一步加剧就业困难人员的就业难度，无法实现倾斜保护的立法目的。要实现倾斜保护的均等化，只有实行统筹制度。打破城乡分割、地区分割，才能够真正实现倾斜保护的公平原则。而统筹的具体实施目前在我国存在的主要障碍除了我国户籍制度的限制外，《就业促进法》本身也是一个影响因素。该法律对倾斜保护对象采取了弹性表述方式——就业困难人员，而将具体的就业困难条件采取授权性规范的方式授予省、直辖市和自治区一级地方政府。这种调整方式的确体现了我国幅员广阔、地区间差异较大的特点，同时也体现了倾斜保护作为一项社会经济权利，与相应的经济发展水平相协调的原则。然而，这种方式必须以分割的倾斜保护机制相匹配，在实行统筹的条件下，地方政府为了减轻自身的压力，势必提高倾斜保护的门槛，甚至倾斜保护门槛有可能成为控制人口流向的手段，从而阻碍统筹目标的实现。而从一些地方性法规看，关于具体就业困难条件的地区差别并不大，如天津、北京、江苏等地关于身体原因，通常都规定为：年龄条件，即所谓“40”、“50”人员；残疾条件，需经残疾评定机构评定为残疾人的。因此，这种授权也没有存在的必要。

（二）程序性原则

正义不仅要真的存在，还应该让人们看到，这是法律正义的特殊要求。由于倾斜保护既关系到实现就业困难人员实质正义的要求，又关系到社会公共资源的和安排与使用的形式正义，因此，设立严格法律程序，使之成为一项真正的法律制度，而不再仅仅是一项临时性的

---

① 王飞鹏．我国公共就业服务均等化问题研究[D]．首都经济贸易大学博士论文．北京：首都经济贸易大学，2012：附表．

公共政策，并通过程序化的运作方式，向社会展示制度本身及其运行过程的正义性，是十分必要的。

倾斜保护机制涉及倾斜保护的申请与审核、公益岗位开发、公益性就业服务与职业培训的提供、有关补贴的发放及优惠政策的享有、监督检查等程序，其中直接关系就业困难人员利益的程序就是申请与审核程序。如果缺少这一程序，那么倾斜保护机制就只是作为一项临时性政策，采取运动式的方式展开。我国《就业促进法》就业援助一章仅规定了零就业家庭成员申请就业保障的法律程序，倾斜保护制度缺乏程序性规定。《社会救助暂行办法》中的第四十四条规定了就业救助的申请程序："申请就业救助的，应当向住所地街道、社区公共就业服务机构提出，公共就业服务机构核实后予以登记，并免费提供就业岗位信息、职业介绍、职业指导等就业服务。"然而这也仅解决了部分倾斜保护的程序问题。在就业救助之外的其他就业困难人员如何获得程序性保障，目前我国缺乏统一的程序，往往在地方性法规中规定各自的程序。如《北京市就业援助规定》中提到了"就业困难人员认定程序"，符合条件的人员可以向住所地街道、乡镇公共就业服务机构进行失业登记或者转移就业登记，并同时申请就业困难人员认定。还明确规定"街道、乡镇公共就业服务机构应当自受理就业困难人员认定申请之日起 5 个工作日内完成审查认定，对符合法定条件属于就业困难人员的，应当依法给予就业援助"。"申请人对认定结果有异议的，可以自收到认定结果之日起 15 个工作日内向做出认定结果的公共就业服务机构所在区县人力资源和社会保障行政部门申请复核。"地方性法规在倾斜保护机制的程序性问题上做出了有益的探索，这也为建立统一的倾斜保护程序提供了立法基础。

第三节 就业保障机制

前面我们在讨论公民平等劳动权客体时曾明确：劳动机会是主要的权利客体，劳动岗位则仅在特殊情形下作为劳动权的客体，这种特殊情况就是就业保障机制,这也是国家对劳动权所做到最充分的保障。

一、基本含义

就业保障机制在我国是一项具有特殊含义的制度，它是一项国家专门针对零就业家庭中有达到劳动年龄，具备劳动能力和劳动意愿的人保障其获得劳动岗位的特殊制度。如前所述，我国在十七大报告中提出了零就业家庭的特殊保障原则，随后的《就业促进法》尽管在许多方面的规定都有失具体，但却设专门条款规定了零就业家庭的就业保障，内容相当具体:“县级以上地方人民政府采取多种就业形式，拓宽公益性岗位范围，开发就业岗位，确保城市有就业需求的家庭至少有一人实现就业”。“法定劳动年龄内的家庭人员均处于失业状况的城市居民家庭，可以向住所地街道、社区公共就业服务机构申请就业援助。街道、社区公共就业服务机构经确认属实的，应当为该家庭中至少一人提供适当的就业岗位。”尤为值得注意的是，我国的社会救助法律中，也将对零就业家庭的就业保障作为区别于其他低保成员的一项特殊社会救助措施加以单列。“最低生活保障家庭有劳动能力的成员均处于失业状态的，县级以上地方人民政府应当采取有针对性的措施，确保该家庭至少有一人就业。”

作为一项法律制度，我国零就业家庭的概念仍然建立在户籍制度基础上，是指同一户籍的家庭中达到劳动年龄的成员（在校学生、现役军人除外）无一人就业的情形。由于历届政府对零就业家庭的关注度极高，特别是本届政府，提出了动态消灭零就业家庭的目标，因此，零就业家庭成员就业保障制度目前在我国的特殊保障制度中是运行较为成熟的一项制度，形成了一套完整的零就业家庭申请与认定条件、程序、优惠及保障措施、资格取消等制度。

二、法理依据

从相关法律规定看，零就业家庭享受的就业保障不仅高于其他的就业困难人员，而且还高于低保家庭成员，因为从《就业促进法》和《社会救助暂行办法》的规定看，零就业家庭无论是否同时也是低保家庭，享有同样的劳动岗位保障。这也就是说，如果一个低保家庭成员同一个非低保零就业家庭成员面对唯一劳动岗位时，非低保零就业家庭成员的就业愿望能够优先得到满足。换句话说，保障每个家庭至少有一人就业的社会需要高于了让低保家庭通过就业摆脱依赖社会救济生存的需要。

笔者研究了一些西方国家的相关制度后发现，在其他国家，社会救助与就业援助是完全不同的两套法律制度。社会救助是基于生存权保障的要求而形成的，以生存权作为基本价值取向。同时明确国家有保障生存权的义务，保障生存权义务的一般履行方式是设定最低生活标准，并对达不到标准的成员提供物质救济。而就业援助是以实现劳动权为立法的制度功能指向，问题是劳动权保护是否应该纳入社会保障范畴，也就是公民是否有权利要求国家履行保障其获得劳动岗位的义务呢？最早的《世界人权宣言》中的确有关于国家保障全民就业的内容，但是此后的各种人权宪章类公约以及国际劳工组织的国际劳工标准都采取将国家义务表述为积极促进，允许国家在一时不能满足公民的劳动意愿时，可以采取提供培训、服务以及生活保障的方式作为替代的履行义务方式。因此，在自由劳动的前提下，对劳动机会的保障是一种高于物质生存保障的公民权利保障，同时也就意味着在这些国家并不存在国家提供劳动岗位的义务。提供劳动岗位的义务是我国的一项特殊的国家义务。当然，我们说保障劳动岗位作为国家义务是我国特色，并不意味着其他国家的社会保障程度低。实际上，如何设立法律制度往往取决于国家面对的主要问题。在西方发达国家，特别是一些高福利国家，由于其设立了较高的失业保障和社会救济标准，导致许多人宁愿享受救济也不去工作。特别是西方金融危机爆发后，这一问题显得格外突出，因此，西方国家目前的社会保障制度改革方向是通过提高享受条件或者增加消灭条件而促使人们选择参与社会劳动。这也是这些国家的社会救助与就业促进的衔接关系，并不存在我国法律中的交错状态的原因。

如前所述，按照我国现有的制度安排，就会出现面对唯一劳动岗位，非低保零就业家庭成员的优先顺位优先于低保非零就业的家庭成员。在这种情形出现时，我们可以从两个不同的角度对这种优先顺位加以考量：一是从国家角度，这就意味着国家需要为此继续支付一笔社会救济金；二是个人角度，这里存在的问题就是让非低保家庭成员在获得劳动岗位问题上享受优先权是否合理？对于这一问题的探讨还需回归劳动权的价值。

前面我们的讨论中谈到劳动权的基础性价值是生存价值，即劳动权首先是作为劳动者获得生存物质资料的必要手段。然而，劳动权的价值不仅是作为保障生存的手段，劳动作为人类参与社会生活的重要方式，劳动权还承载着促进人的自身发展，以及通过劳动者以社会性活动实现个人自由以及社会尊重的重要使命。因此，实现劳动权远比实现生存权的意义更为广泛。劳动权"承载了保障生存权的基本功能，并通过保障人的体面劳动得以实现"[①]。从这个意义上看，我国并没有完全采取西方式的在社会救济与劳动权之间任意替换的方式，一方面说明立法者敏锐地意识到了劳动权与生存权之间的价值差异，另一方面，也说明我国是在清醒意识到我国与西方国家的不同国情——无论是社会物质救济还是劳动机会供给都相对匮乏的前提下，立法者主动做出了一种负责任的价值选择。

再回来讨论这种顺位选择对于个人的合理性问题。在我们无法保障实现每个人的劳动意愿的前提下，解决零就业家庭一人就业问题，即使其并非低保家庭，但在实现生存权的同时还实现了家庭至少有一人实现发展权、自由与尊严的权利。而低保家庭如果并非零就业家庭，意味着家庭中至少已经有一人获得了参与社会生活的机会，仅剩的生存权问题可以采取物质救济的方式得到解决。实际上，一个家庭中如果有一人能够获得社会生活的参与机会，就意味着整个家庭可以融入社会，并带来进一步的发展机会。否则，正如李克强总理在12届人大2次会议闭幕时召开的记者招待会上所言，一个家庭如果没有一人就

① 李雄．论平等就业权的界定[J]．河北法学，2008（3）：67．

业，就会陷入一种绝望境地。劳动权的实现承载着为个人以及家庭带来希望的使命。

三、权利性质

尽管我国政策层面上将零就业家庭的就业保障问题提到很高的高度，然而，从我国社会保障体系来看，零就业家庭的就业保障并不在其中。通常对社会保障的解释是：社会保障是指国家通过立法，积极动员社会各方面资源，保障无收入、低收入以及遭受各种意外灾害的公民能够维持生存，保障劳动者在年老、失业、患病、工伤、生育时的基本生活不受影响，同时根据经济与社会发展状况，逐步增进公共福利水平，提高国民生活质量。[①]从这一定义看，社会保障仅限于生存保障，这样定义社会保障概念实际上是建立在国家仅存在保障公民生存权义务的认识之上。

如前所述，通过对我国就业援助顺位的考察，我们发现其中体现了在生存保障之外还存在着一种更高价值保障——通过实现就业参与社会生活，获得尊严与发展的机会。而从我国对零就业家庭的就业帮助的性质来看，已经达到了保障的程度，相关法律规定也采用了“保障”的表述，而不是一般性的提供倾斜帮助。因此，笔者认为，对我国的社会保障体系应该做更广义的理解，将其界定为当公民基于某些因素导致其仅凭自身努力无法实现其生存及其他重要基本权利时，由国家通过立法，积极动员社会各方面资源采取有效手段给予保障的活动。广义社会保障与狭义社会保障的不同在于其保障目的不限于生存权实现，获得保障的条件不仅限于生存权面临威胁。

将就业保障纳入我国社会保障概念体系，不仅在实践上符合我国的现有的法律制度现实，而且在理论上也有助于厘清前述我国在就业援助、就业救助、就业保障以及社会救助之间的关系。如果我们依然在生存权保障意义上理解社会救助的话，那么社会保障包括社会救助

---

① 付龙飞．社会保障权司法救济研究[D]．中南大学博士论文．武汉：中南大学，2012：24．

与就业保障两部分，它们之间存在客体与对象的差别；就业保障可以纳入就业援助体系中，就业援助包括倾斜保护与就业保障，它们之间是援助程度的差别，同时也是援助对象权利性质的差别；就业救助与就业保障之间存在交集，即低保家庭中的零就业家庭。

笔者在研究中发现，我国针对相关问题的学术研究与国家政策表现出冷热两个极端。一方面，我国现有的关于就业援助的研究中几乎没有专门将就业保障制度特别对待的，对于我国相关法律中对零就业家庭的特殊保障制度几乎是视若无睹。另一方面，我国对零就业家庭就业保障在国家政策层面则是得到了长期的高度关注。学术界的冷漠更多体现出一种依然视就业援助以及就业保障为政策的态度。笔者认为，对国家政策的权利式解读是促使政策向权利转化的重要方式，而且，从法的定义上看，体现国家意志的规范性文件就是法律，这也是法治国家的要求。从西方关于社会权利的法律发展进程看，正是这种认真对待的态度才促使了法律规定由政策向权利的转化。

我们之所以强调就业保障作为一种社会保障制度，因为这意味着这一制度已经可以区别于作为客观法的就业援助制度，而形成一种主观权利——就业保障权。“以权利为基础的方法”可以将不同类的问题联系起来，赋予过去那些以发展、管理与福利等术语来界定的概念以法律的分量和法律的内涵。因此，它与发展经济学家们惯用的工具主义与功利主义用语不同，选择了正式的法律制度下的权益与义务用语，在保留道德属性的同时增加了法律的成分，这是其他方法所缺乏的。[①]符合保障条件的公民享有获得国家就业保障权，这一权利直接形成国家义务。

作为一种主观权利的就业保障权与客观法的根本区别在于它是一种真正的权利而不是一种国家恩赐。有一种对于社会保障制度的理解体现了国家恩惠的观点：社会保障区别于其他社会安排的是：（1）受益人被供给福利的同时，他无需履行互惠性的义务。因此，社会保障

① The Right to Social Security and National Development：Lessons from OECD Experience for Low-Income Countries[EB/OL]，http：//ssm．com/abstract=958252．

并不是为了补偿个人已经完成的工作或提供的服务。（2）社会保障并非基于受保护的人与保护提供者之间的个体性质的协议。比如，它不同于人寿保险合同。如果说存在协议的话，这样的协议也是在更广大的人群中适用，因此，它具有集体协议的性质。①简单地说，就是认为社会保障制度既缺乏对价，又不属于单务契约，因此，只是一种国家恩惠。西方社会保障权的最初发展也经历了由“特权”向“权利”的转化过程。如前我们提到的美国联邦最高法院对戈德堡诉凯特案的判决最终明确了社会保障权的“权利”性质，并明确否定了“国家恩赐”。那么作为真正的权利，就业保障权应该具备全部的权利内容：

一方面，就业保障权应该存在完整的法律程序。法律权利与道德性权利的区别在于其严格的程序性，在一定意义上说，法律就意味着程序。没有设定程序的权利只能是一种道德宣述。从我国现在运行的就业保障权机制看，在权利取得、权利消灭等问题上已经设立了相对完整的程序。但目前这些程序都是以地方性法规甚至政府规章的形式设立的，不仅存在地区差别，而且内容上与我国行政法上的程序并不对应，例如，北京市设立了一个“申请复核”程序，而并非行政复议程序。这种处置方式并非真正意义的法律程序，而不肯将就业保障权纳入真正的法律程序背后隐藏的依然是对就业保障权作为真正权利的否定。美国联邦最高法院对于社会保障权的权利宣述正是以确认其享受正当程序保障开始的。

另一方面，就业保障权具有请求权内容，也即权利主体在对方未能履行义务的情形下可以要求义务主体履行义务，而针对一种积极权利的义务履行状态考量，则应该采取权利是否真正实现作为衡量标准，而不是以其是否履行相应的行为作为标准。换句话说，个人请求权行使的条件，也即获得权利救济的条件应该设定为并非由于本人原因而导致的权利不存在的客观状态。

① 付龙飞．社会保障权司法救济研究[D]．中南大学博士论文．武汉：中南大学，2012：35．

第五章

劳动权歧视的法律控制机制

第一节　禁止歧视法律机制概述

一、禁止歧视制度中的基本法律关系

（一）禁止歧视法律关系的特征

禁止歧视是公民平等劳动权保障机制中的核心内容，也是一直以来最受关注的部分。考察平等就业权在西方的实践后，我们就会发现，平等就业权即便是发轫于西方的人权理念，但其主要是通过反就业歧视和践行有关平等就业政策而得以贯彻和落实。[①]在我国劳动法学界甚至有些学者直接把平等就业权解读为禁止就业歧视。比如林嘉认为："就业平等权，又称平等就业权，是指平等获得就业机会的权利，平等就业权是公民的基本权利之一，是公民宪法上平等权在劳动就业领域的延伸和具体化。维护平等就业权，必须反对就业歧视。"[②]又比如李炳安认为："平等就业权是指任何一个公民，不论其民族、种族、性别、

① 李雄．论平等就业权的界定[J]．河北法学，2008（3）：67．

② 林嘉等．劳动就业法律问题研究[M]．北京：中国劳动社会保障出版社，2005：120．

宗教信仰、语言、社会状况等方面的不同，均享有平等的就业机会，除能力、技术等限制外，不得有其他限制，对具有相同条件的公民，不能做出不同的待遇。”①尽管笔者并不赞同上述学者在平等劳动权界定上的观点，但上述观点至少从一个侧面说明了禁止歧视在公民平等劳动权保障体系中的核心地位。禁止歧视制度之所以能够成为平等劳动权保障制度的核心，一个重要原因是由于这一制度所涉及的基本法律关系符合传统意义上的法律关系特征。

公民平等劳动权保障机制包括促进机制、特殊保障机制禁止歧视机制以及企业社会责任机制。其中前面我们讨论的促进机制、特殊保障机制中的主要法律关系是公民与国家的法律关系。在传统法学理论中，基于国家免责的原则，关于国家针对公民个人积极作为义务法律规定被视为所谓的客观法，而并非存在真正意义上的具体法律关系。其与一般法律关系的区别是不存在请求权和救济权。而在后面我们将要讨论的企业社会责任则通常被认为是一种道德责任，也不是典型的法律关系。

而禁止歧视法律保障机制中，其基本法律关系是公民与用人单位的具体法律关系。这种法律关系具有如下特点：首先，这种关系是特定主体之间的法律关系，而且通常是私主体之间的法律关系，这是与促进机制中的法律关系的重要区别。在平等劳动权的促进机制中，国家义务与个人权利之间往往不存在具体主体的一一对应关系。而禁止歧视机制中，即使在公务员录用中涉及与国家机关的关系，但也是具体的国家机关部门与个人之间的关系；其次，与劳动权促进机制与特殊保障机制中法律关系以积极作为义务为基本内容不同，禁止歧视法律关系中所涉及的权利义务内容一般是一种不作为的义务，歧视通常是以积极作为的方式出现的，这也意味着这类法律关系是对积极作为的限制。在传统的法律保障机制中，国家消极不作为是否构成公民请求权存在疑问，但针对国家机关的积极作为的侵害是可以纳入法律调整范围的，这也是禁止歧视法律关系较早得到法律关注的原因；最后，

① 李炳安．劳动权论[M]．北京：人民法院出版社，2006：122．

禁止歧视法律保障机制体现了形式平等的价值取向，在这一问题上，也构成与促进机制和特殊保障机制的实质平等在价值取向上的差别。禁止歧视法律保障机制中的用人单位义务，简单归纳就是在劳动机会的获得与保有上平等对待所有人。有关国际公约以及许多国家关于劳动权保护的法律制度中，往往存在一些针对特殊主体的优惠性制度安排，并要求相应的用人单位履行此制度安排。但是如果对这些制度安排认真加以分析，就不难发现，其中一部分属于国家在履行其特殊保护义务，这部分内容在转化为用人单位义务时，往往会设立某种对价，如给予某些税收、信贷上的优惠，而且通常采取自愿承担原则。这部分内容并不属于我们在这里研究的禁止歧视的内容。另一部分内容属于采取强行性规范设定的义务，例如有些国家规定单位人员中的女性比例、少数族裔比例或者残疾人的比例等，这类规定从客观上说的确增加了这些人在人力资源市场上的竞争力，改善了其弱势地位，但这类制度仍然属于对形式平等的价值追求，因为这类规定设立的目的仅在于消除偏见，要求用人单位对这些特殊群体与其他人一样的平等对待，而不是要求对这些人存在的能力欠缺予以忽略。

（二）禁止歧视法律关系的基本要素

首先，禁止歧视法律关系主体是用人单位与符合劳动权主体要件的公民。在这里我们所说的用人单位包括各种所有制下的企事业单位，也包括国家机关。在我国，公务员权利的保障机制不在劳动法的范围内，这也是本课题不采取我国传统意义劳动权概念的原因。但是，公务员岗位对于公民个人来说也同样是一种劳动机会，因此，在机会获得问题上同样应该遵循不歧视原则。而且，作为用人单位的国家，不仅应该遵守禁止歧视的法律规定，而且还应该率先垂范。近年来，我国发生的多起影响较大的歧视诉讼案件都是针对公务员录用的案件，之所以影响大，也是因为我国目前法律在这一问题上的模糊态度。这种模糊态度也造成了至今在公务员招录中存在公开的严重的歧视，例如天津市2013年公务员选调中公布的岗位要求中，性别、是否应届毕业生、年龄等要求比比皆是。有些地方还设置了生源地限止。这些现象的存在也说明将公务员招录也纳入禁止歧视的法律关系范畴十分必要。作为禁止歧视法律关系主体的另一方的公民，在这里是指达到法定劳动年龄，具有劳动能力与劳动意愿的公民。也就是一般劳动权的主体。大多数的禁止歧视法律关系存在于特定主体之间，除用人单位外，另一方主体可以表述为“求职者”。我们在这里之所以不采用“求职者”是为了避免在出现抽象歧视行为时由于对这一概念的狭义理解导致对这一法律关系的否定。抽象歧视行为是指并非针对特定的具体的人的歧视，而是对某一类人的歧视。抽象歧视行为一般出现在招聘信息的发布中，由于其并非针对某一特定人，仅凭其发布的信息就已经将潜在求职者挡在门外，这些被挡在门外的潜在求职者其求职者的地位往往得不到承认，因为面对已经将自己排斥在外的招聘信息，一般人都不会选择再去履行一个注定无意义的求职行为。然而，往往也正是由于缺乏这一具体求职行为的衔接，其与用人单位之间是否存在法律关系就会被质疑。著名的蒋韬诉成都人民银行身高歧视案之所以被法院拒绝受理，理由就是由于原告并未提出求职申请，因此原告与被告之间不存在法律关系。

其次，禁止歧视法律关系的客体是平等的劳动机会。与促进机制中的充分与体面劳动机会以及特殊保障机制中的劳动岗位不同，禁止歧视法律关系中强调的是劳动机会的平等性。其中平等劳动机会是指形式平等，即保障每一个具备禁止歧视法律关系主体资格的公民获得平等劳动机会。如何界定平等劳动机会的具体含义是一个相对复杂的问题，平等不意味着无差别对待，而是一种合理的区别，选择合适的区别标准就是界定平等与歧视的根本标准。

最后，禁止歧视法律关系的权利义务内容，概括来说，禁止歧视法律关系的具体内容是用人单位应该承担在职工的招聘、录用以及解聘中不得对符合劳动权主体要求的公民给予歧视性的对待。具体说来包括不得发布有歧视性内容的招聘信息、不得在录用中对应聘对象提高或降低标准录用或者采纳不适当的区别性标准、不得基于不适当的理由解聘员工。禁止歧视法律关系中的义务主要表现为不作为的义务。禁止歧视法律关系中的权利主体是适格公民，其具体权利是在寻求与保有劳动机会的活动中，要求用人单位予以平等的对待。公民的要求予以平等对待的权利在针对用人单位的具体歧视行为与抽象歧视行为时存在差别，针对用人单位的具体歧视行为，公民权利具有请求权性质是毫无疑义的，但针对抽象歧视行为是否存在请求权则存在争议，我们在后面将加以讨论。

二、劳动权歧视标准的界定

不歧视原则作为平等劳动权的核心，如何界定歧视标准也成为划定形式平等劳动权边界的核心。目前我国直接规定禁止劳动权歧视的主要法律是《劳动法》和《就业促进法》，具体表述是："劳动者就业，不因民族、种族、性别、宗教信仰等不同而受歧视"。此表述是两个法律的相同规定，只字不差。此外，《就业促进法》还增加了禁止残障歧视、传染性病原携带歧视以及农民工歧视的表述。许多学者在与相关国际公约，特别是国际劳工标准（国际劳工组织第 111 号、第 168 号公约）相比较后指出，我国法律中关于就业歧视的范围规定得过窄，在年龄歧视、国籍或社会出身等方面存在差别，建议增加相关内容，并建议增加我国特有的户籍歧视等。然而事实上，仅仅靠列举的方式并不能解决歧视标准问题。首先，只要是列举就会存在列举不尽的可能，任何列举方式都不可能将实际上存在的或者可能存在的歧视完全包括在内。在我国就业领域里，即存在着五花八门的各种歧视，如姓名歧视、属相歧视、身高歧视、乙肝病毒歧视、学历歧视、毕业学校歧视、户籍歧视、生源地歧视等，这些不可能靠列举的办法完全纳入。也有人提出先赋因素与自获因素的概念，认为根据人的先赋因素区别对待的构成歧视，自获因素的区别对待则不构成歧视。然在在现实中这种区别方式也并不严谨，例如，性别差异显然属于先赋因素，但根据香港的《性别歧视条例》第 12 条的例举：为求得戏剧表演或娱乐项目中的真实感而只能由男性出演的，或者在为男性提供的卫生间中雇用男性等并不构成性别的歧视。也有人讨论如果清真食品企业聘用员工设立民族标准是否构成歧视。因此，要解决歧视标准，根本上还应明确歧视一词的法律含义。

（一）歧视的概念

歧视一词在《现代汉语词典》中被注释为“不平等地看待”①。然而是否所有的区别对待都构成歧视？在法学上，《布莱克法律词典》认为“歧视”有三层含义：（1）在宪法层面，它是指由成文法或惯例赋予特定阶层某些特权造成的结果，而这个特定阶层是武断地从本应同样享有这种权利的一般人中挑选出来的，而那些被授予了特权和没有被授予特权的人之间根本没有合理的差异；（2）基于种族、年龄、性别、国籍或宗教给人不平等待遇或剥夺其正常权利；（3）没有平等对待所有的人，在那些享受了优惠和没有享受优惠的人之间没有合理的区分标准。②显然，法学意义上的歧视并不意味着排斥区别对待，而是在区别对待时是否遵循了合理的区别标准。遵循了合理区别标准的区别对待不仅不构成歧视，相反，如果无视合理区别标准的一体对待反而可能构成歧视，例如研究岗位如果对学术能力不加区别，就会构成对学术能力较高者的实质性歧视。目前学界普遍认可的作为一个法律概念的歧视概念是联合国人权事务委员会在《公民权利和政治权利国际公约》中所作的解释：“任何基于种族、肤色、语言、宗教、政治或其他见解、国籍或社会出身、财产、出生或其他身份的任何区别、排斥、限制或优惠，其目的或效果为否认或妨碍任何人在平等的基础上认识、享有或行使一切权利和自由。”这种区别、排除、限制和优惠可以消除或减损公民在政治、经济、文化、社会以及其他公共生活领域中的基本权利，是对人的基本尊严的冒犯，是对公平、平等原则的否定。③在这里，法律意义上的歧视是指旨在造成权利不平等的一种不合理的区别对待。

（二）国际公约与欧美国家关于劳动权的歧视标准

1．国际公约

如果法律意义上的歧视是指采取了一种不合理的区别对待标准，

① 现代汉语词典[Z]．北京：商务印书馆，1995．

② Henry Campbell Black. Black`s Law Dictionary[Z]. ST. Paulminn: West Publishing CO. 1979: 467.

③ 国际人权法教程项目组．国际人权法教程[M]．北京：中国政法大学出版社，2002.：226.

那么确定劳动权上的合理区别标准便成为认定是否存在劳动权歧视的关键。国际劳动组织专门针对就业歧视的第111号《就业和职业歧视公约》首先从正面表述了歧视的概念："歧视是基于种族、肤色、性别、宗教、政治见解、民族血统或社会出身所做出的导致取消或损害劳动或职业机会均等或待遇平等的任何区别、排斥或者优待的行为。"然后，又对区别导致的歧视做出了限定性规定："对一项特定职业基于其内在需要的任何区别、排斥或优惠不应视为歧视"。这一条款确定了所谓"职业内在需要"这一歧视的判定标准。所谓"职业内在需要"即工作任务的完成必须依赖的一些人力资源特征，由于对这种特征的综合认定需要参照社会上基本规模和情况相似的同行业用人单位的用人标准、工作性质和工作量对员工的需求、社会一般人群的认识、权威的人力资源评估机构的意见，因此这是一个看似简单，但实际操作中难度极大的标准。目前，世界上绝大多数国家和地区都在原则上采纳了这一标准，而在标准的解释和具体操作上也积累了丰富的经验，值得我们借鉴。

2．欧盟

欧盟就业歧视标准的界定与操作的做法是：首先在实体法问题上，采取立法方式将"职业内在需要"进一步限定为"真实的而且决定性的职业要求"（genuine and determining occupational requirement），具体含义是要求区别具有目的上的正当性，即仅仅出于履行岗位职责所必需，而并非基于偏见；手段上的适当性与必要性，即如不采取这种区别对待则无法满足履行岗位职责需要，而且这种区别是满足的唯一手段。同时，其概念及内涵还被赋予了极其严格的边界。也就是说，旨在排除歧视的"真实的而且决定性的职业要求"是作为一种例外情形，必须严格符合各国做出的具体限定，无论怎样，特定情形都必须由法律明确规定，而不能任意扩大解释。例如荷兰就将歧视的类型划分为直接歧视和间接歧视，其中基于各种列入禁止歧视范围的因素而做出的区别对待为直接歧视，如仅仅因为女性而拒绝给予其就业机会。如果采用了一个看似中立的要求或条件，却间接地导致对属于某种宗教、信仰、政治观点等人群（或个体）的歧视为间接歧视。如一个洗碗工要求讲一口流利的荷兰语就构成对少数民族的间接歧视，因为该职位不是必须需要说一口流利的荷兰语。其次，在程序法问题上，欧盟采取了举证责任倒置的举证责任分配方式，要求由用人单位举证的事项包括：其区别对待所基于的原因、采取区别对待的原因是否是基于法律规定的情形、采取区别对待的原因具有目的上的正当性和手段上的适当性与必要性。最后，如果这种解释和说明产生争议，根据平等就业权限制的基本原则之一即"有利原则"的根本要求，法官应当做出倾向于有利于劳动者利益的解释和说明。

3．美国

美国作为判例法国家，在对就业歧视诉讼案件审查取得的经验基础上，确立了一套具体检验性的程序标准，对于确认区别标准的"职业内在要求所必需"有重要的参考意义。首先，负有就业歧视监管职能的联邦平等就业机会委员会、美国劳工部的联邦合约服从计划局、美国司法部以及联邦人事管理局等机构可以适用"员工选拔程序统一准则"来确定企业是否遵守了关于歧视方面的联邦法律。该准则具体包括有无歧视后果检测方法、与职务相关的正当性检查方法等。这表明看似没有硬性标准的就业歧视，实际上还是可以通过一定的方法设计来判定的。其次，通过判例法，确立了"必须资格"标准。也就是在对"完成岗位职责所必需的资格"的解释上应该采取客观标准原则，而且必须严格遵循"必需资格"标准，而不是完成职业最优资格，这一标准由美国1972年的"岗位学历测验案"（Griggs v. Duke Power Co. 401 U. S. 424.）所确立。在此案中，美国联邦最高法院判决Duke Power公司要求申请职位者必须具备高中学历，且必须通过智力测试的要求构成间接歧视。因为证据证明，即使没有通过上述标准的人仍然能够令人满意的完成工作，因而高中学历和智力测试都与其适用的岗位工作表现没有直接关系。该案因此判定"任何测试必须用来为那份工作而测试那个人，而不是测试任何抽象的人。"[①] Griggs 案以后，美国形成了差别对待歧视与差别影响歧视的歧视分类标准。相当于荷兰的

① 蔡定剑、张千帆．海外反就业歧视制度与实践[M]．北京：中国社会科学出版，2007.

直接歧视与间接歧视。而差别影响歧视就是要采用“必须资格”标准加以认定的歧视。对于差别影响歧视，原告无需证明雇主的区别对待是否存在歧视动机，而是要求雇主证明其区别属于“必须资格”。

（三）国家公约及欧美实践的共同特点

总结上述国际公约及欧美国家的法律实践，关于歧视标准把握具有下述特征：

第一，将歧视理解为区别对待行为产生的不利结果而非简单的差别对待行为。无论荷兰的直接歧视、间接歧视，还是美国的差别对待歧视与差别影响歧视，乃至《就业与职业公约》中的“职业内在要求”，规范的基本功能都指向避免出现不合理的区别对待结果。间接歧视或差别影响的歧视指向一种貌似中立的不在歧视列举范围的一种区别对待行为而产生的歧视结果。“职业内在要求”则从正反两个方面实现对歧视结果的控制与合理区别的剔除，从而既限定了形式上中立的区别对待造成的歧视结果，也使得某些合理的但属于禁止歧视范围的表面上区别对待获得合法性确认。

第二，对于职业资格内在需求需要严格把握，做出对求职者有利的解释以体现保护。无论欧盟的实体法的列举式限制还是美国的司法判例，都体现了对职业资格内在需求做严格限定的精神，将其进一步限定为“职业资格所必需”。欧盟则更进一步对于“必需”予以进一步界定，从区别的目的和手段以及手段与目的之间的关系上把握区别与歧视之间的关系，并在存在争议时，明确要求法官做出有利于劳动者的解释和判决。

第三，采取实体法与程序法的结合方式界定歧视标准。欧美国家对于歧视标准的界定都采取了实体法规定与程序法特别处置双管齐下的方式。在实体问题上，欧盟和美国都推出一整套具体的标准，而其有专门机构负责标准解释，同时对于劳动权的歧视案件也都设置了专门程序，实行举证责任倒置，体现了在劳资关系问题上对弱势一方的倾斜保护。

（四）关于我国歧视标准的思考

我国目前关于歧视概念，无论是实体层面还是程序性层面，都未曾对歧视标准做出任何规定，依然停留在简单列举歧视范围的层面，而且列举的范围较国际公约及多数国家范围要窄很多。采取列举歧视范围的方式无论对于抽象歧视行为还是具体歧视行为都难以判定。在抽象歧视行为中，尽管歧视行为通常都表现为一个一般性的公开文件，但我们是否就一定可以简单的从其公开性文件中列举的招聘人员要求中是否含有我们列举的禁止歧视的内容做出是否存在歧视的判定呢？一方面，一些并没有列在法律禁止歧视范围内，但与履行岗位职责无关的条件如果列入招聘条件也是一种歧视。就以我国公务员招录来说，人事部制定的标准就有 35 岁以下的限制。年龄歧视不仅不存在于我国法律中，除美国以外的许多国家的法律都不存在这一项禁止内容，但在实践中，因为年龄并不是完成职业所必需的条件，因此，实际上也是欧美国家实践中所禁止的。也就是说，并非只要没有列举的禁止事项就都可以堂而皇之地成为招录中的区别条件。事实上，近年来我国发生的几起影响深远的案例都并非列入歧视范围的内容，如身高歧视、年龄歧视、乙肝歧视等。近年来，在我国公务员招录中，几乎每一个具体岗位都存在除了人事部规定的基本条件外的大量附加条件，如政治身份、全日制学历、英语四、六级等，这些条件可能与完成职业有关，也可能无关，但在我国这些条件的列入无需任何说明。其中的那些与完成工作无直接关系的条件，仅仅因为不属于我国法律中禁止的歧视范围就可以成为公开的条件显然有悖公平。另一方面，有些列入禁止范围的内容，但由于岗位的特殊性，即使在岗位条件中加以区别对待也不应该构成歧视，如前面我们所讨论的清真食品行业岗位对于民族的区别对待就不应该构成歧视。但按照禁止歧视保护的原则，如果对于列入歧视范围内的事项加以区别对待，雇主应该有说明的义务，以避免这一特殊原则的滥用。由于我国目前尚未采取歧视标准界定的“职业内在要求所必需”原则，往往存在雇主对这一例外原则的滥用。由于雇主不存在说明义务，因此，往往以工作需要为借口制造歧视。如许多一般性的工作被表述为仅适合男性，从而对女性求职者予以歧视对待。在具体歧视行为中，由于并不存在一个区别对待的原因说明，是否存在歧视就更加难以判定。

因此，笔者认为，除了列举范围外，将“职业内在要求”标准引入我国的禁止劳动权歧视法律制度中是十分必要的。如何把握“职业内在需要”，我国学者也提出了自己的观点。蔡定剑先生认为，构成歧视需要如下条件：雇主的差别对待行为应基于合法的目的；实现目的手段应该是“适当的、必须的”；目的和手段之间有确定的联系；雇主不能单纯以经济原因作为职业的“正当性理由”。①另有学者认为应在考虑人的贡献基础上，根据人的属性以及公共利益最大化原则进行确认。②

笔者以为，把握“职业内在需要”作为歧视标准的判断准则，具体在实践中，在实体层面，应该特别强调“利益均衡”原则，而利益均衡原则也是较难把握的原则，特别是在我国劳动力市场严重供过于求的格局下，对于用人单位来说，在导致人力资源浪费和对求职者不公与获取利益最大化上，注定会选择后者。正是在这一动机驱使下，出现了招聘清扫工要求本科学历，招聘货车司机要求高中学历等怪异现象。当然，也有的用人单位出于工资待遇的考虑，设定学历上限，如某些岗位注明仅限本科或硕士等。利益均衡原则涉及用人单位的用工自主权与公民平等劳动权之间的界线，“必需资格”应该成为划定界线的标准。在用人单位人力资源效益与劳动者的劳动权益之间进行平衡，严格遵循“必需资格”标准，而不是完成职业最优资格，从这个意义上，“即使某些特征——例如残疾——确实可能对工作单位产生次要的负担，只要我们能够找到成本更小的方法克服困难，就没有理由剥夺这些人参与职业竞争的平等机会”③。在程序问题上，应该设定专门的举证责任分配制度，对于求职者来说，应该只需负责证明区别对待的存在，而关于区别的根据，区别之根据的合理性（即区别与完成岗位职责的内在关系以及区别的必要性）等则应该要求由用人单位加以证明。我国近年来就业歧视的案件频繁发生，但多被挡在司法大

① 蔡定剑、张千帆．海外反就业歧视制度与实践[M]．北京：中国社会科学出版，2007.

② 许建宇、王怀章．就业歧视立法规制初探[J]．中国劳动，2004（2）：20：

③ 张千帆．平等是一门科学——就业歧视法律控制的比较研究[J]．北方法学，2007，（4）：10.

门之外，主要原因由于司法的过度被动和相关程序的不完备，这一问题我们将在司法救济一章中加以讨论。

第二节　抽象歧视行为的法律控制机制

一、我国抽象歧视行为及其法律规制现状

（一）我国抽象歧视行为的现状及分类

抽象劳动权歧视是指并非对特定对象实施的劳动权歧视，通常是采用向公众发布公开的关于劳动岗位信息方式。在我国《就业促进法》颁布前，所有社会公众对于就业歧视还都是陌生的，《就业促进法》颁布后，在促进就业的许多方面取得了相应的成效。但是由于该法律规定过于原则、笼统，再加上其涉及的相应其他法律制度并未与之加以协调完善，从而使得该法在实施过程中存在许多方面的问题，其中特别是关于促进就业平等制度的实施方面效果极为不明显。在该法实施一周年时，笔者只是简单浏览了一下当时大型的人才招聘网站，发现歧视性的招聘广告比比皆是，广泛涉及性别歧视、年龄歧视、民族歧视、工作经验歧视、户籍歧视等。例如某公司箱货司机的职位要求是：男，25～40岁，高中以上学历，天津户籍。某企业关于物流职位的应聘要求是：汉族，身份证年龄：18周岁～30周岁，初中以上学历；男，净身高1.60米以上；女，净身高1.50米以上。某企业技术主管的职位要求是：男性，35岁以下；5～10年左右的相关工作经验。上述信息发布的时间在2009年的3～4月之间，这说明《就业促进法》的实施对于发布歧视性招聘信息的行为未产生任何遏制作用。抽象劳动权的歧视行为也有人称之为显性歧视行为，因为抽象歧视行为由于并非针对特定人，所以通常都会以公开的方式进行。这种显性歧视较其他隐性的劳动权歧视行为具有更大的危害性，它不仅损害了求职者的平等劳动权，而且还是对平等的劳动环境以及法律权威的公然挑战。

归纳我国抽象劳动权歧视行为，首先，按照歧视现象发生的领域，可以分为公务员录用中的抽象歧视与普通用人单位的抽象歧视。这种分类建立在我国现行的公务员录用与普通用工制度分割调整的法律格局基础上。其法律规制也需要在不同法律框架下讨论；其次，按照歧视发生的劳动权环节，可以分为岗位获得的抽象歧视与岗位保持的抽象歧视。其中，岗位获得的抽象歧视是最为普遍的一种抽象歧视，主要是指招聘中的抽象歧视，多数研究也是集中于这一问题。然而，从劳动机会意义上所说的劳动权，除了岗位获得，还包括岗位保持，因为这都属于实行劳动者与生产资料相结合的权利，即劳动的权利。劳动岗位保持的抽象歧视主要是指设立不合理的解聘条件，如北京市某企业曾设立体重超标解聘的解聘条件，要求职工必须在一定时间内体重达到其设立的标准以下，否则予以解聘。还有些企业在进行经济性裁员时设定歧视性标准。此外，退休条件设定也被一些人认为属于抽象歧视，如 2005 年的周香华向平顶山劳动仲裁委员会提出的劳动仲裁案就是这样一起案例。退休年龄设置是否属于劳动权歧视笔者不想在此加以讨论，但是，由于我们在这里讨论的抽象歧视已经限定为用人单位的歧视行为，而退休年龄并不是由用人单位设定的，而是国家法律统一设定，因此，不在我们讨论的范围之内。招聘环节的劳动权歧视与解聘环节的劳动权歧视的区别在于前者针对完全非特定对象，而后者则对象相对明确，至少是本单位职工。而且，后者所采取的方式通常也是采取单位内部文件的方式，而并非面向社会，对这类行为的社会监督较为困难，而前者的法律控制难点在于受害者个人的权利救济。第三种分类是按照抽象歧视行为采取的方式划分，除了前面我们提到的企业内部文件形式，面向社会公开的抽象歧视行为还可以分为借助其他中介发布的歧视性信息与直接发布的歧视性信息。两者区别的意义在于法律规制的对象与途径可以不同，对于通过中介形式发布的信息，中介与发布者承担连带责任。目前我国绝大多数招聘信息都是通过中介发布的，中介的形式包括劳动服务机构、各类公共网站，特别是一些专门的招聘网站、报纸、电视等传统传播媒介。直接发布的情况有两类，一类是行政机关、事业单位以及一些实力较强的企业，有自己网站等公开发布渠道，一类是一些小型的甚至非正规的用人单位采取自己张贴告示的方式发布的招聘信息。对直接发布歧视信息的行为，由信息发布者，也就是用人单位单独承担法律责任。

（二）我国对于抽象歧视行为法律规制的现状

我国现行法律对抽象歧视行为的法律规制目前只涉及针对招聘环节抽象歧视行为，主要是《就业促进法》第二十六条规定："用人单位招用人员、职业中介机构从事职业中介活动，应当向劳动者提供平等的就业机会和公平的就业条件，不得实施就业歧视"。这也是该法对抽象歧视行为唯一的一条规定。而且从内容上看，仅涉及对用人单位与职业中介的规制，并不涉及其他媒介。作为该法律的实施细则，由劳动保障部颁布的与该法律同时实施的第 28 号令《就业服务与就业管理规定》中的相关规定有：第 20 条对用人单位的行为规制，"用人单位发布的招用人员简章或招聘广告，不得包含歧视性内容"；第 58 条第 2 款对中介机构的行为规制，禁止职业中介机构发布的就业信息中包含歧视性内容。除此之外，再无任何相关规定。总括来看，我国"用人单位录用人员之前的招工行为并未进入法律监督的视野，尤其是监督用人单位的招工广告和录用程序等。实际上，现实生活中发生用人单位招工歧视的情形主要在招工录用前的阶段，而立法对该阶段的遗漏将无疑继续助长用人单位的歧视之胆和歧视行为"[①]。

二、我国对抽象歧视行为法律规制的缺陷

从前文有关我国针对抽象歧视行为的法律规制看，与其说存在缺陷还不如说几近空白。

（一）缺乏针对解聘中的抽象歧视行为的法律规制

目前我国关于解除劳动合同的规定主要是在《劳动合同法》，该法第三十九条和第四十一条分别规定了用人单位单方面解除合同的情形和经济性裁员。第三十九条规定了六项用人单位单方面解除合同的条

① 李雄．论平等就业权[D]．西南政法大学博士论文．重庆：西南政法大学，2008：39．

件，其中的第二项规定了“严重违反用人单位的规章制度”。目前我国企业制定内部规章制度属于企业内部管理制度，属于企业自主权范畴，尽管劳动合同法第四条同时规定了涉及职工重大切身利益之规章制度的制定应该征求职工代表大会意见，但一方面，由于众所周知的原因，我国无论工会还是职工代表大会行使集体权利的能力极弱，特别是在一些私人企业、外资企业，更是形同虚设或干脆没有；另一方面，就该法律规定看，也仅仅规定了征求意见程序，而并非最终的决定程序，同时在列举的应该征求工会意见的事项当中，也并没有解除合同事项。这无形中助长了企业任意规定对员工的要求，作为企业规章制度，只要达不到就成为解聘的理由。如前所述的体重歧视就是在这一法律机制的纵容下堂而皇之地发生了。该法第四十一条是关于经济性裁员的规定，该条款规定的裁员程序是“需要裁减人员二十人以上或者裁减不足二十人但占企业职工总数百分之十以上的，用人单位提前三十日向工会或者全体职工说明情况，听取工会或者职工的意见后，裁减人员方案经向劳动行政部门报告，可以裁减人员”。从这程序看，征求意见和报告的内容是裁员事项本身而不是裁员标准，主要意图在于避免企业任意裁员导致劳动岗位整体供应不足，是作为劳动权促进机制的一部分，而不具有禁止歧视的立法目的。西方国家对经济性裁员行为的法律规制更多考虑的是裁员方案的平等性与合理性，一方面在法律中做出对解雇歧视的一般性禁止规定，如法国劳动法典规定任何人不得因为其出身、性别、家庭状况、籍贯、习俗、种族、政治见解、宗教信仰和工会活动等而被拒绝在招聘程序之外、被惩罚或者被解雇。另一方面，具体裁员方案要采取三方机制通过共同协商决定。这就从实体和程序两方面对可能发生在经济性裁员中的抽象歧视行为做出了较全面的规制，避免了雇主运用经济性裁员达到用工歧视目的，有效维护了公民平等劳动权。

（二）缺乏对于公务员招录中抽象歧视行为的规制

从我国《公务员法》的规定看，不仅不存在任何对于抽象歧视行为加以限制的内容，有些内容反而可能助长抽象歧视行为的发生。该法第二十三条规定，报考公务员，除应当具备本法第十一条规定的条件外，还应当具备省级以上公务员主管部门规定的拟任职位所要求的资格条件。第二十九条关于体检要求的第二款规定体检的项目和标准根据职位要求确定。具体办法由中央公务员主管部门会同国务院卫生行政部门规定。根据这两条法律，一方面将制定岗位任职资格条件的权利授予省级以上公务员主管部门，另一方面，将体检制定标准的制定办法授予国务院与卫生部门，而最终的体检标准的制定权是由省级有关部门最终制定。而对于授权部门在制定有关标准时应该遵循的准则，该法未做任何规定，这也是导致我国在公务员招录过程中各种歧视性现象严重存在的原因。之前提到的四川成都蒋韬身高歧视，安徽芜湖张先著的乙肝歧视分别发生在公务员招录中的岗位职责制定与体检标准制定中，是典型的抽象歧视行为。直至 2013 年，发布的国家公务员以及一些地方公务员招录信息中，年龄限制、性别限制还比比皆是。之所以我国公务员招录中的禁止歧视法律规制落后于一般的劳动用工招聘，是由于对于公务员招录领域是否同时实行禁止歧视规制存在不同的看法。在张先著案发生后，有一种意见认为公务员招录不同于普通用工制度，因为录用为公务员后就意味着代表国家行使权利，面对普通公民，因此必须提出更高的要求。本着对人民负责的精神，乙肝检验在其他招聘中应该禁止，但公务员录用中的乙肝检验有其合理性。[①]笔者认为这种观点存在的一个认识误区，就是把公务员录用等同于对待公务员的严格要求。在获得公务员岗位之前，任何求职者都仅具有公民身份，对于公务员岗位的竞争是公民之间的竞争，何谈对公务员的严格要求。而且，国家的行为除了对于求职者产生直接影响，其垂范作用还会影响到整个社会的行为，国家是社会风气的引导者。公务员招录中的抽象歧视行为由于其公开性以及目前社会上对公务员职位的追捧更进一步放大了它的社会影响力，如果不加以严格规制，国家在劳动权平等保障问题上不可能获得进展。

（三）对于招聘过程中的抽象歧视行为缺乏具体规制

如前所述，除了就业促进法和一个劳动保障部的《就业服务与就

---

① 殷啸虎、李莉．对乙肝歧视一案的宪法学分析[J]．法治论丛，2004（2）：35．

业管理规定》中提到用人单位和中介机构发布的招聘信息不得有歧视性内容这一原则性规定外，缺乏具体的规范内容。一方面，关于如何控制歧视性信息的发布，如在信息发布之前是否设置过滤程序、信息发布后是否存在监督检查程序、是否可以接受个人监督举报以及如何处理等，就这些问题我国法律不存在任何具体规定；另一方面，如何认定招聘信息中的歧视内容，由谁来认定，法律中同样也没有涉及。

信息社会招聘信息发布的途径十分广泛，网络、传统传媒、公共场所等都可以成为发布招聘信息的方式，具体控制也要有所差别。例如对于网络传媒，可以采取网络公共平台监督的办法；对于传统传媒，则可以采取广告监督的方式。关于招聘广告的法律规制，涉及两类法律，劳动法与广告管理法。我国 2000 年的《劳动力市场管理规定》中曾经设立了招聘广告审查制度，“用人单位通过报刊、广播、电视等大众传播媒介发布招用人员广告，经当地劳动保障行政部门审核后，按国家有关规定办理”。本可以成为一项有效的歧视性招聘信息控制制度，然而，这一规定被 2008 年实施的《就业服务与就业管理规定》所取代，新的制度中也取消了这一审批制度。另一类是广告管理法律。我国 1987 年的《广告管理条例》未对其适用范围做出任何限制，可以理解为适用于招聘广告，而 1995 年的《广告法》明确其适用范围仅限于“商品经营者或者服务提供者承担费用，通过一定媒介和形式直接或者间接地介绍自己所推销的商品或者所提供的服务的商业广告”。因而招聘广告显然不在其调整范围之列。按照法律位阶的原则，似乎 1987 年的《广告管理条例》应该因此而失效。这也就意味着招聘广告处于无法可依的状态。然而让人困惑的是，在《广告法》颁行之后，不仅 1987 年的《广告管理条例》没有加以修改或重新颁布，国家工商行政管理局反而在 1998 年、2000 年、2004 年针对《广告管理条例》先后发布了三个《广告管理条例实施细则》，其中 1998 年和 2000 年的《实施细则》中都规定发布招工招聘广告，需要提交县以上（含县）劳动人事部门同意刊播广告的证明。而 2004 年修改后的，也就是现行的实施细则中则取消了对这一事项的审批制度。在现行制度下，我国对于传统传媒上发布的招聘信息无任何限制。我国其他方式发布的信息也同样处于完全失控的状态，如对通过中介发布招聘信息的，《就业服务与就业管理规定》规定了中介的审查义务，但只负责对入场招聘用人单位的主体资格真实性和招用人员简章真实性进行核实，并不负责对歧视性内容的审查。

（四）针对抽象歧视行为缺乏相应的法律责任

完整的法律规范要求必须存在明确的法律后果，对于禁止性行为如果不存在相应的否定性后果，也就是法律责任的话，则该禁止性规定就等于不存在。然而，对于抽象歧视行为，我国现行法律没有任何法律责任的规定，而且，从相关规定看，这一缺失并非法律疏漏，而是有意而为。为实施《就业促进法》而制定的《就业服务与就业管理规定》的第三章是对用人单位招聘行为规范的专门一章，有意思的是在其中的第十四条规定了诸多用人单位在招聘中的禁止性行为，但并未将发布歧视性招聘信息置于该条款下，而是在第二十条单独设立了禁止发布带有歧视性招聘广告的条款，而在最后一章的第八章罚则中有针对违反第十四条的法律责任，而没有针对违反第二十条的法律责任；第六章是对职业中介的规范，其中的第五十八条是对职业中介的禁止性规定，在列举的禁止性行为中，第二项是“发布的就业信息中包含歧视性内容”，然而，有趣的是在第八章的罚则中对违反第五十八条第一、三、四款分别规定了法律责任，唯独遗漏了违反第二款的法律责任。这样的遗漏无疑是有意而为的。而这种有意而为的法律责任的遗漏无疑助长了抽象歧视行为泛滥，这也就很容易解释为什么在我国实施就业促进法6年来公开的歧视行为仍然猖獗，这使得我国的禁止发布歧视性招聘信息的规定真的成了只是说说而已。这样的遗漏损害的不只是公民平等劳动权，同时还有国家法律的权威。

三、完善我国抽象歧视行为法律规制的思考

此处笔者之所以采用思考而不是建议，是因为笔者认为我国目前对于抽象歧视行为法律规制存在严重欠缺更主要的不是立法技术问题，许多地方的遗漏并非无意而为，而是有意的疏漏。因此，要解决

问题，要首先从认识上厘清几个关系。

（一）正确认识促进就业与禁止歧视的关系

认真考察我国平等劳动权形成的背景，实际是在面临严重的社会就业压力的情况下提出的。进入21世纪以来，我国就业问题一方面面对大量的就业人口压力，另一方面全球化给我国外贸出口造成的压力使得过去依靠密集劳动形成的生产方式发生改变，再加上企业社会责任认证标准的刺激，才导致了我国一系列劳动立法及相关政策的出台。也就是说，包括解决就业歧视在内的一系列劳动立法根本目的在于解决就业压力。这样也就形成了促进就业与禁止就业歧视之间的一对矛盾。有人就曾提出这种担心：如果政府对用人单位用人自主权干预过多，以致于减损了用人单位的经济效益，这样，不但不会增加就业，相反还会加剧失业，从而在更大范围和程度上导致就业歧视行为的加剧。①正如有研究者指出，从整体上讲，我国的平等就业权策略还只是一种对当前各种就业问题简单应对的被动策略，无论是在理论研究上，还是在政策法制上，以及在社会观念上，平等就业仍然被视为促进就业的副产品，平等就业权在经济中心论和强大的用工自主权面前不断地被沦落为现代社会的殉葬品。②这也就可以解释我国现行法律中对于用人单位抽象歧视行为的有意无意的放纵。然而，是不是促进就业就一定比平等就业更重要？乃至于我们要舍弃平等就业保全促进就业。笔者认为，首先，从政府角色来看，其主要功能不应该是创造多少就业岗位，而应该是在强者与弱者之间实现利益平衡；其次，我国社会发展到今天，社会公平已经替代温饱问题而成为主要的社会问题，而且这个问题不解决不仅影响到社会的进一步发展，甚至还影响到社会稳定。当前劳动问题所反映的焦点，并不是社会经济不发达或财富不充分，而是社会财富和权利的分配不公。③最后，如果没有平

---

① 娄耀雄．我国“就业歧视”的法理分析及对策[J]．北京邮电大学学报（社会科学版），2004（3）：67.

② 李雄．论平等就业权[D]．西南政法大学博士论文．重庆：西南政法大学，2008：39.

③ [德]汉斯·彼得·马丁、哈拉尔特·舒曼．全球化陷阱[M]．王学东等译．北京：中央编译出版社，1998：12.

等劳动权氛围，促进就业的目标也势必落空。因为就业歧视针对的就是就业中的弱势群体，而促进就业的主要问题实际上也是这些弱势群体，解决了就业歧视，也就从根本上解决了就业难问题。厘清者这一问题，我国法律在规制抽象歧视行为时，就能够更加坚决。

（二）法律宣述、法律规制、法律责任与权利救济的关系

目前我国法律对于抽象歧视行为的调整还停留在权利宣述层面，在认清了禁止歧视与促进就业的关系后，要加强法律调控，法律今后要增加的还有三个方面的内容：

第一，对抽象歧视行为的具体规制，根据抽象歧视行为不同形式，采取有针对性的法律控制手段，如针对在传统媒介上发布的歧视性招聘广告，恢复审查制度，由劳动主管部门审核后方能在公共媒体发布；对于在公共就业服务机构发布的招聘信息，由服务机构的主办者负责审查是否存在歧视行为；网络上发布的招聘信息则由网络平台提供者负责监督。由于歧视标准是一个较为复杂的问题，前述三类审核只能就直接的歧视行为加以审查，可以考虑采取美国的模式，设立专门的机构负责标准的解释与适用。

第二，建立抽象歧视行为的法律责任制度，对于抽象歧视行为主要可以采取行政责任的方式，其中一类是针对一般用人单位抽象歧视行为，由劳动主管部门或者专门的平等就业部门实施监督并追究相应的法律责任；另一类是国家行政机关在公务员招录中存在的抽象歧视行为，有关责任机关或直接责任人应该承担相应的行政责任。由于抽象歧视行为不直接针对个人，因此，由此而形成的民事责任问题是一个较特殊的问题，需要相应的民事实体法、诉讼法乃至我国司法制度的相应调整。民事责任分为侵权责任与违约责任，我国目前的劳动争议主要是针对劳动合同纠纷，追究合同法律责任。但抽象歧视行为发生在签订劳动合同之前，显然不属于合同法律责任。然而，我国侵权法对于其适用范围采取了列举的方式，侵犯劳动权的行为不在该法律范围内。这样一来，就意味着抽象歧视行为就不存在民事责任。然而按照我国就业促进法的规定，一方面，对于乙肝歧视单独设立了法律责任，并规定给公民造成实际损害的应该赔偿，如果侵权法不适用于劳动侵权，那么这种赔偿的根据是什么？承担的民事责任究竟属于合同责任还是违约责任？另一方面我国就业促进法第六十二条还专门规定了对于劳动权歧视行为可以申请司法救济，然而，如果歧视行为如果不构成侵权，在不存在劳动合同的情况下又如何提起民事诉讼呢？因此，解决劳动权歧视中的民事责任问题，在我国需要整个法律体系的相应调整。

第三，设置权利救济通道。针对抽象歧视行为的权利救济通道可以包括行政救济、仲裁救济与司法救济三种通道。行政救济相对简单，一方面，劳动监察部门应该积极履行职责，对抽象歧视行为及时监督纠正并追究其责任；另一方面无论任何人，对于存在歧视内容的招聘信息都可以向有关劳动监察机构举报，要求其履行监督检查职责。仲裁救济与司法救济则相对复杂，目前我国的劳动仲裁主要是劳动合同仲裁，不包括尚未形成劳动合同关系问题的仲裁；司法救济的主要难题是原告与被告之间针对抽象歧视行为是否存在直接法律关系，这一问题我们将在后面加以讨论。

第三节　具体歧视行为的法律控制机制

一、具体歧视行为的概念及其法律规制现状

（一）具体歧视行为的含义和主要表现方式

与抽象歧视行为不同，具体歧视行为是指针对具体的特定主体实施的歧视，主要表现在用人单位对职工录用或解聘过程中存在的不合理的区别对待现象。具体歧视行为具有下述特点：

1. 具体歧视行为受害人与用人单位之间存在特定的法律关系

与抽象歧视行为中歧视行为受害者与用人单位不存在特定法律关系不同，在具体歧视行为中，受害者与用人单位之间存在着特定法律关系。在解除劳动关系中的具体歧视行为，用人单位做出的针对具体

员工的不公平的解聘决定，是形成两者之间具体法律关系的条件；在求职过程中，基于求职者的具体求职行为，包括提交求职申请、参加面试等活动，以及求职者的申请遭到不平等的拒绝，可以在求职者用人单位之间形成具体法律关系。具体歧视行为受害人与用人单位之间的法律关系是一种法律责任关系，也就是法理学上所谓的第二性法律关系。法律责任关系的成立要以相应的第一性法律关系的存在为前提，它是对第一性法律关系的损害而形成的特殊法律关系。在解聘员工中发生的具体歧视行为其损害的是双方之间的劳动合同法律关系，用人单位承担违约法律责任。这一问题无论在理论上还是在实践中都不存在太多问题，这类案件的法律救济途径也较为畅通，无论劳动仲裁还是劳动纠纷诉讼主要是针对这类案件。但在求职中发生的具体歧视行为由于双方之间并不存在劳动合同法律关系，他们之间的第一性法律关系是一种绝对法律关系，即公民平等劳动权法律关系，公民平等劳动权是一种绝对权利，不存在特定的义务主体。问题是目前公民平等劳动权已经获得法律承认，也没有任何理论难否认这种权利的对世性，那么对其侵害应该构成侵权法律责任关系。然而，我国侵权行为法对于该法适用范围采取了列举的方式，平等劳动权不在此列。如何获得侵权救济就成为理论难题。这也是我们随后要加以讨论的。

2．具体歧视行为表现更为隐蔽，是否存在歧视较难判断

与抽象歧视不同，具体歧视中用人单位往往并不会将区别对待的理由公开告之，更不会以抽象文件的形式发布，一个求职者求职遭拒，通常不会被告知被拒绝的理由，求职者大多数情况下投送简历，然后石沉大海，或即使进入面试，没有结果，通常很少有人会问出于何种理由？是否是受到歧视？或者即使清楚基于何种原因，也只能忍气吞声，因为用人单位并没有明确告知拒绝的原因。最近电视媒体报道的一位残疾大学毕业生求职数年仍然无果，在报道中该求职者表达出的是对于用人单位的理解与宽容以及自己继续坚持不懈求职的决心。这种态度表达出目前全社会对于就业歧视的集体无意识。某地方银行在某高校举行招聘活动，从最后招聘的结果看，所有竞聘的女研究生一律落选，据传闻，该银行尽管并未明文规定不招女研究生，但事实上

对收到的女研究生的求职申请一律筛除。但面对这样的歧视，受害者很难请求权利救济。从我国出现的几起较为有影响力的针对就业歧视的案件来看，几乎都是针对的抽象歧视性为，针对具体歧视行为的尚未看到。

如果我们将抽象歧视行为和具体歧视行为的特点联系起来看，会发现，抽象歧视行为由于不针对特定的受害人，在权利侵害认定上由于缺乏具体法律关系的存在的事实，而使得受害人任由侵害行为的发生而无法获得救济；而具体歧视行为表面上看，由于一个具体的侵害行为和具体侵害对象的存在，似乎会导致这类歧视行为的法律控制变得相对容易，但实际上，由于歧视行为的隐蔽性，导致对歧视事实的证明上存在较大困难。这样一来，无论何种歧视，在我国都存在严重的法律救济难题。这也是导致我国就业领域歧视现象猖獗的重要原因，特别是受害人寻求私权补偿更是难上加难。

（二）我国对具体歧视行为法律规制的现状

相对于对抽象歧视行为的法律规制，我国对具体歧视行为的法律规制更多一些。在《就业促进法》中除第二十六条属于对抽象歧视行为与具体歧视行为的一般性规定外，第二十七至三十一条分别对妇女、少数民族、残疾人、传染病源携带者以及农民工的歧视做出了禁止性规定。这些条款都采用了“录用”一词表述，如果说招聘属于抽象行为的话，录用应该属于个性化的行为，因此，上述规定属于对具体歧视行为的规制。劳动法第十二条属于对就业歧视的一般性规定，第十三条则规定了专门针对女歧视的禁止性规定：“妇女享有与男子平等的就业权利。在录用职工时，除国家规定的不适合妇女的工种或者岗位外，不得以性别为由拒绝录用妇女或者提高对妇女的录用标准”。这显然也属于对具体歧视行为的规制。《就业服务与就业管理规定》中的第十六至十九条分别规定了对妇女、残疾人、少数民族以及传染病源携带者歧视的禁止，上述条文采取了“招用”一词，可以理解为招聘录用，从其单独存在对发布歧视性招聘信息的禁止性规定来看，十六至十九条应该是针对具体歧视行为的规制。特别值得注意的是，该行政规章专门设定了一项针对乙肝歧视的法律责任，“用人单位违反本规定

第十九条第二款规定，在国家法律、行政法规和国务院卫生行政部门规定禁止乙肝病原携带者从事的工作岗位以外招用人员时，将乙肝病毒血清学指标作为体检标准的，由劳动保障行政部门责令改正，并可处以一千元以下的罚款；对当事人造成损害的，应当承担赔偿责任”。

二、我国对具体歧视行为法律规制的缺陷

（一）公务员录用中的具体歧视行为法律规制依然欠缺

对于公务员录用行为，《公务员法》只有一条“公平竞争，择优录取”的原则性表述，此外再无其他具体规定。尽管我国《行政诉讼法》对于具体行政行为提供了一条司法救济途径，但是，在缺乏实体法前提的情况下，具体歧视行为依然得不到有效的解决或补救。

（二）解除劳动合同中的具体歧视行为缺乏规范

我国目前的劳动权歧视的法律规制实际上局限于就业权利平等，因此，对于解除劳动合同的，甚至根本就不存在平等要求，除了对于怀孕与哺乳期妇女存在禁止解除劳动合同的规定（实际上这类规定也不属于我们在这里讨论的劳动权平等机制，而属于倾斜保护机制），没有任何禁止歧视的表述。甚至劳动法上的劳动权平等表述也是在就业部分提出的。解聘中的具体歧视通常出现在经济性裁员中，在不存在平等要求的法律机制下，经济性裁员往往成为用人单位公开实行歧视的方式。此外，对于不当的解除劳动合同的情形，我国劳动法仅有一条“用人单位解除劳动合同，工会认为不适当的，有权提出意见”的表述。在此，我们理解的“不适当”应该就是指的包括歧视在内的，而这并不属于不合法的解除合同行为。如此软弱无力的表述面对强大的用工自主权简直不堪一击。从西方国家的立法看，招聘与解雇在平等劳动保护中具有同等地位，法国《劳动法典》第一百二十二条第四款规定：任何人均不得被排除在招聘程序外，任何雇员都不得因为其出身、性别、习俗、家庭状况、种族或者人种、政治见解、从事工会活动和宗教信仰等而受到处罚或者解雇；除在本法典第二卷第四编范围内，经劳动保护医生鉴定为不适合工作外，任何雇员都不得因其健

康状况或者身体残疾而受到处罚或者解雇。

（三）缺乏对具体歧视行为的有效法律控制

我国现有的对于具体歧视行为的禁止性规定，从内容上看，仍然停留在一般宣述层面，既没有对具体的歧视行为的描述，更没有涉及对行为的有效控制。此类规定一般都表述为“不得存在某类歧视”、但我们前面提到，具体歧视行为具有隐蔽性，一般不会将其区别对待的歧视标准明示出来，因此，要实现法律的有效控制就需要法律对行为加以具体描述，甚至进一步采取相应的对策以控制歧视的发生。在这一问题上，西方国家的实践积累了有益的经验，例如，法国的《劳动法典》针对性别歧视，一方面直接做出对具体歧视行为的一般禁止性规定，并对行为具体做出描述：雇主不得出于性别或者婚姻状况之考虑，拒绝聘用或调整雇员的工作，或者解除其与雇员的劳动合同。另一方面又采取法律手段对雇主可能的隐性歧视行为施加控制：禁止雇主查询或者派人查询有关当事人的怀孕情况，申请求职的妇女或者女雇员并无公开其怀孕状况的义务；雇主不得在招聘启事中表明或者指使他人表明招聘对象的性别或者婚姻状况。类似的禁止在美国也存在，美国法律禁止雇主要求求职者填写诸如年龄、民族、政治倾向等与职业内在要求不存在必然联系的内容，否则构成歧视。正是这些有效的控制手段，使得在美国“差别待遇的歧视”（在美国属于一种明显的歧视）非常少见，而在中国则基本上都是此类歧视。[①]从我国法律规定来看，不仅没有对用人单位了解求职者个人情况存在任何限制，反而相关法律都规定了求职者要如实向用人单位提供其想要了解的任何信息的义务。《劳动合同法》第八条规定：“用人单位有权了解劳动者与劳动合同直接相关的基本情况，劳动者应当如实说明。”《就业服务与就业管理规定》第七条：“劳动者求职时，应当如实向公共就业服务机构或职业中介机构、用人单位提供个人基本情况以及与应聘岗位直接相关的知识技能、工作经历、就业现状等情况，并出示相关证明。”在这里，“与劳动合同相关的基本情况”或者“个人基本情况”究竟为何？

① 曾恂．美国反就业歧视立法的启示[J]．南方经济，2003（5）：75．

哪些不属于此范围？法律没有做出任何限定。正如社会上流行的一种说法，求职时填写的表格里有多少项内容，就有多少项歧视。由于我们的法律承认用人单位对于其所要了解的情况都有权了解，导致具体歧视在我国完全处于失控状态。

（四）缺乏歧视的认定标准与证明条件规定

在具体歧视行为中，用人单位拒绝招聘某一求职者并不需要说明理由，其赖以区别的根据也无从判断。而我国目前既不存在对于歧视标准的界定，更缺乏相应的程序上的规定。对于一项针对特定人的歧视行为，美国联邦最高法院的设定的这证明条件也许可以成为我们解决证明难题的借鉴。根据美国联邦最高法院在 Mcdonell Douglas Corporation Vs. Green 一案之判决，原告若希望建立一表面证据为差别待遇歧视案件，必须先证明下列事实：（1）他属于 1964 年民权法案第七章所规定的受保护团体（Protected group）；（2）他对所申请之职务，确属可以适格承担；（3）虽然他确实适格承担，但是却并未被雇主录用；（4）当他被拒绝录用后，该职位仍然空缺，而雇主仍在继续招募与他资格相当或更低之求职者。[①]随后的判例进一步减轻了原告的证明责任，其只需要证明自己对所申请职务的适格以及该岗位仍然空缺且雇主仍在招聘中即可。

（五）法律责任缺失

缺乏相应的法律责任规定，是我国目前无论抽象歧视行为还是具体歧视行为法律控制的共同问题。我国《劳动法》与《劳动合同法》中有对于违法解除劳动合同的法律责任之规定，但由于上述法律中根本就不存在针对解除劳动合同时的歧视性行为的禁止性规定，当然也就不存在针对解聘歧视的法律责任问题。关于录用中存在的歧视行为，法律中尽管有明确的禁止性规定，但相应的法律责任却少之又少，只有《就业促进法》和《就业服务与就业管理规定》中各有一条。首先看《就业促进法》，该法中唯一的一项关于劳动权歧视的法律责任规定就是第六十二条，“违反本法规定，实施就业歧视的，劳动者可以向人

① 曾恂．美国反就业歧视立法的启示[J]．南方经济，2003（5）：75．

民法院提起诉讼”。从我国现行法律体系看，由于我国目前关于公务员录用中并不存在禁止歧视的规定，因此，该条款设立的这种通过司法救济实现的责任仅为民事责任。然而，从我国现有的民事责任体系看，在我国存在两类民事责任：违约责任和侵权责任，这也是大陆法系国家通常的民事责任体系。由于就业过程中求职者与用人单位尚未形成劳动合同关系，也就只剩下侵权责任可以行得通。然而，我国在就业促进法之后颁布的侵权责任法将这一条途径也封死了。我国《侵权责任法》对侵权概念采取了列举式规定：“侵害民事权益，应当依照本法承担侵权责任。本法所称民事权益，包括生命权、健康权、姓名权、名誉权、荣誉权、肖像权、隐私权、婚姻自主权、监护权、所有权、用益物权、担保物权、著作权、专利权、商标专用权、发现权、股权、继承权等人身、财产权益。”从侵权法的列举范围看，的确都属于典型的民事权利，而劳动权则是一种社会权利，并非典型的民事权利。除此之外，《就业促进法》并未对就业歧视设定行政责任。笔者认为这是该法的一大缺陷，这就意味着对于就业歧视政府不存在监督责任，因为即使监督了也无权纠正。《就业服务与就业管理规定》中的第六十八条是该法唯一的一条针对就业歧视的法律责任规定，其中规定了民事责任和行政责任。然而，该条适用的范围过窄，仅适用于乙肝歧视，这样规定的效果还不如不规定，因为在前面做出了对就业歧视的一般性禁止以后，在法律责任部分仅设立针对乙肝歧视的罚则就会形成一种暗示：除了乙肝歧视外，其他的禁止歧视都是随便说说的。此外，该条文中的民事责任同样会遇到在民法中找不到与之相对应的责任制度的问题。

三、针对具体歧视法律控制的建议

（一）扩大禁止歧视的法律控制范围

1. 应该将公务员纳入禁止劳动权歧视的范围

从许多国家立法实践看，通常对于公务员与其他职位都视为一样的劳动岗位，岗位的获得与保持统称工作权或劳动权；对于就业与解聘中的歧视行为，也都采取一体对待的方式。从逻辑上看，对于公务员岗位，只有在获得岗位后代表国家履行职责时才形成对其严格要求的关系。而在争取该职位时，求职者当然应该享受平等劳动权这一公民权。如果说为公务员岗位择优就可以设置任意标准，则构成对公民权的践踏。我国缺乏对于公务员的禁止劳动权歧视法律制度，主要表现为一方面我国的《公务员法》中缺乏相关规定，而《就业歧视法》又未明确其适用范围中是否包含公务员。因此，笔者建议，一方面明确就业促进法的适用范围，将公务员招录活动明确纳入该法调整范围，同时，在《公务员法》中增加禁止歧视的内容。

2. 加强对于解聘行为禁止歧视的法律控制

对于解聘中的具体歧视行为，应该主要加强我国对经济性法律裁员的法律规制。一方面，可以借鉴其他国家的发挥三方协商机制的作用的做法，给予工会更多的参与意见的权利，从而实现对于经济性裁员中歧视行为的遏制；另一方面，应该赋予在经济性裁员中受到歧视对待的个人以请求救济权，从而对解聘中的具体歧视行为导致的侵害予以补救。

（二）完善法律责任制度

1. 应该建立完善的行政责任制度

劳动权作为一项社会权利，与普通私权利的根本性区别就在于其要求国家积极作为，国家积极作为一方面是促进，另一方面是保障。为公民平等劳动权的实现提供积极保障是国家的一项积极义务，司法具有被动性，如果针对具体歧视行为仅提供司法途径，并不代表国家履行了积极义务。设定针对具体歧行为的行政责任，通过国家履行积极的检查监督职责加以实现，才符合劳动权作为社会权利的本质。我国现行的劳动监察制度主要是针对劳动安全、劳动合同履行等问题，禁止歧视并不是劳动监察的主要内容，必须将禁止歧视纳入劳动监察的范围，并且在劳动监察中设立专门的部门处理劳动权歧视问题。实际上，这一做法早已成为发达国家和地区的普遍做法，在美国，根据1964 年民权法案设立了平等就业机会委员会，该委员会成立以来在消除就业歧视、促进就业平等方面发挥了极其重要的作用，平均每年处理超过万件就业歧视控诉案件。英国依据1976年《反性别歧视法》设立了公平就业委员会，荷兰、我国香港地区等也都存在类似的专门机构。上述国家和地区的这些机构有些采取民间或半官方的方式，此时这类机构主要从事歧视标准制定、认定以及协商、调解或提供诉讼服务；有些则采取官方形式，此时该机构具有行政监督与处罚权。针对我国社会自治力量较弱，公共权力强大的特点，我国可以采取官方形式，通过行政责任的方式控制日益猖獗泛滥的劳动权歧视现象。我国目前仅对乙肝歧视设定行政责任，不能不说这是民间力量推动的结果。但这显然是一种头疼医头、脚疼医脚的权宜做法，应该在完善歧视标准的前提下建立一般的劳动权歧视行政责任制度。

2. 实现针对歧视的司法救济与民事侵权责任制度的接轨

从我国就业促进法第六十二条的规定看，应该是对侵犯劳动权的民事责任的一种确认。然而，由于我国侵权责任法关于侵权概念的列举式界定，导致两个法律之间无法衔接。有人认为侵权法作为民事法律，当然限定为民事利益侵害，劳动权作为一种社会权利，不应该纳入侵权法调整对象。笔者认为，民事责任是一种私法责任，前面我们就曾讨论过，劳动权作为一种社会权利，本身具有一定的私权属性，至少，其权利主体是私人，劳动权歧视也是一种来自私人的侵害行为。传统公私二元制法律部类划分的格局下，私法责任产生于针对私权利侵害的情形。随着社会法部类作为新法律部类的增加，意味着对私人权利增加了保障方式，除了传统的私法责任，还增加的公法责任。这一变化应该带来权利保障的进一步完整，而并非意味着可以有一种私人权利不存在任何法律责任的保障。从两大法系侵权责任制度看，普通法系国家由于不存在公私法的划分，不存在侵权范围的特殊类别局限，并且不断地通过判例法的方式增加对新的侵权责任类型，如侵犯隐私权、产品责任侵权都是通过判例法形式增加的新侵权类型。通过这种方式，使伴随社会发展而不断出现的新的权利类型获得法律保障。在成文法系国家，《法国民法典》采取了极其概括的方式界定侵权责任，即所有不法致人损害的行为都产生侵权责任。根据《法国民法典》第一千三百八十二条的规定："凡过错致人损害的行为都是侵权行为，都应承担赔偿责任”，其适用范围非常广泛。即使对这一规定采取限制解释，也仅要求具备主客观要件，而对侵害客体没有任何限制，可以理解为包括所有的正当合法利益。这种概括的侵权责任界定方式使得法国可以借助侵权责任制度很好地处理就业歧视责任问题。笔者认为，在社会快速发展，新的权利类型不断出现的今天，力图通过列举的方式将所有应该保护的权利纳入侵权责任范围是不现实的。《德国民法典》侵权行为法分为对人的侵害和对权利的侵害，其中对权利的侵害就采取了列举的方式，但其通过司法活动发展起来的对“一般人格权”的责任制度已经显示出立法中列举式的弊端。我国目前劳动权歧视的民事责任制度所面临的尴尬也是由于侵权责任的列举造成的，这种列举方式会导致所有社会权利的私权救济变得不可能，还会使今后出现的新权利类型缺乏保障。要建立对就业歧视的民事责任制度，就需对我国的侵权责任概念采取更为弹性的界定方式。

第六章

平等劳动权的企业社会责任机制

第一节　劳动权保障的企业社会责任机制概述

一、企业社会责任的历史及其含义

（一）企业社会责任的理论起源和发展

企业社会责任（CSR）思想萌芽于亚当·斯密的“看不见的手”的理论。他在《国富论》中曾提及到，企业社会责任就是向社会提供产品和劳动，并在这个过程中使企业利润最大化，即企业社会责任就是在其追逐利润最大化的驱动下自发产生的。1924 年美国人谢尔顿（Oliver Seldon）首先提出了企业社会责任的概念，将其与公司经营者满足产业内外各种人类需要的责任联系起来。

西方法学界关于企业社会责任的论战，始于 20 世纪 30 年代的“贝利—多德论战”。双方围绕“企业的管理者是谁的受托人”展开了激烈的争论，事实上争论的焦点集中在企业是否存在承担社会责任的法律义务。在贝利看来，企业是营利性组织，追逐利润是企业安身立命之所在；而多德则认为，公司对雇员、消费者和公众负有社会责任，尽管这些责任未必见诸法律而为公司的法定义务，但应当成为公司管理人恪守的职业道德。虽然这场论战最终以贝利1954年发表声明承认多德的观点而告终，但是公司社会责任并未因此得到学术界的一致认同。20世纪60年代后，虽然仍然存在企业社会责任的反对者，如弗里德曼，这个因长期信奉传统理论而对企业社会责任颇具微词的学者，曾激烈的主张在美国，企业的主要甚或唯一目标就是最大化股东利润的传统观点。但是倡导和支持企业社会责任观点的人也越来越多，最引人注目的，莫过于那些放弃了对一元利润最大化绝对推崇的学者。例如曼恩，其曾对贝利所主张的企业管理者是企业所有利害关系人之受托人极为不满，现如今已用一种极为激进的态度来看待有关企业社会责任的问题。他认为，对于企业管理者追求利润以外的目标不能施以太严格的限制，他们得从事一定形式的非最大化利润的行为，诸如为慈善捐赠等，只要此等社会行为得为企业及其股东带来直接或者间接的利益，即为适当，因为这些行为所体现的，乃是一种“开明的自利”之哲学观点。①

随着经济全球化的推进，企业社会责任引起了世界各国的关注。1999年1月，在瑞士沃斯世界经济论坛上，联合国秘书长安南提出了“全球协议”，并于2000年7月在联合国总部正式启动。该协议要求企业界领导人在经营自己企业时，维护人权以及正当的劳工和环境标准。《财富》和《福布斯》这些国际著名财经杂志，在进行企业排名时都将“企业社会责任”作为考虑标准之一。目前企业社会责任虽然仍存有反对者，但支持意见已经成为主流。

（二）企业社会责任的含义

对于何为企业社会责任，学者们从不同的角度给出了诸多的定义。美国学者伯文（H.Bowen）在1953年时，曾将企业社会责任定义为：

① See Dr Saleem Sheikh，Corporate Sccial Responsibility：Law and Practice，Cavendish Publishing Limited，1996：26-27.

商人按照社会的目标和价值，向有关政府靠拢、做出相应的决策、采取理想的具体行动的义务。美国学者 JosephMc·Guire 后来也明确地指出：企业社会责任的概念，是指企业不仅负有经济的和法律的义务，而且对社会负有超越这些义务的其他社会责任。①2001 年，欧共体发布的绿皮书——《促进公司社会责任的欧盟框架体系》，将公司社会责任定义为：公司在自愿的基础上，于其经营活动中或者其利益相关者的互动中，对社会与环境因素给予适当的考虑。②

我国学者在对企业社会责任理论研究的同时，也试图给企业社会责任下一个较为确切的定义。袁家方认为：企业社会责任是企业在争取自身的生存与发展的同时，面对社会需要和各种社会问题，为维护国家、社会和人类的根本利益，必须承担的义务。③刘俊海认为：所谓公司社会责任，是指公司不能仅仅以最大限度地为股东们营利或者赚钱作为自己的唯一存在目的，而应当最大限度地增进股东利益之外的其他所有社会利益。这种社会利益包括雇员（职工）利益、消费者利益、债权人利益，中小竞争者利益、当地社区利益、环境利益、社会弱者利益及整个社会公共利益等内容，既包括自然人的人权尤其是《经济、社会和文化权利国际公约》中规定的社会、经济、文化权利（可以简称为社会权），也包括自然人之外的法人和非法人组织的权利和利益。④卢代富指出，所谓企业社会责任，乃指企业在谋求股东利润最大化之外所负有的维护和增进社会利益的义务。⑤王全兴教授认为，企业社会责任分为广义的企业社会责任和狭义的企业社会责任。⑥其中广义的企业社会责任包括对劳动者、消费者、交易对象、竞争对手、社区、后代人等各种利益相关主体承担的环境和自然资源保护、劳动和社会保障、人力资源开发、交易安全、市场秩序等方面的责任。狭

---

① 马力、齐善鸿．公司社会责任理论评述[J]．经济社会体制比较，2005（2）：42.

② “Corporate Social Responsibility：A business contribution to Sustainable Development”，Commission of the European Communities，Brussels，2nd July 2002，COM（2002）347 Final.

③ 袁家方．企业社会责任[M]．北京：海洋出版社，1990：14-20.

④ 刘俊海．公司的社会责任[M]．北京：法律出版社，1999：6-7.

⑤ 卢代富．企业社会责任的经济学与法学分析[M]．北京：法律出版社，2002：96.

⑥ 叶静漪、肖京．“企业社会责任”国际研讨会综述[J]．中外法学，2006（5）：57.

义的企业社会责任主要是劳动法和社会保障法方面的责任，即《SA8000社会责任标准》所规定的内容。

虽然企业社会责任并无明确的概念，但是从这诸多的定义中可以发现，企业社会责任的关注点在于企业在经营活动中除了要增进股东利益外，还要充分考虑非股东利害关系人的利益，是对传统的“股东至上主义”观念的修正。在这点上各种观点基本达成一致。观点分歧存在于两个方面：一是企业社会责任的性质问题，即企业社会责任是一种与法律责任相对称的概念，还是包括法律责任在内的一种复合性的责任；二是企业社会责任内容问题，在此问题上出现了广义企业社会责任与狭义企业社会责任的区分，广义企业社会责任是从企业社会责任形成的历史渊源上界定其范围，作为对“股东之上主义”的一种修正，企业社会责任的范围涵盖企业对劳动者、消费者、交易对象、竞争对手、社区、后代人等各种利益相关主体承担的责任，狭义企业社会责任则仅指企业针对雇员的社会责任，即劳动与社会保障方面的社会责任。

二、企业社会责任的性质

自从企业社会责任概念产生以来，学术界就存在关于企业社会责任的性质的争论，由于企业社会责任概念的产生最初是在经济学领域，因此，概念本身更多是对其经济学意义的描述——对企业活动所追求利益的指向描述，而对其责任属性的界定并不明确。关于企业社会责任性质的争论有的涉及对企业社会责任概念本身的理解，有的则体现学者对企业社会责任运动的不同关切。前述美国学者 Joseph.Mc.Guire的观点实际上就是将企业社会责任作为一个与法律责任相对称的概念，按照这一观点，企业社会责任是一个企业法律责任与经济责任之外的责任。我国学者常凯教授则认为企业的社会责任，特别是作为目前企业社会责任运动基本操作形式的工厂守则，就其基本性质而言，实际上是企业的法律责任，或公司在劳动关系中的义务。[1]而 H.Bowen 的观点则代表了多数学者对企业社会责任性质的理解，也是一个对企业社会责任概念还原历史本初的理解——是一个与企业经济责任相对称的概念，即对股东利益至上的修正。在这一意义上理解的企业社会责任既包括道德责任，也包括法律责任。

也有学者从企业社会责任在现代作为一种以国际劳工组织为主体的全球化社会运动的角度分析企业社会责任的性质，而这种全球化运动的主要表现形式就是企业社会责任的国际认证体系——SA8000。因此，许多学者针对这一认证体系提出自己的认识，国际劳工组织顾问 Shinichi 教授认为，企业社会责任还不是法律，最起码现在还不是，但是它确实是一种规范，它的目标是从法律上解释这种情形，它也会指出一些问题，这种问题是很多私营规范所显现出来的，因为这些行为规范正在扮演着越来越广泛的角色。[2]Shinichi 教授这种观点代表了法学界对于法律全球化现象的一种普遍认识。国际认证制度作为一种非政府间国际组织的一种认证规范，已经超出了法律的国家意志范畴，因此，不具有传统意义上的法律强制力。但是，法律全球化同时又是当前国际社会不容小觑的一种趋势，企业社会责任的国际认证标准尽管不具备国家强制力，但是却具有超国家的影响力，尽管表面上它采取了企业自愿参与的方式，但借助全球消费者的普遍认同力量，通过无形的经济压力促使企业不得不实施认证标准，这种力量并不弱于真正意义上的国际法。我国学者郑东亮先生认为，企业社会责任是经济全球化背景下国际经济竞争、计划的一种表现，或者说是市场竞争的一种形式或者是一种工具。[3]郑东亮先生的观点尽管没有直接提到企业社会责任的性质，但它提供给我们一个如何设定企业社会责任性质的基本思路：首先，企业社会责任，主要是指企业社会责任的国家认证标准是否要具有法律责任属性是一个关涉不同国家经济发展水平和国际竞争力的问题，需要从本国国情出发予以考虑。对国际标准的一

① 叶静漪、肖京．“企业社会责任”国际研讨会综述[J]．中外法学 2006（5）：57.

② 同①。

③ 同①。

味屈从可能会对本国经济造成伤害，而简单拒绝又会影响到企业的国际竞争力，简单采取法律的或者道德方式可能都不利于问题的解决；其次，企业社会责任是一种存在对价的社会责任，表面上的利他主义背后隐藏着的是提高产品和企业的国际竞争力的目的。当我们认识到其对价以后，就不应该再简单地将其视为一种道德责任。

梳理上述观点，我们发现，无论是本意上的企业社会责任，还是针对国际认证制度的企业社会责任，学者们都提到了其道德属性与法律属性。可以说，本意上的企业社会责任既有存在道德属性的部分，也有存在法律属性的部分，从企业社会责任的发展过程来看，它经历了一个从道德到道德的法律化的过程。而道德法律化过程中势必还有一部分企业社会责任依然以道德责任的状态存在。企业社会责任的国际认证并非传统意义上的国际法，因此不属于传统法律责任范畴，它是法律全球化现象的一种典型表现，其性质介于道德责任与法律责任之间，这一问题我们将在后面展开讨论。国内关于企业社会责任性质，最有代表性的是北京大学教授甘培忠提出的企业社会责任层级理论。他将企业社会责任划分为三个层级：第一个层级的企业社会责任是指那些能够类型化和具体化的法定义务，考虑到法律的平等和正义原则，这些法定义务也是最低限度的；第二个层级的企业社会责任是以一般义务的形式存在于习惯、习俗或司法政策中的，具有一定程度的道德内涵；最后一个层级的企业社会责任，是公司根据自己的影响力或者承诺，主动承担的与之影响力和声誉相应的道德义务。比如救助残弱、社会捐助等。[①]实际上，甘教授的观点也是主张企业社会责任包括作为道德责任的企业社会责任与作为法律责任的企业社会责任。

笔者赞同企业社会责任包括道德责任与法律责任的观点，这种观点实际上是对法律社会化背景下企业社会责任存在状态的客观描述。以魏玛宪法为开端的法律社会化将追求社会公平作为法律的一项重要使命，因而部分企业社会责任也就超越了单纯的道德责任范畴，而纳

① 甘培忠、郭秀华．公司社会责任的法律价值与实施机制[J]．社会科学战线，2010（1）：192．

入法律责任范畴。当然，不可能企业社会责任的全部内容都纳入法律调整范畴，由此导致了企业社会责任道德责任与法律责任并存。

三、劳动权保障在企业社会责任中的地位

以修正股东利益至上为主旨的企业社会责任包含的内容极为广泛，从义务的对象来看，包括环境、人权、消费者、竞争对手伙伴、社区以及雇员。

企业社会责任具体内容包括但不限于以下六个方面内容：

（一）企业对雇员的社会责任

雇员的利益是企业社会责任最直接和最主要的内容，因而企业对雇员的责任也包含多方面的内容。不仅包括保障雇员正常工作和发展的有关劳动法意义上的基础法律责任，而且还包括一些根据企业自身的发展水平所提供的更高层次的承诺性质的社会责任。企业对雇员所承担的企业社会责任，不仅是经济发展的客观要求，更是公正与效率的表现，这有利于促进企业与外部环境的可持续发展。

（二）企业对消费者的社会责任

消费者是企业产品的使用者，是企业重要的利益相关主体。企业的生存价值能不能体现，很大部分原因在于消费者的认同。因此企业对消费者的责任，是社会责任一项很重要的内容。企业对消费者的社会责任可以概括为：企业应依法经营、诚信经营，切实提高产品质量和服务水平，尊重消费者的各项权利，包括消费者的生命安全权、知情权、选择权等一系列权利，即企业给消费者的应当是质优价廉的商品或服务，真实全面及时的消费信息。

（三）企业对债权人的社会责任

债权人也是企业的重要利益相关主体，对他们的保护是公司强化社会责任的主要内容之一。由于企业的债权人与债务内容在具体的法律关系中是被特定化的，因此对于这种责任的履行，不仅是企业的民事义务，也是企业对社会责任的承担。除此之外，企业还对那些作为整体的债权人群体负有确保交易安全的责任，这一责任的要求就是，

企业在任何的情况下对任一债权人都应合法、善意并且无过失地交易，切实履行依法所订立的合同。这是一种抽象、一般的责任，具有一定程度的对世性。

（四）企业对环境、资源的保护与合理利用的责任

企业在环境、资源的保护与合理利用中扮演了主要角色，企业在这个过程中对环境和资源所有现实的和潜在的受益人负有一种典型的企业社会责任。切实遵循这种责任，是企业承担促进社会福利增长任务的本质要求，是企业追求自身经济利益与维护社会和谐的价值目标之体现。环境、资源的保护和合理利用是实现人类社会可持续发展的前提和关键，因为其不仅关系到当代人的切身利益，而且关系到子孙后代的生存和发展。企业对此责任的承担，是企业对全人类和后代负责的体现。

（五）企业对社区的社会责任

企业是社区的一份子，二者相互影响，互不分离。建立和谐的企业与社会关系对企业的持续生存发展和社区的进步繁荣具有重要的意义。企业对社区的责任就是回馈社区，比如为社区提供劳动就业机会，为社区的公益事业提供慈善捐助等。企业对社区建设所做出的努力，会变成无形的资本对企业的经营发展起到不可估量的作用。例如，企业积极支持社区的文化教育事业，提高了企业员工的素质。总之企业积极承担社区责任，将扩大企业的知名度，提高企业的良好信誉，为企业的持续稳定发展打下坚实的基础。

（六）企业对社会福利和社会公益事业的责任

企业对社会福利和社会公益事业的责任，是传统的企业社会责任，是一种高于法律责任的，企业自愿承担的一种社会责任。它包含的内容非常广泛，比如慈善捐助、救济扶贫，设立学校各项奖学金、助学金项目以及举办公益性质的社会教育活动等。

在上述六个方面的责任中，企业对雇员的责任被认为是核心内容，甚至企业社会责任往往被认为就是指企业对雇员的责任。这种认识一方面是由于国际劳工组织在推动企业社会责任方面做出了许多努力，该组织力图通过推行企业社会责任的方式改善劳资关系，实现劳动权保障的机构宗旨，许多企业社会责任问题的研讨等活动都是在国际劳工组织的推动下进行的，因此，许多研究成果也围绕着企业对雇员的社会责任展开；另一方面，企业社会责任制度的研究，在国内日益受到关注，主要是基于企业社会责任国际认证标准进入我国。许多企业在面临国际出口压力的情况下不得不认真面对这一认证制度，从而引发学术界对于企业社会责任的关注，也就是说，企业社会责任进入我国学术研究视野就是以SA8000国际认证体系作为开端的，而SA8000作为企业社会责任国际认证标准，其基本内容就是涉及劳工标准。这也形成了一种认识：企业社会责任就是指企业对雇员的社会责任。

对于劳动权保障在企业社会责任体系中地位的认识，笔者在此不想做优劣是非的评判，有意义的是这一地位恰好说明了三个问题：第一，劳动权保障的确是企业社会责任的一项重要内容。第二，企业社会责任的确是劳动权保障的一项重要机制。特别是在我国，近年来对劳动权保障的关注可以说是被企业社会责任这一全球化运动倒推的结果，甚至是一种消极的应对，这也很容易解释前面我们谈到的我国在劳动权法律制度方面标准高、实施措施粗糙、法律责任缺失的现象。第三，企业社会责任全球认证标准——SA8000是企业社会责任制度的核心，而该制度的核心又是劳工权益保障。因此，SA8000在我国的法律地位问题也应该成为我们研究我国劳动保障企业社会责任制度的核心内容。

第二节 作为法律责任的企业社会责任

一、法律责任的概念及其两个层级

在关于企业社会责任性质的讨论中，除少数学者将企业社会责任作为与法律责任相对称的概念，绝大多数学者都承认企业社会责任中存在法律责任。如何认识企业社会责任的法律责任属性，需要我们重新认识法律责任概念。

在这里，首先应该明确的是我们在这里所说的“责任”是指义务，而并非指一种行为后果。其次是如何划分法律义务与道德义务，我国法理学教科书将法律义务定义为：法律义务是设定或隐含在法律规范中、实现于法律关系中的，主体以相对抑制的作为或不作为的方式保障权利主体获得利益的约束手段。[①]相应的，道德义务则指并非法律规定的，也不产生法律强制力的义务。关键的问题在于如何理解“设定或隐含于法律规范中”。法律规定是否就是指内容直接来自于法律条款，义务的具体内容与承担是否完全排除义务主体的个人意志，而一项义务是否具有法律效力是否仅仅取决于其内容直接来自法律条款。换句话，是否只有来自于法律直接规定的义务才具有法律效力呢？答案应该是否定的，实际上，我们知道合同义务的具体内容并非来自于法律直接规定，但没有人否认合同义务具有法律效力，对于合同义务的法律义务属性也不会有人予以否定。合同义务法律效力的产生来自两个环节：一是义务主体的自愿承诺，二是法律对这种承诺的合法性认可。这里，合同法律义务并不否定法律义务的法律规定属性，但这种规定并非对义务具体内容的规定，而是对效力的规定。合同义务做为一种法律义务的存在意味着，并非所有法律义务的具体内容一定要来自于法律直接规定。

通过对法律责任概念的分析，我们可以得出：法律责任分为两个层级，一是法定责任，这类法律义务的特点是其具体内容出自法律的强行性规范，而并非出自私人规范，义务的承担也并非可以由义务主体自主选择，是以国家强制力为后盾要求义务主体必须承担的。法律责任的另一层级是由任意性规范而形成的义务，这种义务的具体内容来自于私人承诺，义务的承担也是义务主体自主选择的结果。任意性规范形成的法律义务最典型的就是合同义务，关于合同义务之法律效力的解释，教会法给予了诺言必须履行的宗教解释，大陆法系的法国法采取了原因理论，即将缔约人缔约所追求的正当目的作为约束双方

---

① 张文显．法理学[M]．北京：高等教育出版社、北京大学出版社，2007：142．

当事人履约的正当理由。而普通法系采取的对价理论也许是对私人承诺产生法律效力的最好解释，对价理论认为一项诺言之所以对于承诺者形成法律约束力，是由于其在该诺言中存在利益。我国尽管不存在对价理论，但将单务合同作为实践合同本身也说明我们认为不存在对价的诺言不具有法律约束力。

引入法律责任两个层级的分析，是为了解释企业社会责任法律制度中两个义务层级，即法定责任层级和承诺性法律责任层级。

二、企业社会责任之法定责任

通常意义上所说的作为法律责任的企业社会责任是指甘培忠教授所说的法定责任，即“那些能够类型化和具体化的法定义务，考虑到法律的平等和正义原则，这些法定义务也是最低限度的”[①]。这类义务广泛存在于各种社会法以及某些私法中，劳动法、环境法、消费者权益保护法等法律都涉及这类法律义务。在这些法定义务中，关于劳动权保障的企业社会责任法定义务是一项核心内容。

（一）理论根据

如前所述，企业社会责任至少从表面上看，属于一种利他行为。传统法律的基本准则是不害他人，至于利他通常是一种高于法律的道德标准。传统理论认为利他不应该成为法律强制的标准，这也是在企业社会责任是否应该作为法律责任问题上存在争论的原因。英国劳动法院法官、华威大学法学院 Alan.C.Neal 教授就认为企业社会责任应该是公司决定采取自愿的一种行动。[②]20 世纪以后的出现的社会权利理论尽管主张国家干预，但主要涉及两个方面：一是为避免自由竞争产生的不良影响而施加的干预，属于宏观经济调整的范畴；二是基于社会成员共享社会发展成果的理念而要求国家提供生存与发展保障，在此理论基础上，社会保障法得到循序发展。而企业社会责任既非涉

① 甘培忠、郭秀华．公司社会责任的法律价值与实施机制[J]．社会科学战线，2010（1）：192．

② 叶静漪、肖京．“企业社会责任”国际研讨会综述[J]．中外法学，2006（5）：57．

及宏观经济运行，也不属于国家义务，而是在自己与他人利益之间采取克制与礼让。

笔者以为，企业社会责任法定化的理论根据在于对企业“社会人”的角色定位以及利益平衡原则。亚当·斯密对于企业社会责任的解释仍然建立在企业“经济人”角色的基础上，将企业履行社会责任视为追求长久利益的一种手段，这样，企业履行社会责任的义务也就不可能法定化，而只能是一种企业自愿行为。20 世纪 90 年代以来的企业社会责任全球认证也在一定程度上推动了在经济意义上认识企业社会责任制度。从经济人的企业角色定位来认识企业社会责任，必然得出对企业社会责任法定化的否定，因为追求利益是企业的权利而非义务。企业“社会人”的角色定位是出于这样一种认识：企业尽管是一种法律拟制人，但也是社会成员之一，其生存、发展与社会其他成员之间息息相关，因此，其社会性的活动必须要考虑其利益相关人的利益，这是企业自身长期存在发展以及社会存在发展所必需的。从社会共存关系解释企业社会责任法定化，法律上对企业承担社会责任的强行性规定是企业作为社会人为社会共存所必须履行的义务。这也是社会连带主义法学的一个基本思想。

利益均衡原则也是对企业对雇员社会责任法定化的极好解释。企业面对雇员（以及求职者）处于相对强势地位，双方地位极不平衡。在地位不平等的情形下弱势一方仅凭自身力量很难实现自己的利益诉求，由此导致双方之间的利益不平衡，强势一方会借助自己的强势地位获取不合理的利益。现代国家的一项重要使命就是平衡强者与弱者之间的关系，达到基本利益均衡的目的，企业社会责任法定化就是国家干预企业与雇主之间关系，使之达到利益基本均衡化的一种措施。

（二）劳动权保障中企业法定社会责任的基本内容

利益均衡原则不仅是企业社会责任法定化的理论根据，同时也是法律在设定企业社会责任时应该遵循的准则。具体到关于劳动权保障的企业社会责任法律义务问题上，利益均衡原则是指在企业与求职者利益之间、企业与雇员之间在获得与保持劳动机会上寻求利益均衡化。

法定企业社会责任的具体内容我们在前面的章节中已经分别论述

过，在这里我们不再加以论证，仅将其归纳如下：（1）在招录员工时禁止歧视的法定义务；（2）在解聘时，特别是经济性裁员中禁止歧视的法定义务；（3）员工培训的法定义务；（4）对由于经济性裁员解聘的员工优先录用的法定义务。

三、企业社会责任之承诺性法律责任

（一）由《公司法》第五条引发的争论

承诺性法律责任的提出是基于对我国公司法第五条的理解。《公司法》第五条第一款规定："公司从事经营活动，必须遵守法律、行政法规，遵守社会公德、商业道德，诚实守信，接受政府和社会公众的监督，承担社会责任。"这一条款引起法学界的热烈争论，并且形成了三种观点：道德责任说、法律责任说，折中说。

道德责任论者认为，《公司法》规定的企业社会责任实质是道德责任。例如崔利民、王雄文等就持此观点。对他们的观点进行归纳总结，我们发现主要理由有如下两点：第一，《公司法》第五条将履行企业社会责任与遵守法律并提，说明企业社会责任是法律责任之外的责任；第二，没有法律条文规定企业社会责任的具体内容，内容无法确定，不具备法律责任的确定性要求。①法律责任论者认为，《公司法》规定的企业社会责任是法律责任。持此观点的学者主要有钟文华等，其理由具体如下：第一，《公司法》第五条将履行企业社会责任与遵守社会公德等并提，说明企业社会责任不是道德责任；第二，既然企业社会责任固定在法律中，说明立法者意图使其具有法律上的强制力，如果立法者仅仅将其理解为道德责任，也不会规定在法律中。②因此，《公司法》第五条所规定的企业社会责任是一种法律责任。折中观点论者

① 崔利民．企业社会责任及其法律规制[J]．河北法学，2010（10）：159；王雄文．企业社会责任的道德性与法律化[J]．行政论坛，2007（6）：27.

② 钟文华．法哲学视野下的企业社会责任浅析[J]．南京航空航天大学学报（社会科学版），2012（2）：35；常艳．企业社会责任内部控制探讨[J]．财会月刊，2013（2）：113；马慧．公司社会责任的法律属性分析[J]．华中师范大学研究生学报，2010（2）：23-24.

认为,《公司法》规定的企业社会责任既具有道德属性，也具有法律属性。例如楼建波等学者认为:《公司法》第五条第一款规定了法律和道德层面的企业社会责任，该款最后的‘承担社会责任’的文字总领全款。”第五条将企业社会责任固定在法律中，说明立法者有赋予企业社会责任法律属性的意图；遵守法律与遵守社会公德并提，说明该款最后的企业社会责任不是单纯的道德责任或法律责任，而是二者的并列。①

笔者赞同我国公司法所说的企业社会责任是指的法律责任的观点，公司法的这一规定体现了现代法律私法公法化的倾向。然而，公司法中所指的法律责任并非一般意义上所说的法定责任，理由正如前述道德论者所言，首先《公司法》第五条将履行企业社会责任与遵守法律并提；其次没有法律条文规定企业社会责任的具体内容，内容无法确定。可以说道德论者从一个正确的前提推出了一个错误的结论——道德责任，原因在于其对于法律责任概念的理解过窄，将法律责任简单等同于法定责任。公司法第五条将遵守法律与履行企业社会责任并提，说明其并非指作为法定责任的企业社会责任。但如果说他是指一种道德责任，那么又如何解释将履行企业社会责任规定在法律中呢？并非法定责任的企业社会责任在公司法中的出现意味着在这里所说的企业社会责任是指法律责任的另一种类型——承诺性法律责任。

（二）承诺性法律责任是法律责任的另一层级

前面我们在讨论法律责任的层级时发现除了法定责任以外还存在着合同法律责任，合同法律责任向我们展示了来自于私人承诺的义务可以获得法律效力。在这里，我们提出一个新的法律责任概念——承诺性法律责任。承诺性法律责任是指那些其具体内容并非来自于法律强行性规范的规定，而是由义务主体自愿承担的，但是其一旦做出承担义务的承诺，则履行义务就成为一项法律责任。承诺性法律责任与

① 楼建波．中国公司法第五条第一款的文义解释及实施路径——兼论道德层面的企业社会责任的意义[J]．中外法学，2008（1）：42；龙新．论企业社会责任的法律规制——兼评公司法第五条第一款的规定[J]．盐城工学院学报（社会科学版），2008（3）：29；刘乃梁、肖顺武．企业社会责任的法律化探究[J]．天津法学，2013（1）：34.

合同责任的区别在于合同责任来自针对特定主体的承诺，是一种针对特定主体的义务，义务的履行依赖对方的监督；承诺性法律责任来自义务主体对公众的承诺或特定组织的承诺，义务也并非针对特定主体，至少不是承诺对象。用承诺性法律责任可以对公司法第五条做出合乎逻辑的解释：其内容并非法律规定，但由于义务主体的主动承诺，产生类似合同责任的法律效力，对承诺者具有法律约束力。2001 年欧盟发布的绿皮书——《促进公司社会责任的欧盟框架体系》中给出的企业社会责任的定义也体现了对企业社会责任的这一认识。该法律文件中并未明确指出企业社会责任的道德属性抑或法律属性，而是采取了强调企业社会责任是一种“公司在自愿的基础上”承担的责任的表述方式。

企业社会责任中的承诺性法律责任与法定责任的区别在于其内容上及其承担的自主性，与道德责任的区别则存在于是否具有法律效力。一些学者认为自主承担的企业社会责任属于道德责任，不具有法律效力，前述道德论者以及甘培忠教授的企业社会责任层级理论都持这种观点。然而这就无法解释公司法中出现与遵守法律和遵守道德并论的履行企业社会责任的表述方式。笔者认为，公司法的表述一方面承认自主承担的企业社会责任并非法定责任，另一方面，承认其法律效力。而其法律效力与合同责任存在同样的理论基础：存在对价。

企业做出的关于承担某些企业社会责任的承诺实际上通常也具备一定的对价。这种对价关系在企业社会责任认证制度中表现得尤为明显。关于企业社会责任的国际认证标准即 SA8000，企业一旦通过该体系认证，有可能会得到更多消费者的支持，并且其产品及服务也有可能因此获得更广阔的市场。现在，特别是一些欧美顾客，社会意识在逐步增强，其不仅注重产品是否能满足自己的关键购买因素，而且更关心的是产品是如何生产出来的。对于消费者来说，如果其所使用的商品是由廉价劳力及剥削童工所制造出来的，已经让人难以接受。例如，20 世纪末，一些主要的国际运动品牌由于在发展中国家的合约工人中雇用廉价劳力和童工，而遭受欧美消费者的抵制。可见通过 SA8000 的认证，可以激起消费者正向的消费观，由此可以提高企业的信誉和知名度，为企业打造一个良好的社会形象。其实履行SA8000不仅可以为企业打造良好的社会形象，还可以增强企业的国际竞争力，使企业获得更好的商业利益。如Gucci集团，其在2007年时，将分包商全部纳入到了SA8000运作体系，对于这些被纳入SA8000运作体系的分包商和整个供应链的相关企业来说，通过SA8000的认证是其与Gucci建立信任融洽的关系，进行长期合作的重要条件，并且通过SA8000认证还可以拥有Gucci提供的更有竞争力的服务。而那些未取得认证的企业将由此失去更为广阔的竞争市场。由此可见，增强国际竞争力并获得更好商业利润就是履行社会责任标准的对价。

（三）劳动权保障中的承诺性法律责任

在劳动权保障制度中，作为承诺性法律责任的企业社会责任包括两类，一类是企业向政府承诺履行的企业社会责任，另一类是企业自主参加的企业社会责任认证。

第一类责任主要是指法律上规定由政府履行的保障劳动权义务，通过企业自主承担的方式转化成企业的承诺性法律责任。这类法律责任存在的基础基于这样一种事实：在劳动权保障中，由于政府并不能直接提供劳动机会，因此，创造和保持劳动机会最终的义务履行者必然是企业。也就是说，政府履行劳动权保障义务时需要通过企业履行相应的义务予以配合。然而，由于劳动权保障的直接义务主体是政府，而并非企业，因此，对于是否配合政府履行义务企业拥有选择权。同时，政府对于企业自主选择履行义务的行为应该给予相应的补偿。在我国宪法、就业促进法、劳动法中都有关于充分调动各种社会力量的表述。

具体说来，在劳动权保障中，企业向政府自主承诺履行的企业社会责任主要包括如下内容：

（1）在劳动权促进机制中，履行提供公共就业服务和职业培训的义务。公共就业服务与职业培训在我国宪法、劳动法、就业促进法中都是作为国家义务加以规定的，同时法律中也谈到国家动员社会各种力量参与上述活动。值得注意的是，企业从事营利性的就业服务和职业培训不属于企业社会责任的内容，而参与公共就业服务与公益性质职业培训则属于企业履行社会责任行为。企业参与公益性就业服务与职业培训活动，有些是无偿的自愿行为，企业无偿履行的企业社会责任不具有承诺性法律责任的性质，也就是说，企业履行的这部分义务无须接受政府与法律的监督，是纯属道德义务的企业社会责任。符合承诺性法律责任的企业社会责任部分是指政府通过购买服务方式由企业履行的公共就业服务与职业培训。这部分企业社会责任是由企业通过投标的方式自主承担的，并非法定义务；义务的具体内容由企业与政府双方通过政府采购合同的方式具体拟定，也体现了企业的自主意志；企业履行这部分企业社会责任存在相应的对价，即政府购买服务而支出的价格。这种形式的承诺性法律责任，实际上就是一种一般的合同责任，是一种基于行政契约形成的合同责任。合同一旦成立，对于这种企业社会责任，必须要求企业作为一项法律义务加以履行，而不再是一种道德责任。国家作为这种合同义务的相对人，监督企业履行相应的社会责任，既是政府的权利，也是政府的职责。在这种行政契约中，由于在缔约人之外，还存在这作为第三人的受益人——公民，因此，监督权除了由作为缔约人的政府履行外，作为受益人的公民也应该同时享有。这样我国公司法关于企业履行社会责任要接受政府与社会监督的立法意图也就得到了合理的解释。

（2）在劳动权特殊保护机制中，企业履行优先吸纳特殊就业困难人群义务以及提供公益岗位协助政府履行就业保障义务。企业履行特殊保障企业社会责任与履行禁止歧视企业社会责任不同，后者是基于企业用工自主权与公民平等劳动权之间的合理界分而形成的，是对于企业用工自主权滥用的一种合理限制，因此，属于法定企业社会责任范畴。而履行劳动权的特殊保护义务，其中包括对就业困难群体的倾斜保护和对特殊困难人员的就业保障，本身属于政府义务范畴。由于政府无法直接提供就业机会，因此，这一国家义务的具体履行须由企业承担。与禁止就业歧视义务不同，企业履行特殊保护义务并非强制性义务，而是一项自愿承担的义务。而且，这一义务存在对价，即政府对履行特殊保护义务的企业给予的在税收、贷款以及保险金缴纳等方面的各项优惠政策。基于对价的存在，企业一旦承诺履行相应的义务并获得对价，这一义务就成为一项法律义务，而不再是道德义务。政府对企业履行相应义务的行为有权监督，避免企业将履行该企业社会责任作为骗取优惠的手段。前面我们在谈到这一问题时就指出我国目前在这一问题上政府对企业缺乏有效的监督，导致公益岗安置人员转岗率高，得不到平等待遇，权利缺乏真正保障。而政府之所以在这一问题上监督不力，根本原因在于对于企业这一履行企业社会责任行为的性质认识有误，没有将其作为一项法律责任来对待。

作为承诺性法律责任的企业社会责任的另一类型是企业自主参加的企业社会责任国际认证，也就是 SA8000。SA8000 是 Social Accountability 8000 International Standard 的简称。是基于国际劳工组织宪章、联合国儿童权利公约、世界人权宣言，由美国经济优先权委员会，现改名“社会责任国际”（SAI）咨询委员会在 1997 年制定的全球第一个可用第三方认证的社会责任标准。[①]由于 SA8000 的主要内容涉及劳动权保障，包括禁止使用童工、禁止强迫劳动、劳动场所安全卫生保障以及禁止歧视等内容，以至于许多人将企业社会责任与劳动权保障等同认识。尽管 SA8000 的制定者与认证机构都属于非政府组织，这一标准本身并不具有国际法规范性质，该组织在各国开展的认证活动也无须借助官方机构，企业申请通过认证也属完全自愿，然而，这一认证标准却得到国际世界的广泛认可。特别是在我国，其产生的影响甚至超过了有关法律制度。有学者就指出：“我国企业对 SA8000 实施担惊受怕，而对《劳动法》却无动于衷。”[②]对于 SA8000 尽管我国学界也有微词，认为这是对发展中国家的一种贸易壁垒，提高了产品国际市场的门槛，降低了发展中国家的产品竞争力。然而，无论我们怎样看待 SA8000 的实际影响，其实际上已经形成的准法律效力是不容否认的。从法律全球化的视角看，SA8000 是一种典型的超国家法。尽管其规则从形成到实施都不存在国家意志成分，然而，该标准实际上已经成为一种行为准则。而且由于其内容比我国相关法

---

① 张监民、罗兴武．SA8000 的解读与企业社会责任构建之策[J]．商场现代化，2006（4）：1.

② 朱健仪．SA8000 社会责任标准：影响、障碍与应对策略[J]．经济问题，2006（5）：29.

律更为具体，其规范作用较我国有关法律更为明显。由于是否通过认证评估直接关涉企业产品在国际市场上的命运，这一评估结果也较我国某些法律后果更为明确且严重，从而更能引起企业的高度关切。由于这种准法律义务的承担也是由企业自主申请，因此，我们也称其为承诺性法律规范。这种承诺性法律义务的监督来自两个方面，一是第三方认证机构的监督，按照 SA8000 的有关运行制度，通过验收的企业要定期接受认证机构的监督考核；二是我国国家的法律监督，我国公司法既然将履行企业社会责任作为企业一项重要法律义务，意味着对于企业自主承诺承担的企业社会责任也要实施监督，信息披露制度是现代公司法对企业实施监督的一项重要制度，企业是否履行了其承诺的企业社会责任，通过信息披露，社会公众与政府有关部门就可以予以监督。

综上，我们认为，我国劳动权保障中的企业社会责任分为三个层级：第一层级是效力最强的层级，即法定义务层级，这一层级是指在我国宪法、劳动法、就业促进法等相关法律中以强行性规范的方式加以规定法律义务，这部分法律义务是对企业履行社会责任的最低要求，是在企业权利与社会权利之间所作的理性界分，是企业必须无条件履行的义务。第二层级是承诺性法律义务层级，这一层级的义务并非国家法律的强行性规定，而是通过企业自主承诺的形式承担的，但由于这类义务的履行存在相应的对价，即企业承诺履行相应的义务可以获得利益，因此，这类义务也因此应该具有法律效力。第三层级的企业社会责任属于道德义务，这部分责任完全由企业自愿承担，由于不存在对价，因此，不具有法律效力。对于企业自愿履行的社会责任，社会应该予以褒奖。

第七章

劳动权保障的政府问责机制

第一节　政府问责概述

一、关于政府问责制的概念之争

政府问责制又称行政问责制，是20世纪70年代在西方兴起的一项政府管理制度。政府问责制进入我国始于2003年的非典时期，针对当时某些地方政府部门虚报瞒报信息造成的严重后果，政府问责制才开始进入我国学术界的视野，至今围绕这一问题的相关理论也尚未成熟，最突出的表现就是迄今尚未形成关于政府问责制的较为统一的概念。学者们通常都是从各自的研究旨趣或观察角度出发来定义这一概念，有学者认为“行政问责制是指特定的公共权力主体针对各级政府及其公务人员所承担的职责和义务的履行情况而实施的，并要求其承担否定性结果的制度规范”[①]。也有学者认为“行政问责制是政府实现其行政责任的一种自律或自我控制，所谓行政自律机制，是政府凭

① 刘厚金．我国行政问责制的多维困境及其路径选择[J]．学术论坛，2005（11）：41．

借自身的行政权力所建立的一种内部控制机制”①。还有学者从我国兴起政府问责制的初衷界定政府问责制，指出“行政问责制是指对现任各级行政主要负责人在所管辖的部门和工作范围内由于故意或者过失，不履行或不正确履行法定职责，以致影响行政秩序和行政效率，贻误行政工作，或者损害行政管理相对人的合法权益，给行政机关造成不良影响和后果的行为，进行内部监督和责任追究的制度”②。

梳理上述学者们关于政府问责制的概念之争，其相同之处在于都将问责的对象界定为政府行为。观点区别则广泛涉及政府问责制的主体、范围等问题。在主体问题上，有的学者将政府问责制定义为政府自律行为，也就是将问责主体仅限于政府自身，从而政府问责制被理解为上下级之间的政府内部监督活动。也有的学者对问责主体给出更广泛的界定，即所谓“公共权力机关”；在问责范围问题上，有学者将其界定为所有的政府履行其政府职责的活动与状态，也有的学者仅仅将问责范围界定为出现某些不良后果的特殊情形。两者的区别在于前者将政府问责视为一种常态化的政府管理活动，而后者则将其视为一种应对政府危机的特殊手段。事实上，除了上述定义中所涉及的问题，关于政府问责制概念还存在许多需要澄清的问题。首先，在问责主体上，是仅指公共权力机关的问责活动，还是包括公民以及社会组织的问责。其次，在问责范围上，是仅对违法行为的问责还是包括对于不当行为的问责。是仅限于对积极作为的问责，还是包括对于不作为的问责。是仅限于对行为的问责，还是包括对于效果的问责。最后，在问责效力问题上，是仅产生政治责任或道德责任，还是形成法律责任。

笔者认为，回答上述问题，需要从政府问责制的缘起考察，一项制度的起源昭示了该制度的功能定位，而一项制度的特定功能是决定这一制度基本模式的根本性因素。

① 周仲秋．论行政问责制[J]．社会科学，2004（3）：128．

② 韩剑琴．建立责任政府的新探索——行政问责制[J]．探索与争鸣，2004（8）：20．

二、政府问责制概念的历史与功能考察

（一）从政府问责制的理论背景看制度功能

1．从法治政府到责任政府

20世纪70年代在西方作为新公共管理运动而兴起的政府问责制，其理论基础的形成并非一朝一夕。从根本上来说，政府问责制是以责任政府的理念为基础的。自古典自然法学派以来，法治政府就成为西方社会关于政府性质的基本理念。然而，法治政府的要求更多是建立在消极政府基础上，是在私人权利与公共权力对抗格局下基于限制政府权力扩张的一种考虑。基于这一考虑，法治政府原则要求政府所有行为必须存在明确的法律授权，政府必须在法律授权的范围内活动。在法治政府的原则下，对政府的监督主要限于对政府行为的监督，而并非对其活动效果的监督，而这种行为监督也主要是对政府积极作为监督，监督其积极行为是否存在越权或违法、不当等。至于消极不作为，传统理论认为不属于政府监督的范围。20世纪以来，随着积极政府理念的形成，政府开始被赋予越来越多的社会职能。政府职能的扩张，政府权力也日益膨胀。从权责一致的原则出发，政府权力扩张意味着政府应该承担的责任相应增加，由此开始出现由法治政府向责任政府的转变。政府问责制正是在这一政府理念下由传统的政府监督制度转变而来。责任政府理念下的政府问责制与法治政府下的政府监督制的根本区别在于后者是对于政府行使权力合法性的监督，而前者则是对政府履行职责情况的监督。

2．从政治职能到公共管理职能

20世纪之前的有关政府权力的理论都是将其作为政治结构的一部分加以阐述的，《政府论》、《社会契约论》等同时代的经典著作，尽管其对于政府地位及权力运行模式、与其他政治权力之间的关系的主张不尽相同，但都将政府作为社会政治结构中的一部分加以看待。关于政府权力作为一种公民权利让渡结果的政府权力来源的解释，也是对政府权力政治职能的界定——仅限于维持社会公共秩序。对此，美

国则通过一系列判例进一步将其限定为“治安权”这一政治职能。公民社会权利的产生形成了对政府职能的更积极和广泛的需求，政府职能由消极的维持政治秩序的职能扩展到积极的履行社会管理的职能。由此诞生了新公共管理理论。公共管理理论实际上是将传统的管理学理论从作为私人微观经济领域的企业管理范畴扩大到社会管理领域，从而将以政府为主导的社会管理活动纳入管理学理论之中的结果。在公共管理理论中，政府行为也被赋予了经济人的解释，认为没有相应的过程管理与效果考核就不可能自动产生效率。同时，如果将政府获得的权力资源视为一种成本投入，则对其活动的要求就不应该再是简单的不违法、不越权，而是产生了对权力资源投入的产出要求，这种产出也就是政府管理社会的实际效果。

对于一项新制度的功能研究通常要从制度产生时社会变革导致的制度空缺获得认识。从上述政府问责制产生的社会与理论背景我们可以看出，政府问责制产生于当政府职能扩大到积极的管理社会事务时，传统的法治政府的控权模式仅仅能够管控政府的乱作为，已经无法满足社会对监督积极政府有效作为，高效行使权力的要求，由此产生了从权力监督到政府问责的转变。政府问责制的制度功能实际上是要对于在积极政府背景下扩大了的政府职能实现有效监督。

（二）从制度功能解读政府问责制的内涵

1．政府问责制的主体

有人从政府问责制的主体上将其分为自体问责与异体问责，前述我国学者关于政府问责制概念不同理解也体现了这一认识差别。基于上述关于政府问责制功能的认识，我们认为，政府问责制仅限于政府自身显然过窄。政府问责制并非基于完善政府自我监督管理或者政府自律的功能，而是对于政府履责，特别是就履行积极责任的一种管理机制。从责任政府的理念出发，政府并非仅对自己负责，而是对授权主体负责，因此，政府问责制的主体应该包括除政府以外的政府授权主体以及与之相关的其他主体。

具体说来，首先是国家权力机关，国家权力机关作为直接的政府授权人当然应该成为政府问责的主体。目前就我国来看，我国宪法一直就有人大监督政府的制度，具体包括一般监督与特别监督。2007 年 1 月 1 日起实施的《中华人民共和国各级人民代表大会常务委员会监督法》被视为是我国人大政府问责制的开端，其中包括作为一般监督的报告工作制和特殊监督的规范性文件备案审查、执法检查、询问、质询与调查等制度，现在有许多学者将人大特别监督视为一项人大对政府的问责活动，而认为一般监督中的报告工作制度并不具有问责性质。就我国目前的政府报告制度，我国宪法仅规定了人大的审议与表决程序，没有否决程序及其后果的规定，就此的确可以认为我国不存在一般性的权力机关的一般性政府问责制，但报告工作制可以说为一般性政府问责奠定了基础。

其次，司法机关能否作为政府问责制主体。这一问题取决于国家特殊的政治权力结构，在三权分立国家，存在司法对行政权的制约关系，因此，司法机关自然可以成为政府问责的主体。西方多数国家都存在司法机关的政府问责程序，特别是作为司法审查制典范的美国。我国的政治结构不存在对行政权的司法审查，因此，也不存在一般意义上的司法机关为主体的政府问责制，我国《行政诉讼法》的受案范围仅限于具体行政行为，而且主要针对政府积极作为的违法行为，这种活动属于一般的司法监督活动，并非我们在责任政府意义上所说的政府问责制。

最后，社会组织和公民能否作为政府问责的主体。从授权关系来看，在间接民主制度下，公民对政府的授权是间接通过代表机构实现的，因此，作为一项法律制度，我们认为公民个人不能成为政府问责的主体，公民对政府的问责权也应间接通过人民代表机构行使。然而，在社会组织的政府问责主体地位问题上，一个值得注意的现象是，西方在新公共管理理论的推动下，第三方社会组织问责正在成为一种方兴未艾的政府问责形式，这也体现了对于政府监督由传统的政治理论解释转变为管理理论解释的趋势。第三方机构行使的政府问责主要表现为对政府履行职责状态的评估，并以向社会公布或向有关机关提供评估报告的方式实现问责。第三方机构政府问责的主体地位取决于社会自治功能是否足够强大，笔者认为在我国目前社会条件下尚不具备可行性。当然，我们主张公民个人（包括媒体、社会组织等）不适合作为制度性的政府问责主体，并非否定对政府的社会监督，我国法律上也规定了言论自由以及公民对国家机关及其工作人员的检举、控告等权利，但这些权利属于公民权利的范畴，并非一项专门化的法律制度。

综上，从责任政府的理念出发，本着权责一致的原则，在我国政府问责制的主体应该包括政府自身以及国家权力机关。

2．政府问责制的范围

政府问责制的范围是指问责主体可以对政府活动的哪些方面实施问责。与传统的政府监督机制范围相比较，政府问责制范围具有如下特点：

首先，结果问责是政府问责制的突出特点，问责范围不仅限于政府行为，而且包括政府活动的结果。在传统政治学原理下的政府监督制度，将监督重点更多放在对政府行为的监督，而且主要是对政府行为合法性的监督，特别是权力合法性的监督，这也是消极政府理念下权力控制理论的必然结果。而以管理学理论为基础的现代政府问责制从权力资源投入效率出发设计问责范围，将目标考核引入政府问责机制，追求政府权力的投入获得更高社会效益的政府活动目标。这一目标转变“使得问责重点从行政过程问责转向更为重要的行政结果问责”[①]。结果问责也同时体现了积极政府的理念。在西方，结果问责与政府绩效考核制度同时兴起于20世纪70年代，绩效考核作为一种评价和改进政府业绩的管理工具，从企业管理领域引入到政府公共管理领域，评估的侧重点由资本效率转变为权力效率，即对公共服务质量的评估。形成“以结果为本”的基本导向。此时，政府责任也向管理主义的方向发生了转变，传统复杂而模糊的政治责任机制转变为由公共管理者直接对公众负责的责任机制。[②]在这种机制下，政府不再能够仅凭其不存在行为适当而逃避被问责。只要政府承诺的社会管理目标未能实现，就可以成为问责政府的根据。

---

① 王柳、陈国权．论政府问责制与绩效评沽的互动[J]．国家行政学院学报，2007（6）：23.

② [澳]欧文·休斯．公共管理导论[M]．彭和平等译．北京：中国人民大学出版社，2001：263-304.

其次，消极不作为应该纳入政府问责制范围。传统政府监督机制基于控制政府权力的监督目标，仅负责监督政府的越权行为和不法行为，认为政府的积极作为才构成政府责任。积极政府理念下，一方面，政府权力得到扩张，但同时对政府行为也提出了更高的要求，积极作为义务也被纳入政府问责的范围，在存在积极作为义务的情形下，政府的消极不作为同样构成问责根据。

最后，抽象行政行为也应该纳入政府问责的范围。抽象行政行为纳入政府监督的范围在西方三权分立国家早已有之，作为法治政府的一项基本制度，通常采取司法审查的方式。在我国，由于不存在对抽象行政行为的司法审查，将其纳入政府问责范围具有填补空白的意义。“由于抽象行政行为在我国的不可诉性和效力的普遍性与持续性，因而对社会与民群产生的影响更广更大，所以更应该加强对其监督。”[①]被誉为我国第一部专门的政府问责法律的人大常委会监督法对于抽象行政行为的政府问责专门设立了“规范性法律文件审查”一章加以规定，体现了我国对于抽象行政行为实施政府问责的重视。

3. 政府问责的性质与效力

政府问责制在我国引起关注尽管已经经历了近10年的时间，并且国家还出台了相应的法律，然而，笔者在搜集资料中发现，关于政府问责制的研究几乎全部集中在行政管理领域，法学领域的相关研究凤毛麟角。而行政管理领域的研究，通常都仍将政府问责视为一项政治行为或者行政行为，极少涉及其法律效力问题的讨论。

责任政府是对法治政府的发展，而并非一种否定，因此，建立在责任政府基础上的政府问责制本身也应该体现法治政府的要求，依法履行政府问责职能。同时也只有将政府问责制作为一项真正的法律制度，才能保证制度的公开透明以及长期有效，而并非一阵风似的运动。

政府问责法制化的突出体现就是政府问责结果的法律化，即要求政府的问责行为应该产生相应的法律效果，而不仅仅是形成内部考核的效果或者政治的、道德的效果。我国人大对政府的质询制度实际上

---

① 韩兆柱. 责任政府与政府问责制[J]. 中国行政管理，2007（2）：20.

早就是我国宪法上的一项制度，由于缺乏公开化和程序性，一直未能形成真正的法律制度，人大监督法开始将这一宪法制度程序化，制度化，其严格实施有待我国进一步的实践。目前我国在政府问责法律化上存在的问题主要是同体问责制。我国一直存在着政府的绩效考核制度，然而，由于考核目标与结果不公开，绩效考核仅仅是一种政府的内部工作机制，并不能实现政府问责制所追求的政府对授权者负责的制度功能。因此，要使政府问责制成为真正的法律制度，一是要在法律中明确问责的后果；二是要将考核标准公开、考核结果公开化，从而使政府绩效考核变成政府问责的基础，从而真正建成政府问责的法律制度。

综上，我们可以将政府问责制界定为：政府问责制是指国家公共权力机关针对政府履行职责的行为及其结果所进行的监督以及对于其违法、不当和履职不力追究其法律责任的法律制度。

第二节 劳动权保障政府问责制实体问题研究

严格说来，政府问责制实际上属于一种程序性法律制度。其主要内容是对于不同问责主体实施政府问责活动的程序性权利以及具体程序的法律规制。然而，由于我们在这一章中研究的主要目的是如何通过实施政府问责制实现对劳动权的保障，这一问题的解决必须首先从实体法意义上明确劳动权保障中政府法律责任的认定标准。实体问题研究是程序研究的基础。

法理学上对于法律义务与法律责任关系的解释是法律义务是法律责任产生的前提，法律责任是由于违反法律义务而导致的后果。这也就意味着存在法律义务就应该有相应的法律责任制度。前面我们提到的劳动权促进机制、劳动权的特殊保护机制以及劳动权的禁止歧视机制中的政府义务包括劳动机会的供给义务、就业服务与职业训练义务、就业困难人员的就业援助义务、零就业家庭的岗位保障义务以及禁止劳动权歧视义务。我们将上述义务分为两类：政府劳动权的宏观保障义务与劳动权的微观保障义务。需要说明的是，通常人们将行政行为划分为抽象行政行为与具体行政行为。有人将抽象行政行为定义为制定规范性法律文件的行为，也有学者采取更为广义的定义：抽象行政行为是指国家行政机关针对不特定管理对象实施的制定法规、规章和有普遍约束力的决定、命令等行政规则的行为，其行为形式体现为行政法律文件，其中包括规范文件和非规范文件。[①]无论何种定义，其关注的是行政行为所针对的对象以及行为的具体表现形式。在本书中，需要区别对待的是政府对劳动权保障义务所影响的范围。所谓劳动权的宏观保障是指政府通过对社会关系的宏观调控从而实现劳动权保障的目的；劳动权的微观保障是指政府通过对微观社会关系的调整实现劳动权的保障。前者包括劳动机会供给保障、公共就业服务供给、职业培训供给等活动；后者涉及对于禁止就业歧视中对劳资关系的调整行为，在公共就业服务中在服务提供者与接受服务者之间的活动。上述分类中两种政府行为法律责任的基础存在差别。

一、政府劳动权宏观保障的法律责任

（一）政府劳动权宏观保障的主要内容

联合国 1999 年所发布的关于食物权的第 12 号一般性意见中曾就国家对于公民社会权利提出了三个类型的义务：尊重的义务、保护的义务和实现的义务。其中实现的义务又包括促进义务，即要求国家为全面实现权利采取适当的法律、行政、预算、司法等措施；提供的义务，即要求国家为实现权利直接提供援助或服务。这类实现的义务基本属于我们在这里所讨论的劳动权宏观保障义务，因为促进与提供都需要国家通过宏观调控加以实现。

（1）政府制定有关促进、保障及特殊保护等关于劳动权的行政法规、规章、标准等活动。劳动权保障中的一项重要义务就是制度供给义务。作为一项积极义务，劳动权保障的制度供给义务不仅要求合

① 张光宏．抽象行政行为的司法审查研究[J]．北京：人民法院出版社，2008：12．

法、公平、合理，还要求充分、及时、有效。前者属于针对行为的考核，后者属于针对效果的考核。

（2）在提供公共就业服务、职业培训以及开发公益岗位等方面所履行的决策、投资建设、外包服务等义务。这些义务并非形成规范性法律文件，但由于这些活动并非针对特定主体，因此也属于抽象行政行为。

（二）劳动权宏观保障中政府法律责任之证成

尽管没有对劳动权宏观保障中政府法律责任的公开质疑，但笔者在查阅资料时发现，关于劳动权促进机制以及特殊保障机制等的研究主要是在公共管理或行政管理领域展开，这类内容来自法学领域的研究几乎没有，这与反对歧视以及劳动者权利保障研究形成鲜明对比。这些研究多数将上述政府义务，特别是抽象义务仅仅视为一种公共政策，因此，也基本上不曾涉及相应的政府法律责任问题。即使谈到政府责任，也多是道德责任、政治责任意义上的。不仅学术界对劳动权保障的抽象行政行为之法律责任采取否定或漠视态度，我国相应立法上也“遗漏了”相应的法律责任问题。如涉及相关内容的《就业促进法》、《劳动法》中仅有关于政府提供制度供给及开展相应的活动的义务，而在法律责任部分却并不存在针对相应义务的政府法律责任，没有责任的义务就只能是一种政策。这也形成了对我国相应法律是“政策法”的理解。

笔者认为劳动权宏观保障与微观保障上政府法律责任上的差别，根本存在对于政府宏观调控与微观调整行为的法律性质的认识。传统政府法律责任概念来自于国家对微观活动的调整，调整宏观社会关系则是相当晚近的事情。但时至今日，有一般法律常识的人都知道经济法本身就是由宏观经济调整法发展起来的，至今这也应该是该部门法的主要领域。因此，宏观社会关系调整也需法律手段已经成为共识。劳动权宏观调整的特点：“其一是它的宏观性和总体性。它着眼点和目的是社会经济的宏观结构和总体运行，所实行的措施影响到社会经济的全局，而不仅仅触及某些局部和个体。国家需要在充分把握社会经济总体结构和运行状况的基础上，根据需要和可能，遵循客观经济规律，确定国家调节的目标，通过实施某些重大和广泛适用的措施，使社会经济和运行发生某种变化，产生宏观和总体性的效应。其二是宏观调控措施的促导性。它所采用的方式重在对社会经济活动予以引导和促进。”[①]上述关于经济法特征之描述契合了劳动权宏观调整的特点，实际上，不仅劳动权，所有社会权利由于其都以国家履行积极义务为实现条件，而国家履行积极义务的方式除了在私人博弈之间增加弱者的力量外，更多的则通过制度供给等宏观调控措施加以实现。如果我们承认这些活动所针对的权利是法律权利的话，那么这类活动之法律责任存在也是毋庸置疑的。从国外保障劳动机会供给的经验看，通常也都将关于就业关系宏观调控的内容写进法律中，如俄罗斯的《联邦居民就业法》（1996年）、《美国的《紧急就业法》（1971年）、《充分就业和（经济）平衡增长法》（1978年）、《劳动力投资法（最后规定）》（2000年）以及德国的《联邦增加就业岗位法》等都涉及上述内容。

（三）劳动权宏观保障政府法律责任认定标准

劳动权宏观保障的政府法律责任之所以为学术界和立法所回避，其中的另一个原因是宏观保障的法律责任认定标准掌握存在一定困难。要避免法律政策化，必须确定法律责任的认定标准，我国2008年的《就业促进法》之所以被视为政策法，就是因为缺乏政府法律责任的认定标准。

1．行为标准

劳动权宏观保障中的政府义务都属于积极义务，如促进的义务、提供的义务等。基于积极义务形成法律责任存在两种情形：一是不作为引起的法律责任，二是违法与不当作为引起的法律责任。就不作为产生的法律责任能否采取行为标准，有学者从有关国际公约条款出发给出肯定回答，认为《经社文公约》第六条第一款规定：本公约缔约各国承认工作权并将采取适当步骤来保障这一权利。第二款规定：本公约缔约各国为充分实现这一权利而采取的步骤应包括技术的和职业的指导和训练，以及在保障个人基本政治和经济自由的条件下达到稳

① 漆多俊．经济法学[M]．武汉：武汉大学出版社，1998．421．

定的经济、社会和文化的发展和充分的生产就业的计划、政策和技术。国家采取步骤保障就业权，不仅意味着国家有义务在将来的时段里保障全民就业。衡量国家是否履行了义务，不能简单地通过就业率来判断，而是要看国家是否实施了一定的政策。[①]但值得注意的是对于“一个国家是否实施了一定政策”仅从行为很难判定。也许一个国家制定了许多制度，但都是简单重复，也许其仅制定了一项制度，但实用有效。制度实施义务也存在同样的问题。一项制度是否有效实施需要从效果上判定，这也说明对于积极义务的最佳判断标准并非行为标准，而是结果标准。

劳动权宏观保障政府责任的行为标准更适合用于对于政府违法或不当行为的判定。首先，根据法治政府的要求，政府行为必须有法律依据，既不能消极不作为，也不能积极乱作为。《就业促进法》法律责任一章中唯一的关于政府责任的条文提到的“违反本法规定，劳动行政等有关部门及其工作人员滥用职权、玩忽职守、徇私舞弊的，对直接负责的主管人员和其他直接责任人员依法给予处分”，应该就是采取了行为标准。这一条文本身含义十分广泛，既包括宏观保障义务的法律责任，也包括微观保障义务的法律责任。就宏观保障义务来说，其形成法律责任条件包括：第一，政府在提供公共就业服务、职业训练、开发公益岗位等问题上存在具体决策违法或失当；第二，政府在制度供给上存在职权、程序上的违法；第三，政府在制度供给上存在内容上的违法或不当。在这里，职权与程序的违法易于判断，而内容的违法与失当则较难判断。例如，在扩大劳动机会供给问题上，政府承担着制定合理产业政策的义务，然而，合理的产业政策的判断标准如何确定？是否需要法律将某一产业政策设定为法律？哪些类型的产业政策适合确定为法律？政府制定产业政策是否只需不违反这些制定为法律的产业政策就不形成法律责任。笔者认为，法律与政策的最大区别在于其稳定性，因此，只有那些应该保持相对稳定的内容才可以

① 刘连泰．国际人权宪章与我国宪法的比较研究——以文本为中心[M]．北京：法律出版社，2006：137．

由法律确认，也因此形成国家义务与责任。例如在促进就业问题上，就业优先的原则应该上升至法律层面，因为这一原则从根本上说涉及社会发展目标究竟是以人为本还是以经济发展为本的根本性问题，而并非解决社会发展一时之需的权宜之计。“基于这样一种认识，我国的促进就业法应涵盖以下主要内容：第一，应确立就业作为宏观经济四大调控目标之一的重要地位。”[①]但具体的产业结构政策是否应该采取法律调整，有关学者的研究认为国外的促进就业法律通常也包括“采取综合性优惠政策扶持中小企业和第三产业发展，扩大就业和再就业工作岗位”的内容。但笔者认为，具体产业政策不宜作为法律调整，应该采取政策调整的方式，因为这取决于当时社会发展形势的要求，例如鼓励第三产业或中小企业的政策未必在今后能继续起到扩大劳动机会供给的作用。能够用法律加以调整的内容应该是相对稳定的，这样可以避免法律朝令夕改，或导致法律的政策化。在划定了政策调整与法律调整的范围后，法律调整的义务应该形成法律责任。

2．结果标准

结果标准是将政府的绩效考核制度与政府问责制相结合而形成的政府责任的判断标准，这一标准也是对于责任政府的最好体现。同时，结果标准也是对于消极不作为政府责任的唯一可以掌握的判断标准。我国目前实际上已经存在建立以考核结果为标准的劳动权保障法律责任的基础。一方面我国法律上都有关于政府考核监督的规定，如《就业促进法》第七章就是监督检查，主要规定了政府内部的监督检查机制，包括明确将促进就业列入对各级政府的考核指标，采取上下级部门考察的方式，以及要求审计机关、财政部门应当依法对就业专项资金的管理和使用情况进行监督检查的机制。这就说明，对政府履行义务效果的考核已经纳入法律调整范围。另一方面，我国也已经存在劳动权保障的相关标准，如关于劳动机会供给的质量标准，我国有最低工资标准、劳动安全保障标准等，关于劳动机会供给数量，政府相关法律文件中也都有明确指标，如《就业促进规划（2011～2015）》中就

① 马永堂．国外促进就业法研究对我国的启示与思考[J]．中国劳动，2005（3）：17．

明确了“城镇新增就业 4500 万人、转移农业劳动力 4000 万人、城镇登记失业率控制在 5%以内”的标准，2014 年政府工作报告提出的标准是失业率低于 4.6%。关于特殊保障，我国也制定了零就业家庭就业保障的标准。这些应该都可以成为界定劳动权宏观保障中政府法律责任的判断标准。然而，我国目前并没有将政府的绩效考核作为判断政府责任的标准，而是仅仅作为政府内部的一项工作监督制度。在《就业促进法》第八章的法律责任中，除了一条关于违法行为的政府法律责任外，没有其他关于政府责任的规定。要使结果标准成为政府法律责任的判断标准，必须建立政府绩效考核结果公开制度以及在法律中明确绩效考核的法律后果，这是建立我国劳动权保障政府问责制的必备条件。

二、劳动权微观保障的政府责任

（一）劳动权微观保障的政府义务主要内容

劳动权的微观保障是指政府通过对微观社会关系的调整保障劳动权的行为。具体涉及下列内容：

1．政府禁止劳动权歧视的法律义务

禁止歧视作为劳动权保障的一项重要内容，与劳动权促进机制、特殊保障机制的区别在于其主要是通过对用人单位与公民之间微观关系的调整而实现劳动权保障的目的。从表面上看，禁止劳动权歧视直接的义务人是用人单位，政府在这一问题上的直接义务属于一种垂范义务。但作为制度供给者与实施的监督者，政府在禁止就业歧视方面则担负着更多义务。其一是制度供给义务，“国家对雇主设定公法上义务的权力恰恰是源自于其自身对公民劳动权所承担的义务”[①]。制度供给义务要求政府在禁止劳动权歧视方面制定积极有效的公正合理的规范化措施，以切实保障公民在劳动权享有上的平等性；其二是制度

① 徐钢、方立新．论劳动权在我国宪法上的定位[J]．浙江大学学报（人文社会科学版），2007（4）：51．

实施的监督检查与救济义务。作为法律的执行者，政府无论对于自己制定的法律制度还是来自于立法机构的法律，都负有保障实施的义务。具体说来包括对用人单位履行禁止歧视义务行为的监督检查、受理公民关于劳动权歧视的投诉、纠正用人单位的劳动权歧视行为以及做出相应的处罚与补偿决定，处理纠纷是当今行政司法化趋势的一种表现。在我国存在的劳动监察应该担负起监督检查的职能，目前我国劳动行政主管部门中尚缺乏专门处理劳动权歧视的专门机构。

2．政府对就业困难人员的就业援助与劳动岗位保障义务

我们将开发公益性岗位作为宏观劳动权保障措施，是就其在社会公共财政支出问题上所进行的社会财富的二次分配而言的。而具体到针对特殊就业困难人员实施具体援助程序则属于微观权利保障。具体义务包括制定合理的就业困难标准和受理就业援助申请程序；依法依规公正受理就业援助申请；在申请人员之间保障就业援助的平等性；对于享受就业保障人员及时提供适当的就业岗位。

3．政府提供公共就业服务与职业培训的义务

政府通过直接投资兴办或者购买服务的方式向社会提供必要的公共就业服务与职业培训活动从公共财政支出的角度看属于宏观劳动权保障，义务的考察角度是设施是否足够充分。而这一义务中也同样存在着微观关系。具体说来就是制定合理的政府公共就业服务、职业培训及条件，对于符合条件者公平地向其提供相应的服务与培训的义务。

4．由社会力量开展的公共就业服务、职业培训及倾斜保护

由社会力量开展的工作，一方面对其提供合理的补偿，另一方面也要对其加以规范和监督，从而达到调整其与服务接受者之间关系的目的。

（二）劳动权微观保障的政府法律责任认定标准

劳动权微观保障政府责任的法律性质问题学术界并不存在分歧，主要是由于这一领域的法律关系无非两类：私人之间的法律关系、政府与私人之间的法律关系，这两类法律关系都属于传统法律关系范畴，前者属于传统私法范畴，后者属于传统公法范畴。对于这两类传统法律关系的损害，形成相应的私法责任与公法责任。

劳动权微观保障的政府责任认定标准也适合采取传统的行为标准。因为在这类法律关系中，通常都存在具体的行为标准与界限，至少是应该存在。我国现行法律中相关内容的缺失，如关于歧视标准的缺失，是我国的立法缺陷，并非此类法律关系本身不适合设立行为标准。对于这类政府责任的认定标准，只需考察其针对特定行政行为对象的行为是否存在违法情形。也就是说，行为的合法性是劳动权微观保障中政府法律责任的唯一认定标准。

第三节　劳动权保障政府问责制程序问题研究

一、权力机关的政府问责制

劳动权保障中权力机构的政府问责制主要包括以下内容：

（一）制度供给的政府问责制

我国不存在对于抽象行政行为的司法审查，因此，权力机构的政府问责制就成为对抽象行政行为实行异体监督的唯一途径。根据我国各级人大常委会监督法的规定，县级以上人大常委会对于同级政府制定的规范性法律文件享有审查与撤销权。该法律中规定的具体可以撤销的抽象行政行为包括程序、权限违法、内容违法以及“其他不适当的情形”。在这里尤其值得注意的是人大对于“不适当”抽象行政行为的撤销权。按照这一规定，除了违法行为以外，政府在劳动权保障中的制度供给行为中出现的内容不当情况，也在人大的政府问责范围内，这样的处理方式可以很好地解决前面我们谈到的法律与政策之间界限的相对性问题。将不当抽象行政行为纳入政府问责的范围，标志着我国由法治政府向责任政府的重要理念转变，具有积极意义。对于劳动权保障而言，此举可以提高政府制度供给的合理性与效率性，也可以避免更多的由于错误决策导致的劳动权保障不利甚至损害劳动权的情形出现。

我国目前对劳动权制度供给的人大政府问责制存在的问题是问责后果过于单薄，从这点上看，笔者认为，我国目前针对制度供给的人大政府备案撤销制还算不上真正的政府问责制。现行问责制的重心在于对错误决策的纠偏，但却忽略了对决策者的责任追究。这也是抽象行政行为政府问责制中易于被忽略的问题。“对于抽象行政行为责任的追究问题，绝不能以集体决议的名义而推卸行政首长应负的责任……一旦该行政行为造成侵权或违法，行政首长即要承担主要责任，从而增强行政首长的责任感和抽象行政行为实施的谨慎度。”①对于抽象行政行为行政首长问责制建立在我国行政体系首长负责制基础之上，体现了谁决定谁负责的原则。我国目前的人大问责制度是只纠偏，不问责，这也无法从根本上实现责任政府的目标。要建立起真正的针对制度供给的人大问责制，除了设立纠偏程序，还应该明确对于主要负责人的责任认定机制。当然，对于决策者的责任认定机制应该设立合理的标准。必须承认决策活动与普通的行政行为不同，是一项复杂的并非完全可以仅凭理性把握的活动。因此，我们并不主张对所有的不当行政行为都实行负责人责任追究制，可以考虑从主观过错与后果两个标准来把握负责人责任认定机制。

（二）积极的具体行政行为的政府问责制

劳动权保障中的大量行政行为都属于积极行为，包括兴办就业服务与职业培训，积极开发公益岗位以及对就业困难人员实施帮扶等。如前所述，这类积极行政行为履行不当多体现为消极不作为或无效作为。对于消极不作为或无效、低效作为的责任标准较难把握。而且此类行为往往并非针对特定主体，因此，也不存在通过公民个体行为的纠偏途径，这样就出了悖论，一方面，政府有劳动权保障的积极义务，另一方面，公民个人不能够由于自己不能获得劳动岗位而要求追究政府责任已经成为关于劳动权保障的理论共识。对于政府劳动权保障的积极行为的人大政府问责制就成为破解这一悖论的关键。通过人大的一般性监督活动，可以将所有的违法与失当行为都列入问责的范围。

---

① 韩兆柱．责任政府与政府问责制[J]．中国行政管理，2007（2）：20.

这样可以有效解决政府并不违法的消极不作为的责任追究问题，从而为劳动权提供积极有效的保障。

我国各级人大常委会监督法中设置的可用于积极行政行为政府问责的方式呈现多样化的特点。具体包括专项工作报告制、执法检查制度、预决算审批制度及询问与质询制度。其中的专项工作报告制度是一项最有特色的，也是在该法律中新设立的一项制度。

专项工作报告制的特点在于：首先，该制度实现了问责制度的特别针对性。与宪法中的听取工作报告制及监督法中的执法检查制、预决算审批制不同，上述制度都属于人大的一般监督活动，并非针对特定问题。包括执法检查活动，按照规定，也是提前做出检查工作安排，并预先通知。而专项工作报告制启动的条件是：针对执法检查中出现的问题；针对代表提出批评意见较为集中的问题；人大常委会在调研活动中发现的问题；针对人民来信中反映较为集中的问题；社会普遍关注的问题。从上述启动条件看，专项工作报告制是一项针对已经发现的行政行为存在的问题开展监督活动，更符合问责制的有责才问的要求。而预决算审批、执法检查、一般性工作报告仅仅是发现问题的过程，我们可以将其视为是问责制的基础。

其次，专项工作报告制将政府的消极不作为甚至无效作为等都纳入其问责的范围，有效解决了针对政府积极作为义务的法律责任问题。从上述列举的专项报告制启动条件看，并不区分行政行为中的违法与失当。只要是人民代表或者社会反映强烈的政府问题，都可以构成启动这一制度的条件。就劳动权积极保障义务来说，这就意味着即使相应的行政行为中不存在违法情形，只要政府执政活动不能满足公民对于劳动权保障的要求，换句话说，政府不能真正实现劳动权保障应该达到的目标，就可以开启这一问责制度。这一制度的存在可以有效解决政府中存在的不求有功但求无过的消极无为现象。将人民满意作为政府问责制的启动条件，体现了责任政府理念中政府向授权者负责的原则。

再次，专项工作报告制较其他人大监督制度而言，有严格的程序性和较为明确的问责效果，主要后果包括必须做出回应、提交书面执行决议回复以及向社会公布执行决议等。按照人大常委会监督法的规定，对于人大常委会提出的提交专项工作报告的要求，行政主体“必须做出回应”，人大对于政府提交的专项工作报告，有权提出意见并做出执行决议，政府对人大的执行决议必须提交“执行决议回复”。同时，在工作报告过程中人大还可以同时履行询问权。从这一程序设计看，人大对于行政行为不再是简单的监督、询问、听取报告和建议，而是制定执行决议，而该执行决议政府必须执行。这就有效提高了人大政府问责的实效，可以对政府劳动权保障中存在的行政行为失当等有效纠偏，改变了人大“橡皮图章”的尴尬地位。

最后，专项工作报告制度还实现了公共权力机关监督与公民、社会监督的有机结合。“人民来信”、“社会普遍关注”作为启动专项工作报告制度的条件，将社会问责纳入了法治渠道，间接扩大了政府问责主体。

专项工作报告制度体现了我国人大政府问责的重大发展，然而，目前我国人大政府问责制距离真正的责任政府要求还存在一定差距。

一是我国的人大问责制还仅有单纯的行为问责，并不存在结果问责制。行为问责向结果问责变化是政府问责制与传统政府监督的重要区别。澳大利亚工党政府就曾因为无法兑现提前实现教育目标的竞选承诺，失去选民的信任而不得不下台。我国每年的政府工作报告中也都提出相应的工作目标。但在人大的政府问责之中，政府履职目标并未作为政府问责的条件。我国现在存在着的人大听取政府工作报告制度应该说为结果问责提供了条件，政府工作报告中既有对未来工作目标设定，也有关于工作完成情况的汇报，但对于政府工作报告人大仅有听取审议权，而无其他权力，甚至人大监督法中都没有将其列入其中。因此，这一制度并不产生政府问责效果。同样的政府预决算的审批制度也是实施目标问责的一个重要途径，但我国人大监督法中也是规定人大仅有审查批准权，没有不批准的权力。

二是现有的人大政府问责制主要目标并非设定为责任追究，而是对政府行为的纠偏。及时对政府违法、不当行为纠偏可以有效地消除后果，减少损失，无疑十分重要。但如果没有责任追究机制，就不可能从根本上杜绝今后的政府违法或不当行政行为，也无法实现责任政府要向授权者负责的原则。仅仅采取纠偏方式，而不追究责任，从根本上说是中国传统官本位制思想的体现，对公权力运行中的问题采取自我修复的方式。这种自我修复方式从功利角度说是一种缺乏保障的修复，从价值取向上说则违反权力运行的民主原则。因此，要建立真正的人大政府问责制，必须建立相应的责任追究机制。

（三）消极具体行政行为的行政问责制

在劳动权保障中，政府的义务主要表现为积极作为，违反消极不作为义务的责任主要有两种：一是对公民劳动权与相应的私人义务主体之间关系干预过度，如在禁止用工歧视中对单位用人自主权干预过度，对社会力量参与公共就业服务与职业培训中管理失当，对于公益岗位采取强行安排，侵害用人单位自主权等。另一类是在履行积极义务时违反禁止性义务规定而产生的法律责任，如在提供就业援助时违反法定程序或公平原则。由于消极具体行政行为侵害的对象为特定主体，违反的义务性规定通常本身也存在明确的标准，因此，多数情况下，可以通过行政复议等行政救济途径，或者行政诉讼途径得到有效纠偏，因此采用政府问责制的重要性不像前两者。前述对于积极具体行政行为的政府问责制的措施都可以用于消极行为的政府问责制。

二、行政机构的同体问责制

行政机构的同体问责制是指行政机构通过上下级之间的监督以及专门行政机关的监督实施的政府问责制。

（一）以绩效考核为基础的上级政府问责制

绩效考核是 20 世纪 70 年代以来在西方以管理学中的目标管理为理论基础兴起的一项政府内部管理手段。具体方法是将政府管理活动任务分解到具体行政岗位，形成针对具体行政岗位的相应的岗位职责与绩效目标，政府上下级管理采取对应岗位职责进行目标考核的办法，对于相应岗位的工作人员按照考核结果做出奖励或者惩罚的行政决定。

在我国，政府机关实行考核制并非新生事物，但将政府职责分解为具体考核目标，以及将考核结果法律化，而不再仅仅作为政府机关内部的工作机制，则是我国实行政府问责制未来需要解决的问题。就劳动权保障而言，我国自2008年以来，在每一次的人大会议上所做的政府工作报告中，都有关于控制失业率、扩大就业岗位的具体目标，各级地方政府也制定相应的指标体系。同时，在就业促进法中，也明确提到将劳动权保障制度的落实纳入到政府考核范围内。该法第五十八条规定:“各级人民政府和有关部门应当建立促进就业的目标责任制度。县级以上人民政府按照促进就业目标责任制的要求，对所属的有关部门和下一级人民政府进行考核和监督。”就业促进法的这一规定，实现了将劳动权保障目标纳入政府绩效考核范围，这一举措的确在很大程度上促进了政府劳动权的保障力度。然而，我国政府绩效考核制一直存在的问题是考核结果缺乏相应的行政责任。就业促进法中这一特点也表现的十分明显。该法第七章的督促检查中明确提到了促进就业的政府考核目标，但紧接着的第八章法律责任中却只字未提考核形成的法律责任。我们知道，自19世纪形成的公务员制度是现代行政法的重要组成部分，关于公务员管理的各项制度，包括录用、考核、晋升等，都应该纳入法律轨道，而并非行政机关的内部管理事务，这也是国家行政机关与企事业单位的根本区别。国家行政机关是行使公共权力的机关，并非私营机构，其管理活动必须置于法律监督之下，而并非机关内部事务。政府绩效考核与一般企事业单位的绩效考核的区别在于后者仅仅是提高人员工作效率的一项管理手段，而前者则仅仅是借助企业管理方法实现对国家机关履行职责的有效考察与监督。

实现绩效考核法律化是使政府绩效考核成为真正的政府问责的关键，而要实现绩效考核法律化，关键措施是使考核后果法定化与公开化。一是要将考核产生的结果采用法律形式加以规定，这样也就不会出现有监督而没有法律责任的情况，从而使考核的后果成为一种法律后果；二是设置考核结果公开的途径，具体可以采取政府信息公开的方式。考核结果公开，符合法律公开透明性以及程序性的要求，也便于公民监督。

（二）审计、监察机构的政府问责制

审计监督与监察监督是我国两种专门的行政机构内部监督机构。审计监督问责在劳动权保障中的作用主要表现为对于政府用于劳动权保障的各项财政拨款的收支情况的监督。通过审计监督问责，可以有效保障政府用于劳动权保障资金的有效足额拨付，避免资金的挤占挪用。近年来，我国审计机关的审计监督问责发挥了重要的积极作用。我国就业促进法中也有“审计机关、财政部门应当依法对就业专项资金的管理和使用情况进行监督检查”的明确内容。尽管在就业促进法中对于审计问责的法律后果没有做出具体规定，但在我国《审计法》中对于审计结果的法律责任做出了明确具体的规定。审计法中的第四十五条、四十六条是对于审计单位违反预算的行为以及违反国家规定的财政收支行为的处罚规定，根据《审计法》中的规定，审计机关可以对存在上述问题的审计单位做出责令缴纳应交款项、退还侵占资产、退还违法所得等处罚。并且可以会同有关机构，对于拒不执行的审计单位实行强制执行。特别值得注意的是其中的第四十九条，规定了被审计单位的财政收支、财务收支违反国家规定，审计机关认为对直接负责的主管人员和其他直接责任人员依法应当给予处分的，应当提出给予处分的建议，被审计单位或者其上级机关、监察机关应当依法及时做出决定，并将结果书面通知审计机关。这一规定与人大监督法相比较，最突出特点是增加了对于直接责任人员的责任追究制度。笔者认为就我国目前的政府问责机制看，审计问责是最完善的一项政府问责制度，这也是为何近年来审计问责能够真正发挥政府监督作用，受到社会广泛肯定的原因。

尽管我国存在着较为完善的审计问责制度，但毕竟审计问责仅仅是对于劳动权保障中涉及预算财务问题的政府问责，问责范围较窄。在我国，监察制度是行政体系内部的专门行政法律监督机构，但在我国的《劳动监察条例》中所列举的九项监察范围中不曾涉及对于行政机关的劳动监察。都是对于用人单位以及就业服务与职业培训机构的监察。因此，我国目前的劳动监察机构不具有劳动权保障的政府问责职能，这不能不说是一个缺憾，笔者认为，我国应该扩大劳动监察的范围，担负起劳动权保障的政府问责职能。

第八章

劳动权保障的权利救济机制

第一节　劳动权的民事救济机制

一、劳动权民事救济机制的根据

有权利就应该存在救济，没有救济的权利就不是真实的权利，这已经成为法学领域的共识。平等劳动权作为我国宪法所确认的一项法律权利，完善其权利救济也是应有之义。然而，由于我国平等劳动权权利性质及其法律规制上的特殊性，导致包括法学界在内的许多学者将这一权利视为一种政策性权利，尤其对此类权利的司法救济持否定或者漠视态度。我们认为，对于平等劳动权实施司法救济存在相应的理论与法律根据。

（一）理论根据

1．实体权利根据

以有权利必有救济作为理论的逻辑前提，如果我们能够证明劳动权的私权属性，则劳动权的民事救济也就能够成立。关于劳动权的性质问题，理论界形成的共识是劳动权是一种社会权利。对劳动权司法救济的漠视也正是由于将其社会权属性与其私权属性对立起来，而否定其私权属性。然而，回溯社会权利概念的历史产生过程就可以发现，社会权利实际上只不过是一种增加了保障力度和实现途径的私人权利。对于权利主体来说，一项权利称为社会权利意味着其权利内涵的增加——要求国家履行积极行为的请求权，以及权利保障程度的加强——增加了国家主动干预的权利保障方式。但这并不意味着其权利中的私权属性的消失。从权利的两个要素——自由与利益来看，一方面，社会权利中权利主体存在着私人利益，甚至从根本上说，社会权利的宗旨就是确保作为私人的权利主体的利益得以实现；另一方面，从自由属性看，是否享有权利，以及权利内容的具体安排，在法律授权范围内，仍然属于社会权主体的自由选择范畴。因此，社会权利的私权属性不容否定。就公民平等劳动权而言，公民获得与保持工作机会是一种私益，并且是一种涉及公民最根本利益的一项私益。而根据自由劳动的原则，公民是否获得与保持劳动机会也是公民的一种私人自由。因此，公民平等劳动权的确具备了获得民事司法救济的实体权利基础。

2．权利受损类型

民事司法救济从权利保障意义上看是一项私权救济措施，从纠纷裁决意义上看，则需要满足私人之间权利纠纷的要求。也就是说，劳动权保障纳入民事救济范畴，要求劳动权存在私人侵害的可能性。劳动权作为社会权利，尽管其主要的义务主体是国家，但也涉及一部分的私人义务。具体说来包括劳动权禁止歧视义务、职业培训义务、就业服务义务等。

获得民事救济需要存在民事请求权，民事请求权分为物上请求权与债权请求权。劳动权损害行为不可能形成物上请求权，只有债权请求权。债的请求权产生的根据有两类：违约与侵权。劳动权私人侵害中的违约情形主要发生在劳动合同解除、就业服务与职业培训中，上述活动都以双方之间存在合同关系为前提。侵权情形的典型现象就是就业歧视，在就业歧视中，由于双方之间尚未形成劳动合同关系，因此，只能依照侵权法予以救济。

（二）法律根据

从我国现行法律规定看，对于劳动权保障中的违约民事诉讼有较为特殊的具体规定。首先，我国民事诉讼法中规定的适用范围较为广泛，所有的涉及人身权利、财产权利的民事诉讼统一适用该法。尽管民事诉讼法中对于涉及劳动权案件没有专门规定，我国最高人民法院自2001年起先后发布了4个关于审理劳动争议案件的司法解释，这4个司法解释都将案件受理范围限定于“劳动争议”。而关于劳动争议的解释，则以《劳动法》第2条规定的范围为限。劳动法第二条本身是就该法律适用范围所作的规定，将范围限定为“与用人单位订立劳动合同”的劳动者。根据上述司法解释，结合有关法律规定，我国法院受理的劳动争议案件主要包括：去职纠纷，指用人者（单位）开除、除名、辞退劳动者或劳动者辞职、自动离职发生的争议；待遇纠纷，指因执行国家及单位自身的有关工资、保险、福利、养老金、医疗费、培训及劳动保护等规定发生的争议；劳动合同纠纷，指因履行劳动合同发生的争议，包括合同的变更、履行、解除、终止及合同效力的确认等。其他劳动争议案件，如关于女工和未成年人特殊保护而发生的纠纷。[①]上述劳动纠纷实际上都是着围绕劳动合同，解聘、职业培训等内容都属于劳动合同问题，因而可以纳入此范围内。

对于平等就业的民事司法救济，我国《就业促进法》也做出了明确规定，该法第62条明确规定“违反本法规定，实施就业歧视的，劳动者可以向人民法院提起诉讼”。这一规定可以视为我国对于平等就业权司法救济的法律依据。

二、我国现行劳动权民事司法救济的缺陷

（一）劳动权的违约民事司法救济问题

1．相关问题缺乏强行性规范约束，导致在劳动合同关系问题上的雇主强势地位

① 唐明、朱薇．法院受理劳动争议应注意的几个问题[J]．中国劳动，2007（6）：53．

从我国现行的关于劳动权的司法救济机制看，由于我国劳动法将劳动关系限定为“与用人单位缔结劳动合同”的范围，而我国目前劳动权民事救济的主要法律依据——最高法院的4个司法解释也都以劳动法划定的界限为限。按照这一界限，就本课题研究范围来讲，目前我国主要的劳动权保障司法救济仅涉及劳动关系解除和职业培训。由于我国目前不存在专门的劳动法庭，也不存在专门的劳动案件处理程序，对于这两类案件，除上述4个司法解释外，基本上都按照普通的合同案件处理。然而，劳动合同与普通合同案件的区别在于由于劳动合同关系涉及公民社会权利，因此，劳动合同的许多内容需要相应强行性规范的干预。这也就使得劳动权保障的司法救济有别于普通的合同纠纷。职业培训由于我国存在强行性法律规定，因此，相关问题的司法救济可以以劳动合同中的规定为依据提起诉讼，也可以以该强行性规定为依据对合同条款加以补充或限定。而针对劳动合同的解除，除关于经济性裁员我国存在一些强行性法律规定外，其他都由企业内部规章制度规定。然而，我国关于审理劳动争议的司法解释不仅没有对于企业内部规章制度的审查制度，而且还特别规定用人单位制定的规章制度可以作为人民法院审理劳动争议案件的依据。这样一来，在解除劳动合同问题上，就可以完全由用人单位一方说了算。如之前我们提到的体重超标解除劳动合同案，这种明显的歧视行为无法通过司法救济得到遏制。对于涉及劳动合同的劳动权保障的司法救济，由于实体法本身的强行性限制较少、较弱，而司法救济本身又缺乏有针对性的特别程序设计，导致在这一问题上的雇佣双方实际地位极不均衡状态，公民的相应权利无法得到有效救济。

2．仲裁前置导致劳动争议案件司法救济迟延

根据我国《劳动法》、《劳动合同法》、《劳动争议调解仲裁法》以及最高法院关于审理劳动争议案件的几个司法解释，我国实行劳动争议的强制性仲裁制度。按照相关规定，发生劳动争议，必须先提交劳动仲裁，对于劳动仲裁结果不服或者对于劳动仲裁机构做出的拒绝受理的决定不服的方可提交司法救济。仲裁前置制度的本意在于促使劳动者更多选择劳动仲裁途径实现权利救济，而劳动仲裁制度在人员的

专业性、程序的便捷性上也的确具有司法途径所不具备的优势。然而，毕竟司法救济是一项公共权力救济，享受诉权保障也应该是公民的一项权利，而仲裁前置无疑为这一权利的享有设置了一道强制性的障碍。仲裁前置制度的逻辑悖论在于如果我们相信劳动仲裁制度存在着较司法救济更多的优越性，为何不将选择权交给公民自己，而一定要强制其做出何种选择呢？自主选择同时还符合仲裁机构非公共权力的权力属性。尽管我国的劳动仲裁机构是由原来的劳动行政机构发展而来，但在劳动仲裁法中，其社会性机构的身份已经得到确认。作为一个非公共权力机构，其对案件的管辖权只能来自当事人协商一致的共同自主选择，这也是仲裁管辖的前提通常都要求存在仲裁条款或者仲裁协议的原因。从理论上说，一个社会机构不存在对于私主体之间争议的强制管辖权，争议的任何一方不同意提交仲裁，都不产生仲裁管辖权，因此，也就不应该存在仲裁的强制性前置。此外，如果仲裁前置的价值取向在于节约司法成本，提高效率的话，那么，由于依照我国劳动仲裁法的规定，多数仲裁都不具有终局性，实际上劳动仲裁就成为一个劳动争议案件的审级，再加上一般的司法的两审终审，实际上形成三个审级，反而是提高了权利救济的成本，而且也降低了劳动仲裁的权威性。实际上，依照仲裁制度的一般原理，仲裁与司法应该是二选一的关系。也就是说，一方面，仲裁还是司法，应该是由当事人自主选择，具体选择方式可以采取仲裁条款或仲裁协议的方式，而不应该采取强制性唯一选择的方式。另一方面，在自主选择的前提下，仲裁裁决应该具有终局性。这样才能既尊重当事人选择，又提高了仲裁机构的权威，还能同时实现提高权利救济效率的目标。

（二）劳动权的侵权民事司法救济问题

由于劳动争议仅限于缔结劳动合同的主体，因此，发生在公民求职阶段的关于公民平等获得劳动机会权利的司法救济不包括其中，我国《就业促进法》第六十二条所针对的也是这一情形。《就业促进法》的规定可以说是对这一问题司法救济权的肯定，然而，这一规定却无法与我国现行的制度相衔接。由于此时的公民与用人单位不存在合同关系，因此，唯一的民事司法救济就是提起侵权责任诉讼。然而，无论实体法还是程序法，都无法为这一诉讼提供真正的法律支持。

1. 实体法支持的匮乏

要想获得侵权诉讼的司法救济，首先需要实体法关于侵权责任构成上的支持。按照大陆法系侵权构成要件，构成侵权责任需要具备侵权的客观要件和客体要件。侵权的客观要件要求存在侵害行为的违法性，对就业歧视的侵权行为而言，违法行为的标准也就是歧视的标准。然而，至今我国相关法律始终未能就歧视标准提供实体法上的界定。这也就意味着，就业歧视行为的违法性无从断定；侵权行为的客体要件要求侵权行为存在特定的侵害对象——特定主体的法律权利，尽管平等就业权是我国包括宪法在内的一系列法律确认的一项法律权利，然而，在我国侵权法列举的该法律适用范围中，并不包括这一权利。按照我国侵权法的逻辑，只有民法调整的才属于民事权利，只有侵害民法规定的权利才构成侵权。这一逻辑并不符合大陆法系债权逻辑，按照大陆法系的债权理论，侵权行为是产生债权这一民事权利的根据。也就是说，是否构成侵权不以法律特别规定的类别化权利为根据，相反，侵权是产生债权这一特定法律权利的根据。在大陆法系的两个典型法典《法国民法典》与《德国民法典》中，这一理论都得到体现。在法国民法典中，侵权被界定为“致人损害的行为”，德国民法典尽管将侵权分为对人的侵害和对权利的侵害，但关于权利侵害部分，也仅对人格权侵害做出了具体的权利列举，而财产权侵害并未加以列举，可以理解为所有的侵害财产权的行为都可以纳入该法律的调整范围。而人格权法律列举的局限性也在随后的司法实践中通过一般人格权的创设而打破。这也意味着，采取列举权利类型的方式来划定侵权法的适用范围，实属作茧自缚。社会在发展，受到法律保护的权利种类也会不断增加，平等就业权作为一种新型的社会权利，法律不能无视其受到侵害而不承认侵权行为的成立。

就我国目前法律体系看，平等就业权侵害行为既不属于《劳动法》所说的劳动争议，也不属于《侵权法》的民事侵权，我们无法再找到其他可以认定就业歧视法律责任的法律根据。这样一来，《就业促进法》所说的提起诉讼的根据也就不知从何谈起。

2．特定程序的缺失

由于我国不存在专门的劳动争议法庭，针对就业歧视这类侵害平等劳动权的案件，民诉法以及侵权法中，关于侵权责任认定的程序以及举证责任等问题都缺乏专门规定。但就业歧视问题本身的确存在许多问题需要采取特殊程序认定。

就业歧视案件中最大的难题就是一项雇用活动中是否存在歧视行为以及该行为与求职者的损害之间是否存在因果关系。在具体就业歧视案件中，由于不存在一个表明该岗位雇用的歧视标准的文件，一个求职者很难证明自己没有被雇用是由于雇主采取了某一歧视性的区别标准。首先，求职者没有被雇用，雇主无需做出原因说明，因此，一个人的求职申请被拒绝的理由求职者自身很难证明，就是说，即使可以认定雇主存在歧视行为，如雇主曾发布过歧视性的招聘信息，但求职者被拒绝是否基于这一原因仍需求职者自己证明，这是一个证明难题；其次，就算求职者可以证明雇主基于何种原因拒绝提供自己劳动岗位，但该拒绝的原因是否构成与职业内在要求的关联性，该关联性是否具有必要性以及此区别是否是解决关联关系的唯一选择，这些问题如果都要求原告加以举证无疑太过困难。因此，在就业歧视案件中采取一般的原告举证的原则很难实现对公民平等劳动权的保护，应该采取特殊的举证责任配置规则。如前所述，欧美国家除了在实体意义上明确歧视标准——职业内在要求所必需之外，还同时明确了原被告双方的举证责任分配。在美国，原告的举证责任仅仅是证明自己具备了完成招聘岗位职责所需要的能力以及至今该岗位依然空缺。而证明求职者的求职申请基于何种原因被拒绝、该原因是否与完成岗位职责存在内在联系、该原因是否为完成岗位职责所必需具备的标准（而不是最优标准）等，这些证明责任则属于作为被告方的雇主。欧盟也有类似的关于就业歧视案件举证责任的特别规定。我国关于就业歧视标准，既缺乏实体规定，也缺乏举证责任的特别规定，从而使维权者举步维艰。这也导致在我国发生的大量的就业歧视案件中很少有针对具体歧视案件的，基本上都属于针对抽象歧视行为的，因为这种行为本身表明了其区别对待的歧视性，不存在举证困难的问题。但由于抽象歧视行为往往缺乏具体的侵害对象而不适合实施司法救济。针对具体歧视行为的案件在我国极少发生，除了实体法上的问题，举证责任的不合理也是一个重要原因。

三、完善我国劳动权保障民事司法救济的建议

（一）实行劳动权权利救济机构的资源整合

从我国劳动权保障的权利救济机构看，现有的先裁后审，一裁两审机制既违反了仲裁自愿原则，也未能实现效率的目标，同时还存在着救济范围过窄，以及司法活动缺乏专门性等问题。这些问题综合在一起，笔者认为，归纳为一点，就是未能很好地实现资源整合。将上述问题拆解开来，无非是专业性的机构缺乏公共权力的权威性，公共权力机构又缺乏专业性，专业性与公共权力完全分离。

从西方发达国家的实践看，各国采取的方式差别很大，各具特点，有的倚重仲裁，有的倚重诉讼。但无论哪种类型，都严格遵循强制管辖以公共权力为基础，以及司法活动的专门化原则。

美国一直存在仲裁的传统，其劳动权保障也采取仲裁为主的方式。但除了个别有特殊影响的案件，由具有公共权力属性的仲裁机构实施强制管辖外，并不实行仲裁前置。在美国劳动案件的仲裁机构既有民间的，也有公共权力机构的。民间仲裁案件管辖采取自愿原则，而且，以自愿管辖为基础的劳动仲裁具有终局性，只有在当事人认为仲裁裁决存在违法情况时，才可以向法院提起诉讼。法院一般只对仲裁程序进行审理，除仲裁员存在腐败、造假、欺诈等行为，否则不会再审推翻原仲裁裁决。此外还存在着公权力性质的劳动仲裁机构——联邦仲裁调解局，其主要负责集体谈判争议的调解、仲裁和就业争议调解工作。公共权力的仲裁机构对于重大有影响力的案件可以实行强制管辖原则。负责劳动案件诉讼的司法机构除普通法院外，还有美国国家劳动局。作为一个特殊劳动案件审理机构，在人员组成上除法官外，还有雇主与劳动者的代表，以及劳动关系法律专家，案件的审理也不适用民诉程序，而是采用国家劳动关系法的特别程序审理。

德国并不存在常设的劳动仲裁机构，通常对于劳动争议都采取诉讼途径。德国自1952年起根据《劳动法院法》成立了专门的劳动法院，至今已有60余年的历史。《劳动法院法》既是劳动法院的组织法，也是审理劳动案件的程序法。劳动法院法官由名誉法官和专职法官两部分构成，其中的名誉法官由作为公民的雇主代表与职工代表担任。在案件审理中程序上的特殊性在于采取了调解前置程序，未经调解而直接做出的判决属于程序违法，但调解仍采取自愿原则，也就是说如果一方当事人坚决拒绝调解，则须直接进入审判程序。调解协议具有终局效力。值得注意的是，德国劳动法院在判决程序外还设立了"决议程序"专门审理涉及集体利益的案件，在决议程序中，最突出的特点是增加了公权力对案件的干预程度。"在决议程序中，由法庭负主要证明责任。在集体劳动纠纷中，往往涉及多人群体的利益，单靠当事人的举证无法最大限度地达到公平公正的目的，故在决议程序中由公权力主导取证过程。"①

在法国仲裁也不是主要的劳动纠纷解决机构，而是由设在法院中的一个专门的审理劳资关系的机构——劳资争议委员会作为此类案件审理的一审法院。该机构的人员组成也同样具有公私参半，职业性与专业性兼备的特点。对于劳资纠纷的上诉案件也存在特别的审理机构——高等法院和最高法院的社会庭。

从上述发达国家处理劳动权的私权救济机制看，无论是以仲裁为主的美国，还是以诉讼为主的欧洲大陆国家，其共同特点是：第一，严格遵循民间机构的自愿管辖原则。德国、法国的仲裁都属民间机构，因此，一律采取管辖自愿原则。而美国尽管存在某些案件的强制管辖，但基础是其存在公权力性质的仲裁机构。美国在仲裁中增加公共权力属性，不仅提供了强制管辖的逻辑基础，增强仲裁效力，更重要的是通过在仲裁中增加公共权力的干预从而实现社会权利救济中保护弱势一方利益的特殊价值需求。第二，劳动权的司法保障中都存在特别的

① 周培. 从德国劳动争议诉讼制度看我国劳动法院的建立[J]. 中国劳动关系学院学报，2013（1）：49.

审理机构与诉讼程序，且体现人员上的专业人员与职业法官相结合的特点。在以仲裁为主的美国，尽管多数劳动权案件采取普通审理，但仍存在专门的审理机构；德国、法国则完全由专门劳动诉讼法院或法庭受理。这种司法模式既能够满足劳动权案件的某些特殊需要，如对弱势群体的特殊保护、协商性等，又实现了诉讼程序与前诉讼程序的衔接。而不会出现我国的劳动仲裁与劳动权诉讼完全适用不同规则的情况。

与上述发达国家模式相比较，我国现行模式的最大特点是公共权力与民间力量、专业人员与司法职业的过度分离。这一问题的根本症结则在于未能认真对待劳动权，乃至所有社会权利救济的特殊性。这种过度分离模式实际上还是在照搬普通民事权利救济模式——民间仲裁+普通司法。“直到劳动关系摆脱了一般债权法上的原则，同时国家认为劳工是经济上的弱者，有予以特殊保护之必要时，劳动司法的独立体系才开始露出曙光。由于劳动诉讼特殊性的承认，当然连带使得劳动诉讼及有关执行范围与程序也特殊化，在这种前提下，一般法院不但不能胜任、也不适宜担任裁判工作。”[①]如果将我国现有的权利救济资源适度整合，就能够很好地实现劳动权特殊救济的目标。我国现在的劳动仲裁机构实际上是由最初的行政机构改制而来的，因此管辖上仍保留了过去以公共权力为基础的强制性，但由此造成制度上的逻辑混乱。而在我国并不像美国存在民间仲裁的传统，人们在寻求权利救济时实际上更习惯，也更相信司法机关。因此，笔者以为，我们应该采取大陆法系模式，在继续保持现有的劳动仲裁民间性的同时，实行仲裁的自愿管辖原则，并适度压缩，将其中的一部分力量转移到司法中，建立专门的劳动司法机构，采取特殊审理程序，人员上实行专业性与职业性的结合。这样一来，在实际上并不会增加社会成本的基础上，可以同时实现制度的逻辑自洽、诉权保障，以及劳动权保障司法专门化的要求。

---

① 黄越钦．劳动法新论[M]．北京：中国政法大学出版社，2003：342．

（二）改变案件受理制度与发挥司法积极性

民事诉讼中的受理，是指人民法院通过对原告起诉的审查，认为符合法定条件，决定立案审理，从而引起诉讼程序开始进行的职权行为。[①]根据民事诉讼法的有关规定，人民法院收到起诉后，应当严格按照法定的起诉条件逐项进行审查。通常各国司法机构都存在案件审查制度，但一般只就案件的形式要件进行审查，大陆法系存在着起诉要件与诉讼要件划分的诉讼理论，根据这一理论，起诉要件仅包括形式要件。至于诉讼要件则涉及案件实质要件，主要包括主体适格、有诉讼利益、属于法院管辖和主管、不违反一事不再理等几个方面[②]，是否具备诉讼要件并不影响法院受理案件，也就是说只要符合起诉要件所要求的形式要件法院就应该受理案件，这体现了诉权保障的原则。诉权保障在许多国家被视为一项宪法权利，并且被国际人权法确立为一项国际人权。日本1946年宪法第三十二条规定："任何人皆享有不可剥夺的接受法院裁判的权利。"意大利1947年宪法第二十四条规定："全体公民都有权向法院提起诉讼以保护自己的合法权益。"1948年的《世界人权宣言》和1966年的《公民权利与政治权利公约》则将公民诉讼权利或称获得平等审判权列入人权保障的范畴。我国尽管宪法中没有直接规定公民诉权保障原则，但2004年的宪法修正案中增加了人权保障条款，这意味着我国对于已经加入的国际人权公约中的人权持承认与尊重态度。然而我国的立案审查制度实行严格的形式要件与实质要件并行的审查制度，也就是说在案件受理阶段，许多案件就会由于无法通过实质要件审查而被挡在司法门外。这种审查制度对于许多正在发展中的新型权利的司法保障尤为不利，是对积极司法的一种拒绝。[③]"特别是对一些随着社会发展正在形成中的民事权利，虽然起诉的争议从性质上讲是属于民事纠纷，但法院往往以当事人的主张没有实体法的根据为由拒绝受理。"

按照这种立案受理机制，我国《就业促进法》第六十二条所说的

---

① 江伟．民事诉讼法学[M]．北京：高等教育出版社，2004：264.

② 张卫平．起诉条件与实体判决要件[J]．法学研究，2004（6）：58-68.

③ 吴震．论民事诉权的司法保护[D]．苏州大学法律硕士学位论文．苏州：苏州大学，2004：35.

针对就业歧视提起的司法救济就会完全落空。一是，针对抽象歧视行为的司机救济请求会由于缺乏“原告与本案有直接利害关系”这一要件而被拒之门外。成都蒋韬的身高歧视案，尽管其提起的是行政诉讼，但遭遇的司法障碍是同样的，该案最终被拒就是以原告与本案缺乏直接利害关系，理由是该案件中的歧视性招聘信息并非针对原告；二是具体歧视案件会由于法院管辖问题、证据问题而被拒之门外。如前所述，平等就业权是一项合法权利，但并非侵权法中所保障的权利，也不属于劳动争议范围，这样就无法通过审查机制中的法院管辖审查。而前面我们提到的就业歧视中原告举证中的特殊困难，由于我国并不存在对此问题的特殊举证制度，因此，在立案受理阶段就会由于缺乏证据而被拒之门外。

立案审查制度的理论基础是所谓的诉权“二元说”，此种学说将诉权看作是程序上的请求权与实体上的胜诉权的统一体，认为程序性权利是实体权利的附庸。这样一来，在案件正式开始审理前就要遭遇实体权利的审查，而这对于司法成为一种法律发展的推动力量形成严重阻碍。诉权二元学说目前在学术界已遭到广泛的质疑，代之而起的是利益主义的诉权性质理论。这一理论认为，利益乃“原告谋求判决时的利益，即诉讼追行利益。这种诉讼追行利益与成为诉讼对象的权利或者作为法律内容的实体性利益以及原告的胜诉利益是有区别的，它是原告所主张的利益（原告认为这种利益存在而做出主张）面临危险和不安时，为了袪除这种危险和不安而诉诸于法的手段即诉讼，从而谋求判决的利益及必要，这种利益由于原告主张的实体利益现实地陷入危险和不安时才得以产生”①。实际上，西方发达国家在劳动权案件的司法救济中，通常在权利诉讼之外还存在着一种“利益诉讼”，这是基于劳动权案件的特殊性与复杂性，而为那些缺乏明确法律权利依据，但又存在司法救济之必要的案件而敞开的司法之门，体现了保障公民诉权与劳动权的制度旨趣。

① [日]谷口安平．程序正义与诉讼[M]．王亚新、刘荣军译．北京：中国政法大学出社，2002：143．

我国采取的形式审查与实质审查合并的立案审查制度，从根本上说是出于消极司法与防止滥讼的立法目的，这一立法目的与20世纪末开始出现的积极司法与诉权保障运动背道而驰。一是就消极司法而言，尽管司法能动性是最初由美国开始的代表判例法国家司法特征的一项司法运动，大陆法系国家一向奉行严格的司法被动原则，但司法被动不等于消极司法。实际上，自20世纪以来，大陆法系国家就开始采取积极的司法态度，法国最高法院大法官在庆祝法国民法典诞生100周年上的讲话中对于法国司法推动法律发展的意义直言不讳，指出法国法院对于法国民法所做出的贡献是所谓“通过民法典，超越民法典”，德国司法中所创造的“一般人格权”更是为人们所津津乐道。从这个意义上讲，司法对于法律发展从来都不是一种完全被动的力量。而要做到这一点，必须把案件“放进”司法之门。在我国，太过严格的司法门禁显然将司法发挥积极作用的路径从入口处就完全堵塞了，这样一来，那些新型的民事权利只能等待繁琐的立法程序去一一加以确认才有可能得到司法救济，这也是我国劳动权权利救济中的一大难题。二是就防止滥讼而言，实际上在我国民间本来就不存在滥讼的传统，相反的,“厌讼”是得到法史学界公认的我国民间的一种传统法律心态。相应的“无讼”、“息讼”、“止讼”则是我国历代统治者的一种社会治理追求。因此，设立严格的立案审查制度，并非是针对我国国情的有的放矢的制度设计，而是传统统治理念的延续，换句话说，就是对公民诉权保障的漠视。在我国今天倡导以民为本，关注民生的今天，这一立法目的必须摒弃。

从诉权保障和积极司法的立法原则出发，我国应该改变现有的立案审查模式，而采取形式主义的立案审查制度。只有这样，我国劳动权的司法救济才真正具有现实性，而不再是水中月、镜中花。同时，也能为劳动权的公益诉讼以及宪法适用打开一扇门。

（三）建立劳动权的公益诉讼制度

所谓公益诉讼，是指“有关组织和个人依据法律的规定，对违反法律而给国家、社会公共利益造成了事实上损害或潜在损害的行为，向法院起诉，由法院追究违法者的法律责任的诉讼活动”[①]。公益诉讼最早出现于古罗马，但在自由资本主义时代以理性人为基础构建的法律体系下，公私利益实现了彻底分离，只要不属于公共权力损害问题，一律纳入私益诉讼范畴，采取利益人个人诉讼原则。公益诉讼的现代兴起是作为社会权利的一种伴生现象，针对着社会权利的利益共同性特点以及主体非特定性的特点，同时，采取公益诉讼作为实现社会权利救济的方式，也体现了社会权的积极内容，是社会对社会权利履行积极义务的体现。

公益诉讼制度作为一项针对社会权利的司法救济制度，就劳动权保障而言，可以起到弥补传统民事诉讼的多种缺陷与不适应的作用。第一，公益诉讼是一种对事不对人的诉讼制度，它并不要求特定的损害对象的存在，只要存在公共利益损害的事实或者可能性，就可以提起公益诉讼。这就可以很好地弥补在传统民事诉讼制度下，抽象就业歧视行为由于不存在特定侵害对象而可以逍遥法外，无法追究其法律责任的缺陷，从而可以起到对抽象歧视行为的纠偏，并为抽象歧视行为的实际受害者提供权利救济。第二，公益诉讼是一种利益诉讼，也就是说，只要能够证明诉讼所请求保护的利益具有合法性与正当性，无需证明存在特定的法律关系客体，就可以提起公益诉讼。这样一来，可以有效解决我国目前劳动权侵权案件在传统民事私益诉讼下面临的由于侵权法口径过窄而被拒之门外尴尬。而且，通过公益诉讼制度，可以改变我国诉权二元理论下司法消极局面，建立起利益主义的诉讼理论，从而为今后劳动权乃至更多的社会权利的发展提供司法救济的空间，并实现司法对劳动权保障制度的积极促进。第三，劳动权保障中的公益诉讼可以起到平衡劳动权案件中原被告双方的力量对比关系的作用，实现对弱势群体提供积极帮助的社会权本质。通常在劳动权损害案件中，原告作为弱势一方，与作为被告的用人单位之间存在严重的力量不均衡，由此可能会将实体关系中的不利境地带到诉讼关系中。而由有关社会机构、机关或者公民集体担当原告的公益诉讼，有

① 颜运秋．公益诉讼理念研究[M]．北京：中国检察出版社，2002：58.

效增加了劳动者一方的力量，可以有效缓解取证、举证等方面的难题，增加劳动者一方胜诉的可能性。第四，开展劳动权保障的公益诉讼可以有效节约司法成本。劳动权作为一项社会权利，一个损害行为可能造成对多个主体，甚至是不特定主体的权利侵害。“对社会成员个体的社会保障权的侵害可能是特定的、单一的。社会保障权作为一种集合性的权利，对其侵害造成的危害后果具有弥散性，会导致社会公共利益损害的连锁效应。”①因此，采取公益诉讼的方式可以有效实现节约司法成本的目的。有类似效果的制度是集体诉讼，但多数情况下由于劳动权侵害案件中受害者往往基于教育程度、社会活动能力等方面的限制，难以实现自主联合。特别是就业歧视案件中，由于尚不存在劳动合同关系，因此，也无法获得工会的帮助，因此，公益诉讼具有了集体诉讼无法替代的功能。

西方发达国家对于劳动权保障一般都存在公益诉讼。在美国，为了弥补劳动权的私益诉讼中双方当事人力量的不平衡，设立了针对就业歧视方面的公益诉讼制度。主要负责提起就业歧视公益诉讼的机关是平等就业机会委员会，美国的平等就业委员会是专门针对就业歧视而设立的一个社会性的专门工作机构，公民在认为受到就业歧视对待时可以向该机构提起控告。在受理控告后如该委员会认为雇用歧视事实成立，其一般首先进行调解，调解不成的情况下就可以以自己的名义向法院提起公益诉讼。在平等就业委员会提起公益诉讼的情况下，受雇者就无权再以自己的名义行使权利。由平等就业委员会提起公益诉讼较私人提起诉讼的优点不仅在于其可以弥补可能的原告资格缺陷或者一案多人的情况下诉讼效率问题，而且在诉讼中提高了原被告双方力量对比关系，实现了原被告地位均衡化，从而有效提高了原告的胜诉可能性。这也体现了对于劳动权这一社会权利的积极帮助原则。德国在劳动权保障中的公益诉讼有两种方式，一种公益诉论是 1960 年的《德国法院法》设立的公益代表人制度，根据该制度，“其原告资格并不以实体法中的权利为限，还包括宪法权利，习惯法上的权利和

① 付龙飞．社会保障权司法救济研究[D]．中南大学博士论文．武汉：中南大学，2012：118．

其他不成文的权利”①。另一种公益诉讼即德国的宪法诉讼，它是指当公民认为某项法律侵犯或可能侵犯了宪法赋予其的权利，可以向法院提起诉讼，而不论是否涉及到自身利益②。

上述西方国家公益诉讼的法律实践的共同之处在于通过公益诉讼制度，将那些难以纳入普通诉讼类型，又的确存在侵害之虞的重大公共利益纳入司法救济的范畴。我国2013年最新颁布的民事诉讼法增加了公益诉讼制度，这无疑是一个重大的进步。但根据该法第五十五条的规定，我国的公益诉讼范围极窄，仅限于环境权侵害案件与消费者权利案件，不包括劳动权案件。从我们前面对公益诉讼的分析看，这种处理方式无论从其逻辑合理性还是经验合理性上看都存在明显的问题。因此，笔者认为，我国应该扩大公益诉讼范围，将劳动权保障案件纳入其中，并建立统一的对社会权利的公益诉讼制度，体现社会权利要求国家与社会提供积极帮助的权利本质。

第二节　劳动权的其他救济机制

一、行政诉讼机制

（一）引发行政诉讼的劳动权行政侵害类型

行政诉讼作为一项处理公民权利与行政权力之间权利纠纷的诉讼制度，从理论上说，政府在劳动权保障中所有履行义务的瑕疵都可能形成劳动权保障的行政诉讼。如前所述，我们按照联合国有关国际公约中对于政府义务的描述方式，将劳动权保障的政府义务分为三类：尊重的义务、保障的义务和促进的义务。那么，可能出现的行政诉讼也应该因此存在三类：第一，针对政府尊重义务而提起的行政诉讼，

① 王珂瑾．公益诉讼制度研究[M]．济南：山东大学出版社，2009：114．

② 韩志红、阮大强．新型诉讼——经济公益诉讼的理论与实践[M]．北京：法律出版社，1999：250-251．

这种诉讼主要是针对在公务员招录中存在的歧视行为，包括具体歧视行为与抽象歧视行为；第二，针对劳动行政主管部门在劳动权保障中针对侵害劳动权行为的行政处理不服的情形；第三，针对有行政机关在劳动权促进中履行积极义务时的违法、不当或消极不作为。上述三种情形既包括抽象行政行为，也包括具体行政行政行为；既包括积极义务，也包括消极义务。

（二）我国行政诉讼法在劳动权保障中的局限性及其对策

我国行政诉讼法自1989年颁布至今已运行了25年，25年来，伴随着我国社会的快速发展带来的权利扩张以及法治政府建设水平的逐步提升，现行的《行政诉讼法》在许多方面都显露出极大的局限性，面临大规模修改的需要。在十二届全国人大二次会议结束时委员长所作的人大常委会工作报告中，已经将修改《行政诉讼法》列入2014年的立法日程。由于劳动权在我国是近年来得到快速发展的新型权利，在劳动权保障方面行政诉讼法局限性表现得尤为突出，具体表现为：

1. 抽象行政行为的行政诉讼问题

根据我国行政诉讼法的规定，所有的抽象行政行为都不属于行政诉讼法的受案范围。我国行政诉讼法之所以将所有的抽象行政行为都排除在行政诉讼法的受案范围之外，主要是基于我国政治结构的考虑。区别于西方国家的三权分立，我国采取的是人民代表大会权力高于一切的原则，更多强调的是立法机关对所谓一府两院的监督，司法机关对行政机关的监督则尽量淡化。因此，一般行政诉讼所具有的行政监督与权利救济中我国更突出权利救济。在行政诉讼法的立法目的中，行政诉讼与行政权力的关系被表述对于行政权力“维护与监督”，而不是单一的“监督”。然而，随着我国法治政府理念的提升，行政诉讼的行政监督职能得到了一致认可，“对行政权进行司法监督才应当是行政诉讼法的基本品格”[①]成为共识。在这一理论基础上，对于将抽象行政行为纳入行政诉讼受案范围也成为一致意见。因为所谓的抽象行政行为对公民权益的影响比具体行政行为更为严重，将其绝对地排除在

① 江必新、梁凤云．行政诉讼法理论与实务[M]．北京：北京大学出版社，2009：253-254.

司法审查之外显然不合理。[①]

在劳动权保障中的政府义务多以抽象行政行为的方式进行。一方面，在劳动权保障中政府的一项重要义务就是制度供给，制度供给显然都属于抽象行政行为；另一方面，政府在公务员招录中的标准制定也属于抽象行政行为，实际上，我国发生的几起影响重大的围绕劳动权保障的行政诉讼案都与抽象行政行为有关。因此，如果不能破解抽象行政行为的行政诉讼难题，就无法使公民维护平等劳动权的道路保持畅通。而实际上，我国目前尽管不承认抽象行政行为具有可诉讼，但多起针对抽象行政行为的诉讼都以当事人输了官司但赢了事实而告终。最典型的莫过于安徽芜湖张先著案件，该案尽管最后法院无法判决安徽省人事厅的体检标准不合法，但禁止乙肝歧视在此后却被堂而皇之的写进了就业促进法中，而且被相应的政府规章列为唯一的可以予以惩罚的歧视行为。正如该案的代理律师，上海交大法学院教授周伟所言，"尽管从法院的判决结果来看，我以前代理的几个官司都输了，但是那几起案件所针对的歧视现象很快得到了纠正，比如说身高歧视案，案子虽然输了，但是有关部门很快就将公务员招考中对身高的限制予以取消，现在除了极少数的确要求身高的职位外，身高已经不再成为相关考核的必要标准。所以，我同样不看重眼前这个官司的输赢，我期待的是 1.2 亿乙肝感染人群的平等"[②]。作为具体案件的代理律师可以有这样的胸怀，但立法者却不能一直让"案件受理范围"作为行政机关的临时遮羞布。

2．积极行政行为的行政诉讼问题

现行行政诉讼法在立法目的的表述上，将司法机关对行政机关的监督仅仅限定在"监督行政机关依法行使行政职权"上。这样一来，行政诉讼的监督对象主要是对行政机关在行使职权时是否存在违法现象，即主要是对其履行消极义务的监督。也就是对于行政机关的要求仅仅是不违法行使职权。从该法律列举的受案范围看，基本上也都属

① 胡建淼．行政诉讼法修改研究[M]．杭州：浙江大学出版社，2007：48．

② 本报记者．乙肝歧视第一案[N]．北京青年报，2003-12-20-A8．

于违法消极义务的情形，针对政府的积极作为义务，行政诉讼法仅规定了三种具体的情形：认为符合法定条件申请行政机关颁发许可证和执照，行政机关拒绝颁发或者不予答复的；申请行政机关履行保护人身权、财产权的法定职责，行政机关拒绝履行或者不予答复的；认为行政机关没有依法发给抚恤金的。可以说，从我国行政诉讼法规定的特殊的立法目的看，对于政府积极行政行为的监督属于例外。

如前所述，在劳动权保障中政府义务多为积极作为的义务，这是包括劳动权在内的所有社会权利的共同特点——需要通过政府的积极帮助方能实现。我国作为社会主义国家，政府为弱势群体提供积极帮助更应该成为政府义不容辞的责任。然而，如果在行政诉讼法的立法目的上始终坚持仅对“依法行使行政职权”予以监督，那么大量的政府履行积极义务的行为就失去了司法监督，也就意味着公民积极权利也就失去了司法保障。就上述列举的对于政府积极义务的监督范围看，除了第二项可以将政府履行对劳动权的行政救济行为纳入行政诉讼范围外，履行其他积极义务的行为，如积极促进义务、倾斜保护义务等都未能纳入其中。这就意味着在这类问题上针对政府的消极不作为不存在司法救济。

针对这一问题，在《中华人民共和国行政诉讼法》修改专家建议稿（中国人民大学方案）中，将立法目的中的依法行使行政职权改为依法行政。理由在于“依法行使行政职权”不能完整反映“依法行政”的外延，依法行政既包括依法行使职权，也应当包括依法承担行政职责，两方面不可偏废。依法行政包容性更强，表述更准确。[①]笔者认为这一修改意见很好地体现了积极政府时代对于法治政府的监督要求，也从而满足了保障公民社会权利之要求。在增加了对于政府履行职责行为实施监督的立法目的下，对于政府履行积极义务的监督就不应该再作为一种例外，而应该一般性的纳入行政诉讼的范围。这样，政府在保障劳动权方面履行积极义务的行为就可以纳入司法监督的

① 莫于川等．我国《行政诉讼法》的修改路向、修改要点和修改方案[J]．河南财经政法大学学报，2012（3）：19.

范围。

3．对于内部行政行为的行政诉讼问题

我国行政诉讼法受案范围广受诟病的三个不受理中，除了抽象行政行为、行政终局行为以外，还有内部行政行为。尽管境外国家和地区也并非将所有的内部行政行为均纳入司法审查，但对于影响公务员的公民权利的行政行为则一律纳入行政诉讼范围。[①]我国开展的行政诉讼实践中，实际上也有对于内部行为不受理的突破，如前述的张先著案，就属于公务员录用中的问题，该案的审理尽管没有出现最令人满意的结果，但至少并未被拒之门外。

以是否影响到当事人公民权利作为行政机关内部行为纳入行政诉讼的标准，其逻辑基础在于行政诉讼的宗旨是处理公民权利与行政权力的冲突，维护公民权利。因此，对于行政机关内部行为，如果未曾涉及当事人之公民权利的，当然不应该在行政诉讼受案范围内。公务员录用中的权利保障是此类案件的典型，因为在公务员录用过程中，当事人尚未取得公务员身份，仍属普通公民，其是否能够在录用中享受平等劳动权，属于公民权利与行政权力间的冲突。通过在行政诉讼受案范围中改变一般性的排除所谓行政机关内部行为的标准，而将涉及公民权利义务的事项纳入行政诉讼范围，就可以有效实现针对公务员录用中的公民平等劳动权的行政诉讼救济。

4．行政诉讼中的权利诉讼与实质审查问题

在我国行政诉讼中存在着一个与民事诉讼同样的问题，就是权利诉讼的原则以及案件受理上的实质审查制度。我国行政诉讼法对于行政诉讼起诉条件的概括性规定是：原告认为具体行政行为侵犯其合法权益。按照这一原则，只有当一项行政行为侵害了公民的某一项有具体法律明确规定的权利时，才能获得行政司法的救济。同时，在行政诉讼案件的立案审查中，实行与民事诉讼同样的形式审查与实质审查并行的制度，这样一来，在立案审查阶段，许多案件就会被挡在司法大门之外。

---

① 江必新、梁凤云．行政诉讼法理论与实务[M]．北京：北京大学出版社，2009：251．

然而，众所周知，作为一项法治基本原理，在行政权力与公民权利之间的权利界限应该采取公民权利推定原则。也就是说，公民权利不以法律具体列举为限，只要是合法的利益，都可以成为公民权利，都属于应该受到保障的范围。特别是在一些新兴权利问题上，如果严格要求一定要有具体法律依据，可能会导致公民权利实际受到损害而无救济。如前面我们在关于禁止就业歧视制度中提到，我国在公务员录用中并未明确规定禁止歧视原则，但这不等于说宪法中规定的公民的平等劳动权在公务员录用中可以存在例外。但如果一定要求具体权利根据，则公民的相应权利就无法得到救济。因此，在人民大学版的《行政诉讼法》修改专家意见稿中，建议将现行法律中的起诉条件“原告认为具体行政行为侵犯其合法权益”修改为“公民权利与行政权力纠纷”[①]。如果意见被采纳，无疑可以有效扩大行政诉讼受案范围，从而对于实现积极司法，并通过积极的司法活动，实现劳动权制度的发展具有积极的推动意义。

5．行政行为合法性审查与合理性审查问题

我国目前的行政诉讼法仅限于对行政权行使的合法性审查。实际上，对于行政行为存在两个方面的要求：合法性与合理性，其中的合理性是对行政主体行使行政自由裁量权的行政行为的要求。然而，任何行政裁量都具有一定的限度，一旦存在裁量权的逾越和滥用，便构成违法，就要接受法院的司法审查，这种观点已为诸多国家的通说和判例所采纳。[②]

在劳动权保障中的行政自由裁量行为更为普遍，与传统权利问题上政府义务仅限于消极保护不同，劳动权保障中的政府义务主要是积极促进义务。对于此类义务，法律上通常做出“采取各种措施”、“采取积极措施”等极为模糊的表述，这类义务的履行都属政府行政自由裁量的范畴。因此，如果行政诉讼仅就行政行为合法性加以审查，就

---

① 莫于川等．我国《行政诉讼法》的修改路向、修改要点和修改方案[J]．河南财经政法大学学报，2012（3）：21．

② 杨建顺．论行政裁量与司法审查——兼及行政自我拘束原则的理论根据[J]．法商研究，2003（1）：63．

无法实现对于政府在履行积极作为义务时的自由裁量行为的有效监督以及对相应的公民权利的有效司法救济。实行合法性与合理性并行的行政诉讼模式，才能有效地实现对公民劳动权的行政司法保障。

6. 行政诉讼中的公益保障问题

我国行政诉讼法目前没有设立行政公益诉讼，并且将行政诉讼受案范围表述为公民“私益”受到行政权力侵害的情形。然而，世界上许多国家都存在着行政公益诉讼，用以实现对于缺乏特定主体的公共利益以及特殊群体利益实行行政司法救济。公共利益的司法救济在我国目前也已经为民事诉讼法所确立。最高人民法院在 2009 年下发的《最高人民法院关于依法保护行政诉讼当事人诉权的意见》中也指出，要积极探讨研究公益诉讼案件的受理条件和裁判方式。学术界对于建立行政公益诉讼也形成了较为一致的意见，并且对行政诉讼主体、范围等问题展开过具体讨论。[①]

行政公益诉讼对于劳动权的行政司法救济具有特殊的重要意义。一方面，劳动权保障的政府义务具有积极性和抽象性的特点。劳动权作为一种社会权利，以政府履行积极义务为实现条件，政府的积极义务一般表现为积极促进与提供供给。而这些积极义务通常并非针对特定人，而是面向社会，如为扩大劳动机会供给而实施有利就业的产业政策、积极在就业服务与职业培训方面增加投入，鼓励企业提供公益岗位实现就业援助等，此类义务的履行一般都不存在特定的行政义务相对人。此外，在公务员招录中的行政机关发布的招录条件等也属于抽象行政行为，不存在特定的行政行为相对人，如四川成都的蒋韬案就属于此类问题。另一方面，劳动权作为社会权利，本身就具有公益与私益并存的特点。在劳动者权利结构中，除了劳动者个人权利外，还存在着另外一类权利，劳动者在为自己利益的同时，兼为其他劳动者利益而行使的权利，可以称之为劳动公益权。劳动公益权泛指一切

① 莫于川．关于修改我国行政诉讼法的若干建议[N]．检察日报，2011-10-10；江必新．论公益诉讼的价值及其建构[N]．人民法院报，2009-10-29；应松年．完善我国的行政救济制度[J]．江海学刊，2003（1）．

由劳动法确认并由劳动者普遍享有的基本权利。[①]传统的司法救济要求起诉者必须与案件存在直接利害关系，这一要求只能满足对于私益的救济，而无法满足劳动权中公益的司法救济要求。要实现对劳动权的完整保护，必须设置劳动权的行政公益诉讼。

二、宪法救济机制

（一）宪法救济机制的含义

我们在这里所说的劳动权的宪法救济机制，不是指美国式的由司法机关实施的对于法律的违宪审查活动，而是指宪法上的公民权利在司法中的直接适用。在我国对于违宪的一般理解是："需要由人大常委会这个常设的宪法监督机关根据宪法规定来处理的问题。这种问题主要包括两个方面：一是国家机关制定的法律、行政法规、决定和命令以及地方性法规和决议同宪法相抵触；二是国家机关主要领导人行使职权时违背宪法的规定。"[②]这一解释成为我国对于违宪的权威解释，一般教科书都采取这样的解释。按照这一解释，似乎违反宪法的情况只存在于上述两种，而对这一问题的处置，由于我国政治体制的原因，只能由全国人大常委会处理。这样，就形成了这样一种思维定势：宪法的司法适用是我国政治体制的禁区，也形成了相应的理论禁区。我们在这里所说的宪法的司法适用并不等同于司法的违宪审查，更不等同于司法机关对立法机关的监督制约，因为，违宪的情况并非仅存在于上述两种情况。实际上违宪还存在第三种情况，就是行政机关或者私主体的侵害宪法上的公民基本权利的情况。这种情况之所以在我国的有关研究与论述中长期被忽略，是由于这样一种法律体系假设：宪法上的所有公民权利与义务应该通过，也可以通过普通法律加以具体化，从而转化成为普通法律上的权利，这样一来，对宪法上的公民权利的侵害，直接表现为对于这些普通权利的侵害，从而通过普通的司

① 王兰玉．劳动公益诉讼：劳动公益权保护困境的出路[J]．河南财经政法大学学报，2012（6）：97．

② 张友渔．关于宪法性质及其实施的几个问题[N]．中国法制报，1983-12-3．

法救济，最终实现宪法上的公民基本权利。然而，所有的假设在实际运行中都可能存在例外。实际上，抛开立法者主观上的局限，客观上说具体权利对于抽象权利填补的是否周延还取决于具体社会条件，社会的不断发展会带来对于同一宪法权利的不同要求。因此，幻想通过普通司法活动可以完全实现公民基本权利救济缺乏现实性。伴随着我国社会的飞速发展与人权意识的提升，法律权利与公民基本权利之间的差距越来越引起人们的关注，由此引发了理论界对于宪法的司法适用问题的广泛争议。

（二）宪法司法适用问题的理论争议

宪法的司法适用问题在中外理论界一直存在争议，争议表达为多种话题：公民基本权利的司法救济、宪法的规范效力、宪法的直接效力、司法机关的宪法解释权、主观权利与客观权利等，这些话题不过是从不同的角度论证同一个问题。

所谓宪法权利性质的争论即所谓主观权利与客观权利问题，传统的宪法权利观点认为宪法只是一种权利原则，而不是具体的法律规范，因此，宪法权利只是一种客观权利，即并非具体的针对个人的可以作为权利主张的依据，而仅仅作为国家立法的道德准则，即所谓客观权利。基本权利至少是一种“客观的最高价值规范”，任何国家机构皆不得抵触之。[①]由于宪法权利不能作为个人的权利主张，因此也不存在司法适用的可能。现代宪法理论认为，宪法权利同样具有主观权利属性，作为具有最高效力的法律，其中的法律权利当然可以成为公民权利主张的根据，既然存在着公民提起宪法权利主张的可能性，那么宪法的直接司法适用也就成为必然。

宪法的规范效力或者直接效力都着眼于宪法发生效力的方式，这一话题的争论焦点在于区别宪法效力与宪法规范效力。争论双方都承认宪法具有最高法律效力，但在宪法最高效力发生的方式上存在分歧。宪法规范效力的主张者认为宪法也是一种完整的法律规范，宪法规范也能够直接产生法律规范的拘束力，即可以直接成为人们的行为规范，

① 许宗力．法与国家权力[M]．台北：台湾月旦出版社，1993：59．

具有调整社会关系的直接规范作用。而这种规范性的最终体现就应该具有司法适用性。反对者则认为宪法所具有的最高效力并非直接表现为规范效力，因为宪法规范本身不具备规范的完整性，宪法规范通常不具备法律后果，即没有惩罚部分，这也是导致宪法无法实现规范效力的主要原因。因此，宪法最高效力的发挥需要通过立法机关将基本权利转换为具体法律权利，并形成相应的完整规范方能实现。我国民国时期著名法学家钱端升就对宪法的规范规范效力予以肯定："宪法上所规定的权利，不一定都须普通法律给以补充的规定，人民才能行使。全然要看宪文如何规定。有时候，宪法上所规定的权利，即无任何法律为之补充，人民亦尽可行使，亦尽可以法庭为行使该项权利的后盾。宪文所规定的权利，即令尚须普通法律为之补充，普通法律初亦不能违反宪法所规定的原则。否则受害者应亦可诉诸法庭。由此看来，以宪文规定人民的权利义务，不仅可以表现一种主义或理想，不仅可为国家机关立定行为准则，实在还可以发生真正的法律效果。"①

关于宪法的司法适用问题，也有学者从司法机关权力的角度加以论证。一种观点从我国宪法第六十七条关于全国人大常委会的宪法解释权与监督权出发，认为涉及宪法的争议都应该由全国人大常委会进行处理，司法机关不具有适用宪法的权力，因为，宪法的适用势必涉及宪法解释。另一种观点则从司法机关的权力性质出发，认为"宪法的最高性和人民法院的职能决定了人民法院无权拒绝适用宪法，立法机关通过的宪法和法律，人民法院都应适用。"②

（三）宪法司法适用的法律依据

西方国家目前多数国家已经在立法或司法实践上承认了宪法的司法适用问题。如德国二战后的宪法确立了宪法诉讼制度，或称公民基本权利诉讼，允许公民在缺乏具体法律依据时可以直接根据宪法请求司法救济。

我国尽管并不存在专门的此类制度，但从我国宪法以及法律中某

① 王世杰、钱端升．比较宪法[M]．北京：中国政法大学出版社，1997：59．

② 刘连泰．我国宪法规范在审判中直接适用的实证分析与评述[J]．法学研究，1996（6）：15．

些条文也可以看出并未明确禁止。宪法第五条修正案规定“一切违反宪法和法律的行为，必须予以追究”，此即社会主义法制统一的原则。既然一切违反宪法的行为都要受到追究，那么谁来追究？通过何种程序追究？如果说法律违法、国家领导人违法由人大常委会追究，那么一般私主体违法，或者一般的国家机关及其工作人员违法难道也都要由全国人大常委会来追究吗？应该说，此条款可能的实现方式只有通过宪法的直接司法适用得以实现。此外，《法官法》第三条规定“法官必须忠实执行宪法和法律，全心全意为人民服务”，此条款可以说更进一步明确了法官适用宪法的义务。

（四）劳动权保障中宪法适用的必要性及其方式

劳动权保障中的宪法适用存在着特殊必要性。一方面，劳动权保障中宪法适用的必要性在于劳动权中的生存权属性。生存权在人权体系中的特殊地位决定了其应该具有直接法律效力。生存权的直接效力理论最早由日本著名宪法学者大须贺明先生提出，该理论认为生存权是一种可以向公权力请求履行保障国民最低限度生活之作为义务的权利。这一性质的确认，为国民在自己的生存权遭受公权力侵害时可以请求法院实施司法救济又搬掉了一个障碍。[①]

另一方面，劳动权作为一种社会权利，与传统的私权相比较，属于一种新型权利，因而，在权利的具体内容与保障制度中难免存在不够周延或者保障不充分等问题。特别是在我国，作为由计划经济转型而来的新兴市场经济国家，市场化的劳动用工制度本身就是一个新问题，而法律如何实现对市场化的劳动用工制度规范，实现公民劳动权保障，就更加属于一个新问题，因此，在制度建设中存在疏漏在所难免。如前所述，我国在劳动权保障的多种机制中都存在各种疏漏，从而导致宪法上的公民劳动权在主体、客体、内容方面都与法律上的具体规定存在出入。由我国的政治结构所决定，我国司法机关无权对法律中的偏颇加以纠正，但法律中的疏漏应该允许通过司法途径加以弥补，否则，就可能会出现我国早期此类判决中的尴尬：在裁定书中对

① [日]大须贺明．生存权论[M]．林浩译．北京：法律出版社，2001：298．

公民基本权利加以确认，同时却又不得不宣布无权判决。①

正如著名宪法学者张千帆教授所言:“对宪法最大的亵渎并不在于遗漏了某一项重要权利，而在于不认真对待宪法的每一个字。因为再大的遗漏都可以在日后不断弥补，但是，这种已经习以为常地对宪法漫不经心甚至不屑一顾的态度是不可原谅的。和所有的法律一样，宪法的意义不在于其规定多么完善或华美，而在于其是否实用。”②如果我们任由宪法上的公民劳动权由于法律自身的不完善以及缺乏宪法的司法适用而致使其始终是一种可望而不可即的公民基本权利，让每一次公民维权行为都只能得到一个法院无奈的裁定（甚至都不能得到一个判决），这无疑是对我国宪法至高无上地位的讽刺。

实现公民宪法基本权利的司法适用，由于并不涉及对人大立法的审查，因此，也并不存在制度，或者政治结构的障碍。实际上，现在真正阻碍我国在劳动权保障中直接适用宪法的因素是我们前面提到的立案审查制度，直接利害关系的要求导致立案标准过于严苛，要求法律上的具体的实体权利的存在，这样一来，缺乏具体法律依据的宪法权利就因此被屏蔽掉。因此，实现公民劳动权的宪法救济之必需条件就是改革我国的实质审查的立案审查制度。

① 于望．中国第一例俊犯选举案没有结局[J]．中国律师，1999（7）：42．

② 张千帆．宪法不应该规定什么[J]．华东政法学院学报，2005（3）：25-33．

南开大学出版社网址：http://www.nkup.com.cn

投稿电话及邮箱：022-23504636　QQ：1760493289
　　　　　　　　　　　　　　　QQ：2046170045(对外合作)

邮购部：022-23507092

发行部：022-23508339　Fax：022-23508542